深圳学派建设丛书

（第五辑）

行业自治研究

黎军　高俊杰　周卫　著

Study on the Autonomy of
the Industry Associations

中国社会科学出版社

图书在版编目（CIP）数据

行业自治研究/黎军，高俊杰，周卫著．—北京：
中国社会科学出版社，2018.5
（深圳学派建设丛书．第五辑）
ISBN 978 - 7 - 5203 - 2438 - 0

Ⅰ.①行⋯　Ⅱ.①黎⋯②高⋯③周⋯　Ⅲ.①行业
管理—研究—中国　Ⅳ.①F269.22

中国版本图书馆 CIP 数据核字（2018）第 091087 号

出 版 人	赵剑英	
责任编辑	马　明	
责任校对	任晓晓	
责任印制	王　超	

出　　版	中国社会科学出版社	
社　　址	北京鼓楼西大街甲 158 号	
邮　　编	100720	
网　　址	http://www.csspw.cn	
发 行 部	010 - 84083685	
门 市 部	010 - 84029450	
经　　销	新华书店及其他书店	

印　　刷	北京明恒达印务有限公司	
装　　订	廊坊市广阳区广增装订厂	
版　　次	2018 年 5 月第 1 版	
印　　次	2018 年 5 月第 1 次印刷	

开　　本	710 × 1000　1/16	
印　　张	18.5	
插　　页	2	
字　　数	275 千字	
定　　价	78.00 元	

总序：学派的魅力

王京生[*]

学派的星空

在世界学术思想史上，曾经出现过浩如繁星的学派，它们的光芒都不同程度地照亮人类思想的天空，像米利都学派、弗莱堡学派、法兰克福学派等，其人格精神、道德风范一直为后世所景仰，其学识与思想一直成为后人引以为据的经典。就中国学术史而言，不断崛起的学派连绵而成群山之势，并标志着不同时代的思想所能达到的高度。自晚明至晚清，是中国学术尤为昌盛的时代，而正是在这个时代，学派性的存在也尤为活跃，像陆王学派、吴学、皖学、扬州学派等。但是，学派辈出的时期还应该首推古希腊和春秋战国时期，古希腊出现的主要学派就有米利都学派、毕达哥拉斯学派、埃利亚学派、犬儒学派；而儒家学派、黄老学派、法家学派、墨家学派、稷下学派等，则是春秋战国时期学派鼎盛的表现，百家之中几乎每家就是一个学派。

综观世界学术思想史，学派一般都具有如下特征：

其一，有核心的代表人物，以及围绕着这些核心人物所形成的特定时空的学术思想群体。德国19世纪著名的历史学家兰克既是影响深远的兰克学派的创立者，也是该学派的精神领袖，他在柏林大学长期任教期间培养了大量的杰出学者，形成了声势浩大的学术势力，兰克本人也一度被尊为欧洲史学界的泰斗。

其二，拥有近似的学术精神与信仰，在此基础上形成某种特定的学术风气。清代的吴学、皖学、扬学等乾嘉诸派学术，以考据为

---

[*] 王京生，现任国务院参事。

治学方法，继承古文经学的训诂方法而加以条理发明，用于古籍整理和语言文字研究，以客观求证、科学求真为旨归，这一学术风气也因此成为清代朴学最为基本的精神特征。

其三，由学术精神衍生出相应的学术方法，给人们提供了观照世界的新的视野和新的认知可能。产生于20世纪60年代、代表着一种新型文化研究范式的英国伯明翰学派，对当代文化、边缘文化、青年亚文化的关注，尤其是对影视、广告、报刊等大众文化的有力分析，对意识形态、阶级、种族、性别等关键词的深入阐释，无不为我们认识瞬息万变的世界提供了丰富的分析手段与观照角度。

其四，由上述三点所产生的经典理论文献，体现其核心主张的著作是一个学派所必需的构成因素。作为精神分析学派的创始人，弗洛伊德所写的《梦的解析》等，不仅成为精神分析理论的经典著作，而且影响广泛并波及人文社科研究的众多领域。

其五，学派一般都有一定的依托空间，或是某个地域，或是像大学这样的研究机构，甚至是有着自身学术传统的家族。

学派的历史呈现出交替嬗变的特征，形成了自身发展规律：

其一，学派出现往往暗合了一定时代的历史语境及其"要求"，其学术思想主张因而也具有非常明显的时代性特征。一旦历史条件发生变化，学派的内部分化甚至衰落将不可避免，尽管其思想遗产的影响还会存在相当长的时间。

其二，学派出现与不同学术群体的争论、抗衡及其所形成的思想张力紧密相关，它们之间的"势力"此消彼长，共同勾勒出人类思想史波澜壮阔的画面。某一学派在某一历史时段"得势"，完全可能在另一历史时段"失势"。各领风骚若干年，既是学派本身的宿命，也是人类思想史发展的"大幸"：只有新的学派不断涌现，人类思想才会不断获得更为丰富、多元的发展。

其三，某一学派的形成，其思想主张都不是空穴来风，而有其内在理路。例如，宋明时期陆王心学的出现是对程朱理学的反动，但其思想来源却正是前者；清代乾嘉学派主张朴学，是为了反对陆王心学的空疏无物，但二者之间也建立了内在关联。古希腊思想作为欧洲思想发展的源头，使后来西方思想史的演进，几乎都可看作是对它的解释与演绎，"西方哲学史都是对柏拉图思想的演绎"的极端说法，却也说出了部分的真实。

其四，强调内在理路，并不意味着对学派出现的外部条件重要性的否定；恰恰相反，外部条件有时对于学派的出现是至关重要的。政治的开明、社会经济的发展、科学技术的进步、交通的发达、移民的会聚等，都是促成学派产生的重要因素。名震一时的扬州学派，就直接得益于富甲一方的扬州经济与悠久而发达的文化传统。综观中国学派出现最多的明清时期，无论是程朱理学、陆王心学，还是清代的吴学、皖学、扬州学派、浙东学派，无一例外都是地处江南（尤其是江浙地区）经济、文化、交通异常发达之地，这构成了学术流派得以出现的外部环境。

学派有大小之分，一些大学派又分为许多派别。学派影响越大分支也就越多，使得派中有派，形成一个学派内部、学派之间相互切磋与抗衡的学术群落，这可以说是纷纭繁复的学派现象的一个基本特点。尽管学派有大小之分，但在人类文明进程中发挥的作用却各不相同，有积极作用，也有消极作用。如，法国百科全书派破除中世纪以来的宗教迷信和教会黑暗势力的统治，成为启蒙主义的前沿阵地与坚强堡垒；罗马俱乐部提出的"增长的极限""零增长"等理论，对后来的可持续发展、协调发展、绿色发展等理论与实践，以及联合国通过的一些决议，都产生了积极影响；而德国人文地理学家弗里德里希·拉采尔所创立的人类地理学理论，宣称国家为了生存必须不断扩充地域、争夺生存空间，后来为法西斯主义所利用，起了相当大的消极作用。

学派的出现与繁荣，预示着一个国家进入思想活跃的文化大发展时期。被司马迁盛赞为"盛处士之游，壮学者之居"的稷下学宫，之所以能成为著名的稷下学派之诞生地、战国时期百家争鸣的主要场所与最负盛名的文化中心，重要原因就是众多学术流派都活跃在稷门之下，各自的理论背景和学术主张尽管各有不同，却相映成趣，从而造就了稷下学派思想多元化的格局。这种"百氏争鸣、九流并列、各尊所闻、各行所知"的包容、宽松、自由的学术气氛，不仅推动了社会文化的进步，而且也引发了后世学者争论不休的话题，中国古代思想在这里得到了极大发展，迎来了中国思想文化史上的黄金时代。而从秦朝的"焚书坑儒"到汉代的"独尊儒术"，百家争鸣局面便不复存在，思想禁锢必然导致学派衰落，国家文化发展也必将受到极大的制约与影响。

深圳的追求

在中国打破思想的禁锢和改革开放 30 多年这样的历史背景下，随着中国经济的高速发展以及在国际上的和平崛起，中华民族伟大复兴的中国梦正在进行。文化是立国之根本，伟大的复兴需要伟大的文化。树立高度的文化自觉，促进文化大发展大繁荣，加快建设文化强国，中华文化的伟大复兴梦想正在逐步实现。可以预期的是，中国的学术文化走向进一步繁荣的过程中，具有中国特色的学派也将出现在世界学术文化的舞台上。

从 20 世纪 70 年代末真理标准问题的大讨论，到人生观、文化观的大讨论，再到 90 年代以来的人文精神大讨论，以及近年来各种思潮的争论，凡此种种新思想、新文化，已然展现出这个时代在百家争鸣中的思想解放历程。在与日俱新的文化转型中，探索与矫正的交替进行和反复推进，使学风日盛、文化昌明，在很多学科领域都出现了彼此论争和公开对话，促成着各有特色的学术阵营的形成与发展。

一个文化强国的崛起离不开学术文化建设，一座高品位文化城市的打造同样也离不开学术文化发展。学术文化是一座城市最内在的精神生活，是城市智慧的积淀，是城市理性发展的向导，是文化创造力的基础和源泉。学术是不是昌明和发达，决定了城市的定位、影响力和辐射力，甚至决定了城市的发展走向和后劲。城市因文化而有内涵，文化因学术而有品位，学术文化已成为现代城市智慧、思想和精神高度的标志和"灯塔"。

凡工商发达之处，必文化兴盛之地。深圳作为我国改革开放的"窗口"和"排头兵"，是一个商业极为发达、市场化程度很高的城市，移民社会特征突出、创新包容氛围浓厚、民主平等思想活跃、信息交流的"桥头堡"地位明显，是具有形成学派可能性的地区之一。在创造工业化、城市化、现代化发展奇迹的同时，深圳也创造了文化跨越式发展的奇迹。文化的发展既引领着深圳的改革开放和现代化进程，激励着特区建设者艰苦创业，也丰富了广大市民的生活，提升了城市品位。

如果说之前的城市文化还处于自发性的积累期，那么进入新世纪以来，深圳文化发展则日益进入文化自觉的新阶段：创新文化发展理念，实施"文化立市"战略，推动"文化强市"建设，提升文化软实力，争当全国文化改革发展"领头羊"。自 2003 年以来，深圳文化发展亮点纷呈、硕果累累：荣获联合国教科文组织"设计之都""全球全民阅读典范城市"称号，原创大型合唱交响乐《人文颂》在联合国教科文组织巴黎总部成功演出，被国际知识界评为"杰出的发展中的知识城市"，三次荣获"全国文明城市"称号，四次被评为"全国文化体制改革先进地区"，"深圳十大观念"影响全国，《走向复兴》《我们的信念》《中国之梦》《迎风飘扬的旗》《命运》等精品走向全国，深圳读书月、市民文化大讲堂、关爱行动、创意十二月等品牌引导市民追求真善美，图书馆之城、钢琴之城、设计之都等"两城一都"高品位文化城市正成为现实。

城市的最终意义在于文化。在特区发展中，"文化"的地位正发生着巨大而悄然的变化。这种变化首先还不在于大批文化设施的兴建、各类文化活动的开展与文化消费市场的繁荣，而在于整个城市文化地理和文化态度的改变，城市发展思路由"经济深圳"向"文化深圳"转变。这一切都源于文化自觉意识的逐渐苏醒与复活。文化自觉意味着文化上的成熟，未来深圳的发展，将因文化自觉意识的强化而获得新的发展路径与可能。

与国内外一些城市比起来，历史文化底蕴不够深厚、文化生态不够完善等仍是深圳文化发展中的弱点，特别是学术文化的滞后。近年来，深圳在学术文化上的反思与追求，从另一个层面构成了文化自觉的逻辑起点与外在表征。显然，文化自觉是学术反思的扩展与深化，从学术反思到文化自觉，再到文化自信、自强，无疑是文化主体意识不断深化乃至确立的过程。大到一个国家和小到一座城市的文化发展皆是如此。

　　从世界范围看，伦敦、巴黎、纽约等先进城市不仅云集大师级的学术人才，而且有活跃的学术机构、富有影响的学术成果和浓烈的学术氛围，正是学术文化的繁盛才使它们成为世界性文化中心。可以说，学术文化发达与否，是国际化城市不可或缺的指标，并将最终决定一个城市在全球化浪潮中的文化地位。城市发展必须在学术文化层面有所积累和突破，否则就缺少根基，缺少理念层面的影响，缺少自我反省的能力，就不会有强大的辐射力，即使有一定的辐射力，其影响也只是停留于表面。强大的学术文化，将最终确立一种文化类型的主导地位和城市的文化声誉。

　　近年来，深圳在实施"文化立市"战略、建设"文化强市"过程中鲜明提出：大力倡导和建设创新型、智慧型、力量型城市主流文化，并将其作为城市精神的主轴以及未来文化发展的明确导向和基本定位。其中，智慧型城市文化就是以追求知识和理性为旨归，人文气息浓郁，学术文化繁荣，智慧产出能力较强，学习型、知识型城市建设成效卓著。深圳要建成有国际影响力的智慧之城，提高文化软实力，学术文化建设是其最坚硬的内核。

　　经过30多年的积累，深圳学术文化建设初具气象，一批重要学科确立，大批学术成果问世，众多学科带头人涌现。在中国特色社会主义理论、经济特区研究、港澳台经济、文化发展、城市化等研究领域产生了一定影响；学术文化氛围已然形成，在国内较早创办以城市命名的"深圳学术年会"，举办了"世界知识城市峰会"等一系列理论研讨会。尤其是《深圳十大观念》等著作的出版，更是对城市人文精神的高度总结和提升，彰显和深化了深圳学术文化和理论创新的价值意义。

　　而"深圳学派"的鲜明提出，更是寄托了深圳学人的学术理想和学术追求。1996年最早提出"深圳学派"的构想；2010年《深圳市委市政府关于全面提升文化软实力的意见》将"推动'深圳学派'建设"载入官方文件；2012年《关于深入实施文化立市战略建设文化强市的决定》明确提出"积极打造'深圳学派'"；2013年出台实施《"深圳学派"建设推进方案》。一个开风气之先、引领思想潮流的"深圳学派"正在酝酿、构建之中，学术文化的春天正向这座城市走来。

"深圳学派"概念的提出，是中华文化伟大复兴和深圳高质量发展的重要组成部分。竖起这面旗帜，目的是激励深圳学人为自己的学术梦想而努力，昭示这座城市尊重学人、尊重学术创作的成果、尊重所有的文化创意。这是深圳30多年发展文化自觉和文化自信的表现，更是深圳文化流动的结果。因为只有各种文化充分流动碰撞，形成争鸣局面，才能形成丰富的思想土壤，为"深圳学派"的形成创造条件。

深圳学派的宗旨

构建"深圳学派"，表明深圳不甘于成为一般性城市，也不甘于仅在世俗文化层面上造点影响，而是要面向未来中华文明复兴的伟大理想，提升对中国文化转型的理论阐释能力。"深圳学派"从名称上看，是地域性的，体现城市个性和地缘特征；从内涵上看，是问题性的，反映深圳在前沿探索中遇到的主要问题；从来源上看，"深圳学派"没有明确的师承关系，易形成兼容并蓄、开放择优的学术风格。因而，"深圳学派"建设的宗旨是"全球视野，民族立场，时代精神，深圳表达"。它浓缩了深圳学术文化建设的时空定位，反映了对学界自身经纬坐标的全面审视和深入理解，体现了城市学术文化建设的总体要求和基本特色。

一是"全球视野"：反映了文化流动、文化选择的内在要求，体现了深圳学术文化的开放、流动、包容特色。它强调要树立世界眼光，尊重学术文化发展内在规律，贯彻学术文化转型、流动与选择辩证统一的内在要求，坚持"走出去"与"请进来"相结合，推动深圳与国内外先进学术文化不断交流、碰撞、融合，保持旺盛活力，构建开放、包容、创新的深圳学术文化。

文化的生命力在于流动，任何兴旺发达的城市和地区一定是流动文化最活跃、最激烈碰撞的地区，而没有流动文化或流动文化很少光顾的地区，一定是落后的地区。文化的流动不断催生着文化的分解和融合，推动着文化新旧形式的转换。在文化探索过程中，唯一需要坚持的就是敞开眼界、兼容并蓄、海纳百川，尊重不同文化的存在和发展，推动多元文化的融合发展。中国近现代史的经验反复证明，闭关锁国的文化是窒息的文化，对外开放的文化才是充满生机活力的文化。学术文化也是如此，只有体现"全球视野"，才能融入全球思想和话语体系。因此，"深圳学派"的研究对象不是局限于一国、一城、一地，而是在全球化背景下，密切关注国际学术前沿问题，并把中国尤其是深圳的改革发展置于人类社会变革和文化变迁的大背景下加以研究，具有宽广的国际视野和鲜明的民族特色，体现开放性甚至是国际化特色，也融合跨学科的交叉和开放。

二是"民族立场"：反映了深圳学术文化的代表性，体现了深圳在国家战略中的重要地位。它强调要从国家和民族未来发展的战略出发，树立深圳维护国家和民族文化主权的高度责任感、使命感、紧迫感。加快发展和繁荣学术文化，尽快使深圳在学术文化领域跻身全球先进城市行列，早日占领学术文化制高点，推动国家民族文化昌盛，助力中华民族早日实现伟大复兴。

任何一个大国的崛起，不仅伴随经济的强盛，而且伴随文化的昌盛。文化昌盛的一个核心就是学术思想的精彩绽放。学术的制高点，是民族尊严的标杆，是国家文化主权的脊梁；只有占领学术制高点，才能有效抵抗文化霸权。当前，中国的和平崛起已成为世界的最热门话题之一，中国已经成为世界第二大经济体，发展速度为世界刮目相看。但我们必须清醒地看到，在学术上，我们还远未进入世界前列，特别是还没有实现与第二大经济体相称的世界文化强国的地位。这样的学术境地不禁使我们扪心自问，如果思想学术得不到世界仰慕，中华民族何以实现伟大复兴？在这个意义上，深圳和全国其他地方一样，学术都是短板，与经济社会发展不相匹配。而深圳作为排头兵，肩负了为国家、为民族文化发展探路的光荣使命，尤感责任重大。深圳的学术立场不能仅限于一隅，而应站在全国、全民族的高度。

三是"时代精神"：反映了深圳学术文化的基本品格，体现了深圳学术发展的主要优势。它强调要发扬深圳一贯的"敢为天下先"的精神，突出创新性，强化学术攻关意识，按照解放思想、实事求是、求真务实、开拓创新的总要求，着眼人类发展重大前沿问题，特别是重大战略问题、复杂问题、疑难问题，着力创造学术文化新成果，以新思想、新观点、新理论、新方法、新体系引领时代学术文化思潮。

党的十八大提出了完整的社会主义核心价值观，这是当今中国时代精神的最权威、最凝练表达，是中华民族走向复兴的兴国之魂，是中国梦的核心和鲜明底色，也应该成为"深圳学派"进行研究和探索的价值准则和奋斗方向。其所熔铸的中华民族生生不息的家国情怀，无数仁人志士为之奋斗的伟大目标和每个中国人对幸福生活的向往，是"深圳学派"的思想之源和动力之源。

创新，是时代精神的集中表现，也是深圳这座先锋城市的第一标志。深圳的文化创新包含了观念创新，利用移民城市的优势，激发思想的力量，产生了一批引领时代发展的深圳观念；手段创新，通过技术手段创新文化发展模式，形成了"文化＋科技""文化＋金融""文化＋旅游""文化＋创意"等新型文化业态；内容创新，以"内容为王"提升文化产品和服务的价值，诞生了华强文化科技、腾讯、华侨城等一大批具有强大生命力的文化企业，形成了读书月等一大批文化品牌；制度创新，充分发挥市场的作用，不断创新体制机制，激发全社会的文化创造活力，从根本上提升城市文化的竞争力。"深圳学派"建设也应体现出强烈的时代精神，在学术课题、学术群体、学术资源、学术机制、学术环境方面迸发出崇尚创新、提倡包容、敢于担当的活力。"深圳学派"需要阐述和回答的是中国改革发展的现实问题，要为改革开放的伟大实践立论、立言，对时代发展作出富有特色的理论阐述。它以弘扬和表达时代精神为己任，以理论创新为基本追求，有着明确的文化理念和价值追求，不局限于某一学科领域的考据和论证，而要充分发挥深圳创新文化的客观优势，多视角、多维度、全方位地研究改革发展中的现实问题。

四是"深圳表达"：反映了深圳学术文化的个性和原创性，体现了深圳使命的文化担当。它强调关注现实需要和问题，立足深圳实际，着眼思想解放、提倡学术争鸣，注重学术个性、鼓励学术原创，不追求完美、不避讳瑕疵，敢于并善于用深圳视角研究重大前沿问题，用深圳话语表达原创性学术思想，用深圳体系发表个性化学术理论，构建具有深圳风格和气派的学术文化。

称为"学派"就必然有自己的个性、原创性，成一家之言，勇于创新、大胆超越，切忌人云亦云、没有反响。一般来说，学派的诞生都伴随着论争，在论争中学派的观点才能凸显出来，才能划出自己的阵营和边际，形成独此一家、与众不同的影响。"深圳学派"依托的是改革开放前沿，有着得天独厚的文化环境和文化氛围，因此不是一般地标新立异，也不会跟在别人后面，重复别人的研究课题和学术话语，而是要以改革创新实践中的现实问题研究作为理论创新的立足点，作出特色鲜明的理论表述，发出与众不同的声音，充分展现特区学者的理论勇气和思想活力。当然，"深圳学派"要把深圳的物质文明、精神文明和制度文明作为重要的研究对象，但不等于言必深圳，只囿于深圳的格局。思想无禁区、学术无边界，"深圳学派"应以开放心态面对所有学人，严谨执着，放胆争鸣，穷通真理。

狭义的"深圳学派"属于学术派别，当然要以学术研究为重要内容；而广义的"深圳学派"可看成"文化派别"，体现深圳作为改革开放前沿阵地的地域文化特色，因此除了学术研究，还包含文学、美术、音乐、设计创意等各种流派。从这个意义上说，"深圳学派"尊重所有的学术创作成果，尊重所有的文化创意，不仅是哲学社会科学，还包括自然科学、文学艺术等。

"寄言燕雀莫相啅，自有云霄万里高。"学术文化是文化的核心，决定着文化的质量、厚度和发言权。我们坚信，在建设文化强国、实现文化复兴的进程中，植根于中华文明深厚沃土、立足于特区改革开放伟大实践、融汇于时代潮流的"深圳学派"，一定能早日结出硕果，绽放出盎然生机！

目 录

绪　言

一　研究背景及缘起

改革开放至今，国家权力在诸多领域的退出以及市场主体利益的广泛分层和权利让渡，为自治在我国的生长与发展奠定了必要的基础。各种类型的自治得到了突飞猛进的发展，如地方自治、村民自治、社区自治、行业自治等。自治作为现代民主和法治社会发展的一个重要现象，已在思想层面和制度层面日益成为人们关注的重点。

西方国家的自治制度源于行业自治；现代市场经济的有序运行也同样有赖于行业协会等社会组织的自律作用。而就我国的状况来看，虽然近年来行业组织数量得到了日新月异的发展，但数量的增长并没有带来行业治理模式的真正转变。我们可以看到，在目前层出不穷的行业事件中，往往能发现消费者、政府及企业的身影，却独独缺少了行业协会的声音。究其根本原因，则在于我国行业自我治理的动力、能力以及相关的制度建设都存在一定的缺失。

就学界的研究成果来看，当前的研究主要集中在行业协会成立和运行的外部机制上，如体制环境、法律环境等，其中，如何处理行业协会与政府之间的关系这一问题更是备受关注。相较之下，有关行业协会自身法人治理机制及对行业内部自治制度的研究则乏善可陈，特别是缺乏对行业自治具体机制的设计。因此，我们认为，就现阶段来看，在行业协会发展与运行的外部机制已经初步得到梳理和完善的基础上，我们应当将研究对象转为对其内部自治机制的研究。中共中央办公厅、国务院办公厅 2015 年印发的《行业协会商会与行政机关脱钩总体方案》（以下简称 2015《脱钩方案》）提出，"积极稳妥推进行业协会商会与行政机关脱钩，厘清行政机关与行业协会商会的职能边界，加强综合监管和党建工作，促进行业协会商会成为依法设立、自主办会、服务为本、治理规范、行为自律的社会组织"。这使得行业自治从理论问题一跃成为行业协会发展面临的实际问题。本书研究的主要意义在于针对我国的实际情况，分析并设计有助于我国行业自治制度进一步发展、完善的运行机制，以对行业自治的现实问题进行必要指导。

二　研究框架及主要内容

行业自治属于交叉学科的话题，因此，我们的研究不局限于法学视角，还涉及公共管理、历史学、经济学和社会学等多个学科领域，这无疑会在某种程度上淡化本书的法学色彩。在多学科视角下，本书的论证主要包括以下五个方面的内容：

第一，行业自治的基础理论。

本部分主要回答行业自治的正当性、行业自治权的法律属性以及行业自治的合法性问题。行业自治具有高效、便捷、分担政府负担等优势，在市场规制和社会治理领域颇受推崇，但不能因此认定行业自治的正当性是不言自明的。我们从共同体自治的基本理论出发，认为行业自治在本质上属于共同体自治，包括自愿结合的同质性成员、组织结构、章程和其他内部规范等要素。我们认为，行业组织的共同体特征表明了行业组织具备了自治的基本可能，行业组织趋于自治且排斥他治的品格在更深层次取决于行业事务的高度专业性和行业品格的独立性。

行业自治权在法律性质上是属于权力还是权利？是行业组织固有的权力（利）还是国家法的授予？权力（利）的主体是组织成员还是协会组织本身？本书借助霍菲尔德对"权力—权利"的分析，提出行业自治权兼具权利和权力双重性质：在外部关系即行业组织与国家或者其他外部主体的关系中，其自治权更多地体现为权利；而在内部关系即其与成员的关系中，则更多地体现为权力。就行业自治权的来源而言，我国行业自治的权力来源主要有三种途径，即通过法律授权而取得、通过政府委托而取得以及通过内部章程约定而取得。行业组织通过法律授权和政府委托而取得的权力本质仍属于国家公权力，基于内部章程而取得自治权则属于社会公权力的范畴。就自治主体而言，行业自治权本身既然来自于全体成员的一致同意和授权，那么行业自治是行业共同体成员的自治而非行业协会组织机构的自治，行业自治权的主体是组成成员而非行业协会的组织机构。换言之，行业自治权是组成成员的权利而不是行业协会组织机构的权力。

第二，我国行业自治的现实状况。

西方国家行业协会是在市场经济发展的过程中自发产生并逐渐壮大的，自其诞生之初就是独立于政府的。与西方国家行业协会不同，新中国的行业协会是 20 世纪 80 年代初在政府自上而下的政策扶持下而成立的政府"附属单位"，因此基于市场内生的自治性驱动并不明显。进入 21 世纪以来，受市场经济发展和西方国家行业治理的双重影响，我国行业协会又在自上而下的政策推动下开始从附属单位向自主发展的民间化社会团体转变，从而引发了学术界对于行业自治和自律这一主题的探讨和关注。

本书课题组考察的是 1984 年以来我国行业协会自治的状况。根据我国行业协会发展的民间化色彩由暗趋明、由弱渐强，我们将1984 年以来我国行业协会的发展大体分为三个阶段：1984 年至1992 年为起步阶段，行业协会基本上是附属型的官办协会类型，兼具部分行政管理职能；1993 年至 2003 年为转型阶段，民间化氛围逐步形成；2004 年至今为发展阶段，行业协会民间化色彩加强，逐渐走向市场化。

当前，我国行业协会的自治规范体系已粗具雏形，地方行业协会自治实践不断丰富。与此同时，行业自治存在着阶段差异、地域差异和行业差异：阶段差异是指行业协会的自治程度与行业协会本身的发展历程密切相关，在行业协会成立初期其自主性和自治程度较低，而当行业协会发展走向成熟时，随着其影响力扩大，自主性增强，自治的内在动力增强，自治程度也会随之提高；地域差异表明，经济发达地区的行业协会发展比较快，经济比较落后的地区的行业协会发展比较缓慢，经济发达地区的行业协会的市场化和自治化程度也较高；行业差异则指经贸类的行业协会发展快，数量大，自治程度更高，而市场发展需要的服务类、信息科技类、新兴产业类的行业协会成立的时间较短，数量相对为少，自治程度相对较低。

同时，本书将我国行业自治发展面临的主要问题归结为激烈竞争情境下行业自治自律的内生驱动不足和自治能力有限两个方面，后者更多地表现为专职人员储备不足、自治手段十分有限、外部干预过多和外部支持不足等亟待解决的问题。

第三，行业协会的内部法人治理结构。

2015《脱钩方案》要求"行业协会商会要按照建立现代社会组织要求，建立和完善产权清晰、权责明确、运转协调、制衡有效的法人治理结构"。行业协会法人治理结构既是我国行业协会改革的目标，也是行业协会自身健康发展的应有之义。

为什么是法人治理结构？我们类比西耶斯的"政治社会形成过程三段论"得出行业协会成立的过程实质是"委托—代理"关系的形成过程。解决委托人和代理人之间的信息不对称问题，必须寻求一种治理结构以实现行业协会运作过程中"谁在受益"和"谁应该受益"之间的统一。同时，对近代中国工商同业公会法人治理的考察，也为建构当前我国行业协会法人治理机制提供了可资借鉴的资料。

鉴于我国行业协会发展的地域差异和行业差异，欲精准地描述当前我国行业协会法人治理的现状实属不易。笔者利用地域优势仅以深圳市企业评价协会于 2015 年公开发布的行业协会商会评估报告及其数据作为基本分析工具。根据评估结果，从参评单位在二级指标中的扣分情况看，参评单位在发展规划、领导班子建设、档案及证章管理三项指标内容上表现良好，而在组织结构、财务资产及人力资源三项指标内容上失分较为严重。

所谓见微知著，某种意义上深圳市行业协会的发展在某些方面代表了我国行业协会发展的前沿水准，所以其存在的问题也在相当程度上体现了我国行业协会发展过程中的症结所在。这些问题包括内部监督机构普遍缺失、章程缺乏应有的约束力、内部人控制导致会员权利不平等、精英治理导致内部制约机制失灵、内部治理规则欠缺导致协会运作不规范、治理理念模糊导致行业协会内部治理缺乏目标等。究其原因，与行业协会法人治理长期受到忽视、法人治理制度供给不足、法人治理的配套措施不到位等密切相关。

为此，我们提出，应在法人治理的自治性原则、组织结构的制衡性原则以及运行机制民主性原则的指导下完善行业协会法人治理，具体包括：（1）政府制定相关规程，加强行政指导；（2）健全行业协会的法人治理结构，包括增强会员（代表）大会的行为能力、完善（常务）理事会的治理功能、完善行业协会内部治理的监督机制、完善秘书长任用制度等；（3）进一步完善行业协会内部治理的重要制度，包括选举制度、表决制度、财务管理制度、人事激励与问责机制、会员管理制度等。

第四，我国行业自治的权能构成及其运行机制。

行业自治权的权能，是行业协会为了实现自治而在法律规定的界限内可以采取的各种措施和手段。就行业自治权作用的不同，我们可以将其权能分为积极权能和消极权能。所谓积极权能，是行业协会在实现行业自治时可以积极主动采取的措施和手段；所谓消极权能，即排除国家、其他组织和任何个人干预的权利，本质上是一种防御权，展现的是行业自治权私权利属性的一面。与消极权能的私权利属性不同，行业自治的积极权能更多的是指行业协会针对自身运作或会务治理可以采取的手段，是凌驾于会员之上的社会公权力，主要由内部规范制定权、日常组织管理权、奖励惩戒权和内部纠纷裁决权所构成。

规范制定权的行使及其结果直接界定了行业协会的活动范围、活动规范以及责任后果，在规范行业发展、推动行业自律等方面发挥着基础性的权力作用。当下以行业协会章程、行业协会自律公约以及行业标准等为代表的行业基本组织规范、行为规范、奖惩规范和纠纷解决规范等规范性文件在社会治理中发挥着补充国家制定法不足的重要作用。

行业内部日常管理权是规则制定权于权力运行的具体化，再详细、周密的规则设计也必须付诸实践施行，主要表现为行业协会对内部人、财、物和信息的管理权力。根据作用或目的的不同，我们将其表现形式概括为设定基本组织和人事管理、向会员提供服务、制定和执行行业规划与计划、调查和发布行业相关信息、实施行业认证、设定和实施行业许可等事项。

行业内部惩戒权是确保行业协会内部规范得以有效实施和行业协会职能正常运作而对违反行业自律的成员加以惩戒的权力。在外部表现形式上，行业惩戒主要可以区分为声誉罚和资格罚，前者如训诫、责令改正并书面检讨、责令书面道歉、行业内通报批评和公开谴责等；后者如取消评奖评优资格、暂停会员资格和除名等。行业惩戒必须遵循正当程序，尤其是要充分说明理由并听取当事人的陈述和申辩。同时，还必须建立适当的途径为受到行业内部惩戒的会员提供必要的救济。

行业争端裁决权是行业协会化解内部成员之间或者成员与行业协会之间、甚至成员与行业协会之外的其他主体之间的纠纷的权力，是行业自治的必然要求。行业争端裁决权背后蕴含的是自治组织对于解决内部纠纷的专业性。也正因为如此，法律通常赋予行业协会对于内部纠纷的优先判断权，即成员必须穷尽一切内部救济手段之后，方可提起行政诉讼。

第五，行业自治的外部监管机制。

行业自治须接受必要的立法监督、行政监督、司法监督和社会监督。

就立法监督而言，制定专门的《行业协会法》成为大势所趋。我们建议《行业协会法》重点规定如下内容：（1）《行业协会法》应是一部行业协会促进法；（2）健全监管体系，体现"宽进严管"，明确登记管理机关是唯一的行业协会合法登记和监督管理的政府部门，取消业务主管（指导）单位的监管职能，加强对行业协会的社会监督；（3）丰富监管手段，包括以年度报告公示制度代替年检制、建立行业协会异常名录制度、完善行业协会信息公示、完善行业协会第三方评估制度、健全日常执法监督等；（4）明确重点监管内容，即对人事管理、财务管理、履行公共服务的情况和特殊活动的监督。

　　直接登记制下的行业协会行政监管是本书的重点研究内容之一。在直接登记制改革开展比较早的一些地方，已经出现了登记管理机关与政府其他职能部门职责不明、执法力量匮乏、登记管理机关行政权力对行业协会影响力过于膨胀等一系列问题。对此，我们结合深圳的改革实践给出如下建议：（1）明确登记管理机关和政府其他职能部门的职权、职责；（2）完善行政监管中的执法程序设计；（3）做好行业协会违法行为的类型化；（4）探索行业协会信息化管理方式；（5）明确行业协会法律救济措施并提升其参与治理的能力。

　　托克维尔提醒人们"社会由自己管理并为自己管理"虽是现代民主社会的必然，但"当没有任何障碍可以阻止或延迟此权力前进时，自由就要遭到破坏"。为保障个体自由，行业自治必须受到必要的司法审查。从各国司法实践看，行业自治权的行使需受到法律保留原则、平等对待原则、正当程序原则的制约，但必须遵循必要的限制：（1）程序上要穷尽内部救济；（2）尊重行业的专业判断；（3）非重要事项不审查。

　　相对于单一的政府监督而言，行业自治的社会监督更为直接，监督事项也更为广泛，在特定事项上也更为专业，是与单一政府监督并重的监督方式。从监督主体来看，行业协会的社会监督主体既有公民个人的监督，也有社会团体等监督；监督方式亦有多种，如要求行业协会公开其内部治理信息、通过新闻媒体发表舆论向行业协会施加压力，或者对行业协会的治理情况进行评价等不一而足。其中，行业协会的信息公开是公众对行业自治进行监督的前提，而对行业协会治理的独立第三方评估制度则是近年来社会对行业自治进行监督的有力手段。

三　拟进一步研究的问题

（一）关于行业协会的内涵与外延

　　古罗马奥古斯丁在其著名的《忏悔录》一书中，曾这样表达对"时间"的界定："那么时间究竟是什么？没有人问我，我倒清楚，有人问我，我想说明，便茫然不解了。"恰如奥古斯丁的时间观一样，我们可以轻易地对某个组织是否属于行业协会做出判断，但迄今为止却无法在立法上对行业协会进行统一的权威界定。例如，1999年《温州行业协会》第2条规定："本办法所称的行业协会是指由同一行业的企业、个体商业者及相关的企事业单位自愿组织的民间性、自律性、非营利性社会团体法人"，表明不仅"同一行业的企业、个体商业者"等经济类型的组织可以成立行业协会，事业单位也可以自愿加入某一行业协会；2002年《上海市促进行业协会发展规定》第2条："本规定所称的行业协会，是指由同业企业以及其他经济组织自愿组成、实行行业服务和自律管理的非营利性社会团体"；2005年《广东省行业协会条例》第3条规定："本条例所称的行业协会是指从事相同性质经济活动的经济组织，为维护共同的合法经济利益而自愿组织的非营利性社会团体"，则将行业协会的成员限定为同业的经济组织；2013年《深圳经济特区行业协会条例》第2条对行业协会的界定则有了新的特色，即："本条例所称的行业协会，是指同行业或者跨行业的企业、其他经济组织以及个体工商户自愿组成，依照章程自律管理，依法设立的非营利性社会团体法人"，表明行业协会不仅可以是同行业的经济组织依法设立的，亦可以是跨行业的经济组织依法成立的，从而在构成主体上突破了行业协会对成员同质性的要求。

立法上对行业协会的认识不清晰还体现在存在将商会、职业协会与行业协会等而视之的倾向，《深圳经济特区行业协会条例》即是典型的例证。我们认为，商会不同于行业协会：其一，行业协会的成员是同业经济组织，而商会的成员则是可以跨行业的；其二，行业协会的成员通常是在同一地域内（主要是以城市为界限）取得营业执照的经济组织，我国现行制度下并不存在异地行业协会，而异地商会则普遍存在。上述差异决定了商会不能够完全适用有关行业协会的制度规范。

职业协会与行业协会的差异更加明显：第一，行业协会的成员多以经济组织如企业、个体工商户为主，而职业协会的成员则是以要求具备某些技能的个人为主，如律师、医师、会计师等。第二，通常而言，行业协会的会员身份是可以自愿选择的，可以自愿申请加入也可以自愿放弃会员身份，不但不存在强制入会的问题，而且脱离协会也不会对其从事经济活动的资格造成影响；职业协会的成员则是强制性入会的，如律师必须要通过一定的资质考核加入当地律协，否则就不能以律师身份执业。第三，行业协会的成员只需从事相应的经济活动即可，而职业协会的会员必须获得相应的资格认证，如律师要有律师证、医师要有医师证、会计师要有会计师资格证。第四，行业协会以服务于成员的经济利益为目标，而职业协会则负担着某些公共管理职能。

事业单位能否成为行业协会的成员？行业协会内部成员构成能否是跨行业的？如何清晰地划定行业协会与商会、职业协会之间的界限并分别加以规范？都是有待于进一步挖掘的问题。需要说明的是，商会、职业协会虽与行业协会存在差异，但彼此之间亦有许多共性。本书在研究过程中，为了论证的方便，在个别之处采用了商会或者职业协会作为例证来阐释共性问题。

（二）关于行业协会信用信息

从党的十八大提出"加强政务诚信、商务诚信、社会诚信和司法公信建设"，到党的十八届三中全会再提出"建立健全社会征信体系，褒扬诚信，惩戒失信"，再到《中共中央 国务院关于加强和创新社会管理的意见》提出"建立健全社会诚信制度"，社会诚信建设依然成为国家顶层设计的重点关注对象。《中华人民共和国国民经济和社会发展第十二个五年规划纲要》将"实行社会组织信息公开和评估制度，完善失信惩罚机制，强化社会监管"作为"加快社会信用体系建设"的基本任务。之后，《社会信用体系建设规划纲要（2014—2020 年）》专门针对"社会组织诚信建设"提出如下要求："健全社会组织信息公开制度，引导社会组织提升运作的公开性和透明度，规范社会组织信息公开行为。把诚信建设内容纳入各类社会组织章程，强化社会组织诚信自律，提高社会组织公信力。发挥行业协会（商会）在行业信用建设中的作用，加强会员诚信宣传教育和培训。"行业协会作为社会组织的重要类型，其信用体系的建设对于强化社会诚信的作用不容小觑。

2015《脱钩方案》对上述精神一以贯之，提出将"完善信用体系和信息公开制度"作为实现行业协会脱钩不脱管的重要手段，即"建立行业协会商会信用承诺制度，完善行业协会商会的信用记录，建立综合信用评级制度。对行业协会商会的信用情况开展社会评价，评价结果向社会公布。建立健全行业协会商会信息公开和年度报告制度，接受社会监督"。信用信息制度是脱钩之后行业协会信用建设的着力点，也是实现行业协会的社会监督之眼。本书在研究行业协会信息公开时涉及了行业协会的信用信息，但考虑到行业协会信用信息制度内容十分庞杂，无法完全被本书课题所涵盖，因而论述止步于行业协会信用信息的内容。浅尝辄止并不足取，作者组将在今后继续深入研究行业协会信用信息如何形成并保管、利益相关人或社会公众如何获取行业协会的信用信息（方法和程序）、如何界定行业协会构成失信、什么样的失信惩戒和守信奖励机制方符合行政法比例原则的要求等内容。

（三）关于行业协会参与行业标准的制定问题

1989 年实施的《标准化法》第 12 条规定："制定标准应当发挥行业协会、科学研究机构和学术团体的作用。"此后国务院于 1990 年发布的《标准化法实施条例》第 19 条重申了这一原则，并要求"制定国家标准、行业标准和地方标准的部门应当组织由用户、生产单位、行业协会、科学技术研究机构、学术团体及有关部门的专家组成标准化技术委员会，负责标准草拟和参加标准草案的技术审查工作。未组成标准化技术委员会的，可以由标准化技术归口单位负责标准草拟和参加标准草案的技术审查工作"。根据上述两个条款，可知立法部门的确在立法中考虑到了我国行业协会在技术标准制定过程中的参与必要性。2015《脱钩方案》提出"鼓励行业协会商会参与制定相关立法、政府规划、公共政策、行业标准和行业数据统计等事务"。2017 年新修订的《标准化法》第 18 条明确规定了鼓励行业协会协调相关市场主体制定满足市场和创新需要的团体标准，供成员约定采用和社会自愿采用。

我们认为，2015《脱钩方案》实施以后，行业协会参与行业标准制定将面临诸多新的问题：行业协会应在何种程度上参与？《标准化法实施条例》要求负责标准起草工作的标准化技术委员会的组成人员中应当包括行业协会的成员，但这些成员是否应当包括所有利益相关的行业协会的成员呢？如何确保行业协会在参与行业标准制定时能公正地代表会员的共同利益，而不是利益串谋？特别是中小会员的声音能否通过行业协会的参与得到表达？脱钩之后，行业协会自己制定的标准在未得到主管部门批准前，可否对会员产生约束力？诸如此类问题仍需进一步思考与探索。

（四）关于行业自治的权能

法理上，所谓权能一般是指权利的要素，是权利的具体内容或权利的作用或实现的方式。例如，所有权的权能包括占有——对所有物加以实际管领或控制的权利、使用——依照物的性能和用途加以利用的权利、收益——收取所有物所生利息（孳息）的权利和处分——对所有物依法处置的权利四项权能，每项权能体现了权利人从事不同行为的资格。行业自治权的权能是行业自治权的具体体现，代表了行业协会在实现自我管理时可以采取哪些行为的权利或者资格，这是一个崭新的学术领域，也是本书研究的重点难点所在。

我们认为，既然权能是权利人从事不同行为的资格，那么权利人的行为则是其权能的外化。因此，我们对行业协会的活动进行一般考察之后，尝试性地将行业协会的权能划分为准立法权——制定章程和行业规范的权利；准行政权——包括会员培训、财务管理、对外交流的日常管理权利和对会员的惩戒权；准司法权——解决会员与会员之间的纠纷以及会员与协会之间纠纷的权利。这种划分的科学性有待于实践的检验，同时每项权能具体该如何行使、其边界何在、如何实现与国家公权力的有效对接等课题仍有待于进一步被挖掘。

（五）关于行业自治绩效评估模型

行业协会评估制度始于2007年8月民政部发布的《民政部关于推进民间组织评估工作的指导意见》和《全国性民间组织评估实施办法》。传统上，无论是学术研究，还是社会组织管理部门的制度

建设，长期致力于对行业协会自身的评估，即考察行业协会的基础
条件（法人资格、章程、业务范围、登记和备案、年度检查）；内
部治理（发展规划、组织机构、人力资源、领导班子建设、财务资
产、档案证章管理）；工作绩效（提供服务、反映诉求、规范行为、
行业影响力、社会宣传、信息公开、特色工作）；社会评价（内部
评价、外部评价）。

　　与上述针对个体行业协会的评估不同，笔者在研究过程中，一
直致力于构建一个行业自治绩效评估模型，该模型具有简单快捷的
特点，只需根据协会商会的每年上报的年报数据即可对特定地域
（一个省或者一个市、县）的行业自治发展情况进行快速评估，具
有比较宽泛的应用：可以作为社会组织管理部门快速评估行业协会
商会总体等级分布区段的工具，也可作为行业协会自我评定的量化
模型，也可以作为管理人员或者专家学者识别某一具体协会商会在
全市范围内所处发展水平的快速筛选工具，有助于扩大年报的适用
范围，提高社会组织信息监管的科学性。笔者以深圳过去 3 年的行
业协会年报模板为依托，尝试选取了 22 个指标[①]，将年报数据输入
分析，选择了相关程度较高的指标 5 个：工作人员、财务规模、市
场服务次数、接受政府委托次数、取会员数量的对数（降低其影
响），结合历年年报数据计算权重以后，将每个协会的数据代入计
算，结果和五 A 评估结果吻合度基本相符。目前，该模型还在进一
步实验和修正过程中，尚未公开发布。

四　成果的学术创新
相较于既往的相关研究成果，本书可能的创新之处有：
（一）关于行业自治的基础理论研究
目前学界对于行业自治的基础研究尚付之阙如，本书对行业自

---

　　① 22 个指标包括：资产负债率、项目集中度、边际剩余、管理成本比率、财务规
模、专职人员比重、专职工作人员中大专以上学历人员占比、人大代表数或理事单位数、
是否具有信息公开制度、是否已制定行业协会规范、换届选举情况、教育培训展览次数、
参与行业协会质量管理次数、研究行业发展、制定行业规划次数、出国访问和会议、会
员增长率、党建情况、是否有过违规处罚、承办政府委托项目、参政议政次数、是否实
施行业协会规范。

治的理论问题进行了较为深入的研究和分析，厘清了行业协会自治权的理论基础及权利（权力）性质；并指出行业自治的正当性取决于行业协会的共同体属性、行业事务的高度专业性和行业品格的独立性。

（二）关于行业协会法人治理研究

行业自治能否得以实现的基础在于其法人治理结构及运行机制是否建立并完善。本书将其作为重点研究对象之一，利用西耶斯的"政治社会形成过程三段论"为行业协会的法人治理结构提供理论支撑；同时利用近代中国工商同业公会的法人治理机制为当前我国工商行业协会法人治理提供实践支撑，对行业协会的法人治理机制进行了详尽的分析，提出建立理事"决策不当"的赔偿责任机制；建立专门委员会机制；完善行业协会内部治理的选举制度、表决制度、财务管理制度、人事激励与问责机制、会员管理制度等健全行业协会法人治理的对策建议，对于指导当前行业协会法人治理机构及运行机制的完善具有现实指导意义。

（三）关于行业协会自治权能研究

行业协会自治权能的具体构成及运行机制是已有研究成果中的空白之处，本书从自治规范制定权、行业内部监督权、惩戒权、争端解决权等几个方面对行业协会自治的具体权能形态进行了具体分析。

（四）关于行业协会自治的立法监督和行政监督的研究

我们认为，专门的《行业协会法》应是行业促进法，明确行业协会的独立法人地位，以事中监管和事后监管为重，坚持柔性指导多于强制监管措施。对于直接登记制下的行业协会行政监管，则提出如下建议：（1）明确登记管理机关和政府其他职能部门的职权、职责；（2）完善行政监管中的执法程序设计；（3）做好行业协会违法行为的类型化；（4）探索行业协会信息化管理方式；（5）明确行业协会法律救济措施并提升其参与治理的能力。

（五）关于行业协会自治的社会监督研究

突出了对当前出现的新型监管机制的探索，例如信息公开、第三方评估等社会监督机制等。从信息公开的内容和途径、公开方式和程序、监督和保障等方面，构建了行业协会信息公开的基本运作模型；且针对行业协会第三方评估主体的资质和甄选、评估内容、第三方评估的保障机制提出建设性建议。

第一章

行业自治的基础理论

行业自治具有高效、便捷、分担政府负担等优势，在市场规制和社会治理领域颇受推崇。然而，行业自治的正当性，并非不言自明的。寻求行业自治的正当性，需要我们回归"自治"本身去探究何为自治？公法所关注的共同体自治呈现何种面向？具备共同体自治的所有面向，是否就意味着行业自治得以证成？行业自治权究竟是权力还是权利？行业自治的权力（利）存在的基础是固有权还是国家法的授予？谁才是行业自治权的真正主体？如此等等，都是本章意欲尝试回答的问题。

第一节　共同体自治视角下的行业自治

自治是指各自相互独立的主体根据自己的意志，自主决定自身一切事务。在理论法学中，自治尤为强调每一个主体的独立性，以及每一个主体意志的自由。在宪政学中，自治主要有两种含义：一是政权意义上的自治，该种意义上的自治既表明国家的民主共和性质，并通过宪政制度予以直接或间接地实施，也蕴含了宪法所确认的国家权力在中央和地方之间遵循特定原则进行的配置，使得地方作为拥有一定自治权的自治体，其模式则有多种样式；二是社会自治，这种自治不具有政权性质，是与政治国家没有实质性关系的民间自治，是直接的民治，也是自治直接实现的非政权性社会样态，体现了传统的公共权力向社会回归的现代化趋势，是国家与社会分权的产物。①

　　从社会自治与国家权力的关系看，社会自治以普遍参与为特征，以少数服从多数为原则，奉行非营利性民主治理机制，强调上下互动、权力双向运行的"善治"。行业自治是一种典型的社会自治，是"由在特定区域进行经济活动具有独立主体地位的经济组织所组成的非营利性社会团体进行行业内部自我管理、自我服务的动态过程"②，是共同体自治的重要形式。

一　治理语境下的共同体自治

　　在法律领域，自治是"个体或者群体缘于其特有的理性自主品格而管理其自身事务，并自行选择行为方式和承受行为效果的生存状态"③，与他治相对。根据这一概念，法律上的自治可依主体的多寡分为个人自治和群体自治。个人自治通过单个具体的自然人来实现，处理的是个人事务。现代社会中的群体自治是个人自治的延伸，是个人通过集群的方式实现的自治，处理的是群体的公共事务，主要形式包括家庭自治和团体自治。团体自治则主要体现为共同体的自治，如政治共同体、民族共同体、宗教共同体、地域共同体、职业共同体和行业共同体的自治。个人自治在本质上属于人的自由的范畴，属于天赋人权，其正当性和对于个人发展的价值已经得到人们普遍的认同。因此，当下公法主要关注共同体对于公共事务的自我管理。④

　　何谓共同体自治？根据德国学者尤翰林的观点，共同体自治属于国家治理的一种形态，是由一定的社会成员依据特定的偏好和特征自愿地构成国家内部的共同体，区别于国家的管理体系，在国家的法律监督之下，自我管理、自我服务、自我负责，处理成员间或

---

① 参见工允武主编《中国自治制度研究》，四川出版集团、四川人民出版社 2006 年版，第 7—13、45—47 页。

② 参见郭宝孚《行业协会自治权及其行政法规制》，硕士学位论文，西南政法大学，2011 年，第 4 页。

③ 邓正来主编：《布莱克维尔政治学百科全书（中译本）》，中国政法大学出版社 2002 年版，第 693 页。

④ 参见张晓燕《公法视野中的自治理性》，复旦大学出版社 2015 年版，第 34 页。

者是公共领域内的公共事务的自主行为。① 我国学者汪莉也认为共同体自治是"具有相同利益的社会群体组织起来，实施有计划的行为以达到共同的目标，介于政治国家与民间社会之间的治理形式"②。因此，我们认为有必要在"治理"语境下讨论共同体自治的构成要素。

学者俞可平认为，在治理的各种定义中，全球治理委员会于1995年对治理做出的界定具有很大的代表性和权威性，即"治理是或公或私的个人和机构经营管理相同事务的诸多方式的总和。它是使相互冲突或不同的利益得以调和并且采取联合行动的持续的过程。它包括有权迫使人们服从的正式机构和规章制度，以及种种非正式安排。而凡此种种均由人民和机构或者同意、或者认为符合他们的利益而授予其权力。它有四个特征：治理不是一套规则条例，也不是一种活动，而是一个过程；治理的建立不以支配为基础，而以调和为基础；治理同时涉及公、私部门；治理并不意味着一种正式制度，而确实有赖于持续的相互作用"③。

我们认为，在治理的语境下，共同体自治的构成要素包括以下三个方面：

第一，共同体自治的前提是利益相关者自愿组成共同体关系。④滕尼斯认为，人的意志在很多方面都处于相互关系之中，若人们由促进、方便和成效这类积极的关系结合成族群，并以统一的名称或

---

① ［德］尤翰林编著：《中德行政诉讼法与地方自治法比较》，中国致公出版社2006年版，第149页。

② 汪莉：《行业自治与国家干预》，经济科学出版社2015年版，第28页。

③ 参见俞可平《治理与善治》，社会科学文献出版社2000年版，第270—271页。

④ 共同体（community）本是社会学概念，最早由德国古典社会学家滕尼斯在其《共同体与社会》中引入。共同体最早作为一个法律概念使用，可以追溯到卢梭在《社会契约论》中使用的"政治共同体"表达（参见卢梭《社会契约论》，何兆武译，商务印书馆2003年版，第19页）。因此，从不同角度理解共同体，则共同体的表现形式呈现出多样性，有政治共同体（如国家）、经济共同体（欧盟、亚太经合组织等）、社会共同体（如民族、社区等）。本书主要使用共同体的本源意义，即人们在共同条件下结成的集体。参见［德］斐迪南·滕尼斯《共同体和社会》，林荣远译，商务印书馆1999年版，第62页。

行为形式对内或者对外发挥作用，就是共同体。① 马克斯·韦伯的观点与滕尼斯相似，认为"所谓共同体关系，是指社会行动的指向建立在参与者主观感受到的互相隶属性上，不论是情感性的或传统性的"。根据参与者主观感受的来源不同，共同体关系可分为情感理性共同体和目的理性共同体，情感理性共同体比如家庭、宗教上的兄弟情谊、个人忠诚关系、民族共同体等。在目的理性共同体中，可能会有部分甚或全体成员或多或少乃基于理性利益的动机以寻求利益平衡或利益结合。换言之，目的理性共同体是成员为满足需求或者营利而形成的结合体。② 无论是情感理性共同体还是目的理性共同体，皆是出于成员自愿而形成的，是成员根据"对自己身份（或者本能）和社会处境自觉地批判性的思考"，做出的"恰如其分"的处分。③

　　第二，共同体自治的载体是一定的组织机构。合理的组织结构是组织体的决策得以制定和执行的保障。"组织理论之父"马克斯·韦伯认为科层制是最为理性化的管理组织结构，其架构特点可以归纳为以下几点：（1）存在以理性为基础的法律规范构成法律系统，该规范通过协议或者强制手段而建立；（2）无论是"上级"还是组织的成员皆服从该组织的"法律"；（3）"官员"的任命是根据公开考试合格的方式做出的，不得任意解雇，升迁按个人专业技能、资历、工作成就而定；（4）组织的结构按照自上而下的等级呈现出层层控制的体系，在组织内，按照地位的高低规定成员间命令与服从的关系；（5）"理想的官员要以严格排除私人感情的精神去处理公务，没有憎恨和热爱，也因此不受感情的影响"④。科层制是现代政府组织的理论基础，尽管诟病重重，但现代政府并未突破科

---

① 参见［德］斐迪南·滕尼斯《共同体和社会》，林荣远译，商务印书馆1999年版，第62页。

② ［德］马克斯·韦伯：《社会学的基本概念》，顾忠华译，广西师范大学出版社2011年版，第76页以下。

③ 参见［美］弗兰克·米歇尔曼《自治的踪迹》，应奇编译，吉林出版集团有限责任公司2000年版，第28页。

④ 参见［德］马克斯·韦伯《支配的类型》，康乐编译，广西师范大学出版社2010年版，第300页以下。

层制的组织架构。与政府组织以"命令—服从"为特色不同，自治共同体的组织机构更多体现为平等—协商的色彩，"领导人和团体的行政班子依照团体自己的制度任命，而不像不自主的团体由外人任命那样"①，一切决策的制定必须取得成员的同意。

第三，共同体自治的主要依据是体现成员合意的组织章程和内部制度规范。"当今社会仍存在着或可能存在着这种自主立法的余地，这是因为即使一个拥有大量立法权的现代国家，也不可能制定出有关每一件事和每一个人的法律。政府法律仍保留了大量的真空领域，而这些领域则必须或能够通过行使私性或准私性的立法权力予以填补。"②制定包括人事管理制度、财务管理制度、社会交往制度、争议解决制度等在内的自治规范是共同体行使"立法权"的体现。作为个人自治的延伸，共同体自治是个体将必要的权力让渡给国家后，仍保留由自己行使的自我治理权限，而该权限行使的依据多数情况下是内部自治规范。与国家法相比，共同体自治规范呈现出以下特征：（1）所有的自治规范都是成员间基于平等地位民主协商的结果；（2）其执行不以国家强制力为后盾，而是依靠成员的自我约束；（3）在非垄断性质的共同体中，成员对自治规范不满，可以选择用脚投票；（4）就规范性质而言，共同体自治规范大多属于调节性规范而非行政管理性规范。③当然，共同体自治毕竟是在国家法律监督之下的自治，其运作无疑也要服从国家层面的法律规范。这就决定了共同体的自治规范不得违反国家法在该领域的强制性规定。

---

① 参见［德］马克斯·韦伯《经济与社会》，林荣远译，商务印书馆1997年版，第78页。

② 麦基弗语，转引自［美］E. 博登海默《法理学：法律哲学与法律方法》，中国政法大学出版社1999年版，第422—433页。

③ "一个规范团体行为的制度，应该叫做行政管理制度。一个规范其他社会行为并保障给行为者们提供通过这种规范所开创的机会的制度，叫做调节制度。一个团体只要仅仅是以第一种形式的制度为取向，它就应该叫做行政管理团体，只要是仅仅以后一种制度为取向，就应该叫做调节性团体。"［德］马克斯·韦伯：《经济与社会》，林荣远译，商务印书馆1997年版，第80页。

二　作为共同体自治的行业自治

行业协会是介于政府、企业之间，商品生产者与经营者之间，并为其服务、咨询、沟通、监督、自律、协调的社会中介组织，通常由同行业的企业、其他经济组织以及个体工商户自愿组成的共同体。分散的经济体自愿结成或加入行业协会并约定共同受行业协会的管理，其目的在于降低交易成本、防止无限竞争和相互损害，以达成市场均衡并实现自身利益最大化和共赢。就此而言，行业协会是典型的目的理性共同体，其自治符合共同体自治的全部特征。详释如下：

第一，同质性成员的自愿结合是行业自治的前提。作为目的理性共同体，行业协会的目的理性主要体现为经济上的营利。社会资源的稀缺性和市场竞争的残酷性使得单个的经济体依靠自己的力量难以立足，因而自发组成共同体。可见，理性经济人对个体利益最大化的追求是行业协会成立的动力来源，而成员的同质性则是行业协会得以成立的前提。① 从中世纪行会的起源看，"技术或职能的分化过程，导致各类行会的产生。……工作的类型成为把他们联接在一起的纽带"，"所有不属于行会的劳工都被排挤出去"②。就现代社会而言，市场经济中风险与机遇并存，"在防范风险的意义上推动企业联合，是市场对组建行业协会的最初级的要求"③，"联合起来力量大"就成为最朴素的真理，独立的经济体出于对风险的恐惧和对机遇的渴望，本能地在市场中寻找同行、同乡。

"有许多的结合体关系，一方面明示或者暗喻许可加入是以某种专门资格为前提，另一方面又具有包含性。当任何新会员的加入皆需经由共同体成员加以测试且同意才会被接纳时，则自然更显露

---

① 〔德〕马克斯·韦伯：《经济行动与社会团体》，康乐、简惠美译，广西师范大学出版社 2011 年版，第 357 页。

② 〔美〕詹姆斯·W. 汤普逊：《中世纪晚期欧洲经济社会史》，耿淡如译，商务印书馆 1992 年版，第 543 页。

③ 参见汤蕴懿《行业协会组织与制度》，上海交通大学出版社 2009 年版，第 12 页。

出这种结合体关系的特性"。① 行业协会即是这样的共同体，在新会员的吸纳方面，必然会对新成员的资格、资质等提出最起码的要求，以保证协会成员的同质性不被破坏。从既有的形形色色的行业组织及其章程的要求看，其成员组成无不体现出高度的同质性。例如，《中国钟表协会章程》要求本协会的会员必须是"在本行业领域内具有一定影响力"的单位或者个人；《中国电子企业协会章程》要求本协会会员必须是"从事电子信息产品研究、开发、生产、经营销售、信息服务的企业单位、团体和个人"；《中国建筑装饰协会章程》要求本协会会员必须是"从事建筑装饰行业管理、设计、施工、材料生产、产品营销、中介服务、科研、教育的企业、事业、社会团体等单位"或者是"上述单位从业者及大专院校相关专业学生，未受过剥夺政治权利的刑事处罚并具有完全民事行为能力的中华人民共和国公民"；等等，不一而足。

第二，行业协会的治理结构是行业自治的载体。总体而言，行业协会的组织机构应当与国家机关、事业单位和本组织会员分开，不得与国家机关、事业单位和本组织会员合署办公。现代行业协会一般参照法人治理结构建立内部组织机构，即在行业协会内部成立会员（会员代表）大会、理事会、监事会和秘书机构等主要机构，各负其责、各司其职。具体而言，会员（会员代表）大会是行业协会的最高权力机构，依据章程负责组织章程修改、人事任免、财务预决算等重要职权；理事会为会员（会员代表）大会的执行机构，由会长、副会长、理事组成，依照章程的规定和会员（会员代表）大会的决议行使相应职权；监事会是行业协会的监督机构，对会员（会员代表）大会负责，行使财务、人事、决策执行等方面的监督职权；秘书机构负责日常工作。秘书长领导秘书机构，并对理事会负责，由专人专职担任。

第三，行业协会的章程和其他内部规范是行业自治的依据。有团体，必有章程。恰如马克斯·韦伯所言，"自治意味着不像他治那样，由外人制定团体的章程，而是由团体的成员按其本质制定章

---

① ［德］马克斯·韦伯：《经济行动与社会团体》，康乐、简惠美译，广西师范大学出版社 2011 年版，第 357 页。

程（而不管它是如何进行的）"①。行业协会的章程是行业自治的基本纲领，也是行业协会成立和运行必须遵循的"大宪章"。通常而言，行业协会章程必须记载的事项主要包括以下几类：（1）名称、法定代表人、宗旨、业务范围和活动地域；（2）会员资格、权利与义务、惩戒与申诉制度以及入会、退会程序；（3）会费缴、退办法；（4）组织机构及其产生办法、职责、议事规则；（5）会长、副会长、理事、监事、秘书长的产生、职责、任期和罢免的办法；（6）财务预算、决算等资产管理和使用办法；（7）信息公开制度；（8）章程的修改程序；（9）行业协会的终止程序和清算办法等。

三　自治是行业共同体的内在需求

我们认为，符合共同体自治的要件仅仅表明行业协会具备了自治的基本可能，行业协会趋于自治且排斥他治的品格在更深层次取决于行业事务的高度专业性和行业品格的独立性。

（一）行业内部事务的高度专业性

行业内部事务的高度专业性是由行业协会成员的同质性所决定的。社会分工极具精细化造就了"隔行如隔山"的认知差异，加之长期的专业浸淫决定了只有本行业的专业人员才能基于知识和经验准确把握本行业的特色，判断市场行情，预测行业发展，为组织成员在市场竞争中立于不败之地做出最佳决策。相反，本行业之外的其他主体因知识和信息不对称则缺乏做最佳决策的能力，只不过是"猪八戒吃人参果，食而不知其味"。这就决定了行业协会应当是自治的，只有自治才能够实现行业共同体的利益最大化，来自外行的不当干预只会带来负面效应。就内涵而言，排除了外部介入的行业自治应当包含自主（autonomy）和自律（self-government）两个方面，自主是行业协会享有独立的法律主体地位，不受包括政府在内的其他任何主体的不当干预；自律是指行业协会成员自我决策、自我规范、自我约束、自我控制、自我管理和自我实现。自主是自律

---

① ［德］马克斯·韦伯：《经济与社会》，林荣远译，商务印书馆1997年版，第78页。

的基础，而自律是自主的必然要求。①

　　行业内部事务的高度专业性是行业自治必要且正当的现实基础。就其哲学基础而言，可以归结为个人意志/个人理性的最高性。理性经济人（无论是个体还是共同体）具有趋利避害和追求利益最大化的本性，是自身利益的最密切关注者和最优实现者。② 也恰因为如此，法律赋予智力健全且理性的个人"自己决定权"，即"就与他人无关的事情，自己有决定权，仅仅对自己有害的行为，由自己承担责任"的权利；或者是"就一定个人的事情，公权力不得干涉而由自己决定"的权利。③ 行业自治是个人自治的自然延伸，是扩大意义上的个人自治，其事务的高度专业性和对行业共同体利益最大化的追求决定了行业协会的运作必须以成员的自我决策、自我规范、自我管理和自我实现为基础，只有当自我实现存在障碍，且这种障碍只有借助外力方能排除时，行业自治的品格才会有所折扣。④ 因是之故，行业自治应是常态，他治则为非常态。

　　（二）行业协会的品格独立性

　　行业协会的品格独立性是伴随着行业协会的产生而存在的。行业协会之产生最早可追溯至欧洲中世纪行会制度，以 11 世纪商人公会的雏形和 12 世纪晚期出现的自由工匠组织为代表。其源起是与市民阶级的产生、城市的形成同时发展起来的，是伴随商品经济的发展而自发的过程。"它们萌芽时，就是组织起来的自由商人或手艺人团体，以保护他们摆脱不自由的竞争和同等团体的竞争"⑤，"行会的历史重要性，不是在于它们的政治活动，而是在于它们的商业与工业活动。它们是中世纪时代解决商业与劳动问题的手段。行会控制资本并管理劳动；它们支配生产和分配；它们规定价格和工

---

　　① 参见汪莉《行业自治与国家干预》，经济科学出版社 2015 年版，第 27 页。
　　② 参见张晓燕《公法视野中的自治理性》，复旦大学出版社 2015 年版，第 33 页。
　　③ 参见周安平《社会自治与国家公权》，《法学》2002 年第 10 期。
　　④ 参见汪莉《行业自治与国家干预》，经济科学出版社 2015 年版，第 27 页。
　　⑤ ［美］詹姆斯·W. 汤普逊：《中世纪晚期欧洲经济社会史》，耿淡如译，商务印书馆 1992 年版，第 539 页。

资"①。行会不仅在其相应的商业活动领域对生产、流通、消费等环节享有完全的支配权，而且行会呈现出明显的排他性，"它所有的成员，住在城市中同一街区内。……匠师和学徒之间的关系，是家长式的"②。由此可见，行会从其产生之初就是一个相对封闭的独立王国，为了本团体之利益，"显出了要求摆脱特权和封建垄断权的迫切愿望"③。"随着行会数量的成倍增加和其财富的增长，它们越来越摆脱了政府的控制，而不论该政府是属于王室还是封建主的。"④

可以说，从其产生伊始，行业协会目的就是为行业的发展争取更多自主权，是与政府相对抗的。行业协会的这种精神独立性作为行业协会生命力的象征延续至今，现代行业协会在发起成立、人员编制及财政来源等诸多方面呈现出相对于政府的独立性，具体体现在：（1）行业协会是自愿成立的，不是依政府命令而产生；（2）行业协会的运作具有自主性，在内部实行自我管理，一般不受政府的直接控制，但有时要受政府监督；（3）行业协会的工作人员不属于国家公务员；（4）行业协会的主要经费来源不是国家财政拨款。⑤行业协会的精神独立性决定了其两项重要的职能：其一，将分散的经济实体聚合起来，为维护成员的利益提供组织化的保障；其二，作为成员与掌权者之间的桥梁，向掌权者反映成员的利益诉求，影响立法。⑥例如，早在欧洲中世纪，"城市立法受到行业利益的支配。地方法规以法律形式批准了有关'杰作'（手工艺品——笔者注）等级的条例，固定了工资、劳动时间和学徒条例"⑦。

---

① ［美］詹姆斯·W. 汤普逊：《中世纪经济社会史》，耿淡如译，商务印书馆1997年版，第438页。
② 同上。
③ 同上书，第439页。
④ ［美］詹姆斯·W. 汤普逊：《中世纪晚期欧洲经济社会史》，耿淡如译，商务印书馆1992年版，第542页。
⑤ 参见黎军《行业协会的几个基本问题》，《河北法学》2006年第7期。
⑥ 参见汤蕴懿《行业协会组织与制度》，上海交通大学出版社2009年版，第23页。
⑦ ［美］詹姆斯·W. 汤普逊：《中世纪晚期欧洲经济社会史》，耿淡如译，商务印书馆1992年版，第543页。

需要指出的是，我们之所以强调行业协会的品格独立性，是因为行业协会作为现代政治体之下的市场主体，不可能完全脱离政府权力而存在。事实是，国家为行业协会的成立设定了相关标准，为行业协会的运作设定了基本的法律框架等，因此不仅行业协会之成立需要得到政府部门的批准，而且行业协会的各种活动也需要受到政府部门的监督。故而，行业协会的品格独立性是指行业协会不依附于国家政权而存在，其行为不受国家政权的操控。这种独立不是外在的现实的独立，而是内在的精神的独立。

第二节　作为社会公权力的行业自治权

行业协会的行为性质是多向度的：第一，它应是依法独立享有民事权利和承担民事义务的市场主体，可从事市场行为；第二，它可以接受法律、法规的授权或者政府的委托从事社会管理，行使国家公权力；第三，它可以对行业协会内部的公共事务以及行业成员进行组织和管理，以保障整个行业的共同利益，促进行业的发展。[1]就行业内部管理权限而言，"行业管理的主要事项为参与制定行业发展规划、制定行业标准、实施认证、调控行业价格、奖惩和处理纠纷等"[2]。随之而来的问题是，行业协会的这种内部管理权限在法律性质上是属于权力还是权利？是行业协会固有的权力（利）还是国家法的授予？权力（利）的主体是组织的成员还是组织本身？

一　行业自治权的法律属性

学者在使用行业自治权时，往往徘徊于权力与权利之间，有时指权利，有时又指权力，没有统一的定论。那么，行业自治权究竟是权利还是权力？我们认为，行业自治权兼具权利和权力双重性质。在外部关系即行业协会与国家或者其他外部主体的关系中，其

---

① 参见江必新、邵长茂《社会自组织管理的司法应对》，《行政法学研究》2010 年第 4 期。

② 薛刚凌、王文英：《社会自治规则探讨》，《行政法学研究》2006 年第 1 期。

自治权更多地体现为权利；而在内部关系即其与成员的关系中，则更多地体现为权力。

（一）相对于国家的行业自治权利

米尔恩在其《人的权利与人的多样性》一书中提出，"权利概念之要义是资格"，并将拉斐尔与霍菲尔德对权利的界定有机结合在一起。在拉斐尔看来，权利可分为行为权和接受权，前者是指有资格去做某事或者以某种方式去做某事；后者是指有资格接受某物或者以某种方式受到对待。霍菲尔德则将这种资格拆解为要求、特权（或者自由）、权力和豁免四种要素。在米尔恩看来，"自由"要素和"权力"要素是行为权的内容，前者赋予权利人自行决定个人行为的资格，后者使权利人决定与他有特定关系的第三人如何行为的资格；"要求"要素和"豁免"要素是接受权的内容，前者作为积极的接受权赋予权利人享受某种对待的资格，后者作为消极的接受权赋予权利人不受某种对待的资格。① 根据上述论断，在行业协会与国家或者其他平等主体的相互关系之中，权利的四种要素皆可得到体现，例如向主管部门反映本行业的利益诉求并要求获得满足体现了"要求"要素；自主制定协会章程、自主安排各种事务体现了"自由"要素；在某个契约关系中要求对方履行约定体现了"权力"要素；而依法享有税收优惠政策则体现了"豁免"要素。

同时需要指出的是，行业自治权利作为会员个人权利的延伸，相对于其他平等主体而言，主要体现为消极的防御权，即其自治不被随意侵害，对应的是霍菲尔德权利中的"自由"和"权力"要素。相对于国家而言，行业自治则不仅包括消极防御权，即以"自由"和"权力"要素来对抗国家权力对行业自治的随意干预；还包括积极请求权，即以权利中的"要求"和"豁免"要素请求国家为其自治积极地提供各种保障。

（二）相对于成员的行业自治权力

"权力本质上是一个有争议的概念……持不同价值观、不同信

---

① 〔英〕A. J. M. 米尔恩：《人的权利与人的多样性——人权哲学》，夏勇、张志铭译，中国大百科全书出版社1995年版，第111页以下。〔美〕霍菲尔德：《基本法律概念》，张书友编译，中国法制出版社2009年版，第28页。

仰的人们肯定对它们的性质和定义意见不一致。"① 我们对诸多关于"何谓权力"的哲学界定剥茧抽丝，认为权力的本质在于支配性和强制性，即在社会关系中，一方主体对他方主体拥有支配能力，并强迫后者服从前者的意志，否则将会遭受严厉的制裁。行业协会与其成员的关系与此存在高度契合。"权力的支配性源于权力以资源为基础这一事实。……资源不仅构成了权力的基础，而且成为权力的目的"②，权力的强制性则是支配性的延伸，意味着"无论权力对象是否认可权力主体的行使权力的行为，权力主体的意志总会得到权力对象的服从"③。现代社会，资源在组织和个人之间呈严重不均衡的分配态势，行业协会依其对社会资源（物质资源和精神资源）的垄断实现对个体成员的支配。其中，物质资源包括人、财、物、信息、科技等，精神资源则包括思想文化、道德习俗、社会舆论等。④ 在行业协会垄断社会资源的情况下，成员的行为选择受到限制，只能以服从行业协会的支配来换取对资源的利用机会，否则即有可能因资源的匮乏而无法立足。

权力有无"公""私"之分？单从权力的支配性和强制性而言，答案是肯定的。私权力的行使以实现个人利益为目标，掌权者可凭自身意愿放弃对该权力的行使，如古希腊奴隶主对奴隶的支配，家长对未成年子女的管治等就是典型的私权力。公权力则不同，它以公共利益为目标，是共同体为生产、分配和提供安全和秩序等公共物品而对共同体成员的管理和支配，因而不得随意放弃。在国家产生之前，只有基于社会共同体的社会公权力，国家产生之后逐渐有了国家公权力，并在很长一段历史时间内对社会公权力形成压制。但随着现代非政府组织的不断发展，国家公权力亦开始部分向社会转移，社会公权力复又兴盛起来，对社会经济文化生活的影响与日

---

① ［美］丹尼斯·朗：《权力论》，陆震纶、郑明哲译，中国社会科学出版社 2001 年版，第 2 页。

② 俞可平主编：《政治学教程》，高等教育出版社 2010 年版，第 32 页。

③ 王莉君：《权力与权利的思辨》，中国法制出版社 2005 年版，第 23—24 页。

④ 参见郭道晖《社会权力与公民社会》，译林出版社 2010 年版，第 64—65 页。

俱增。① 行业自治即是典型的社会公权力，是行业共同体为了实现整个行业的共同利益而对行业成员的管理与支配，即"行业组织的成员将自身所拥有的部分权力转让于行业组织，由行业组织章程将这一转让事实以及转让结果记载下来，并约定共同受行业组织的管理，实行行业自治"②，其目的在于防止行业内部之间的无限竞争和相互损害，并共同抵制外来侵害。

因其致力于本行业领域内的自我管理、自我约束、自我监督，这决定了行业自治权是集立法、行政和司法于一身的高度集中的权力：其制定章程、规则的权力具有立法性质；执行章程、规则，对组织成员进行管理（审批、许可、登记、监督乃至制裁等）的权力具有行政性质；调解、裁决团体、组织成员间以及团体、组织相互之间或其成员与外部相对人之间的争议、纠纷的权力具有司法性质。③ 与国家权力相比，作为社会公权力的行业自治权存在以下特征：第一，权力的行使主体不是国家机关，而是社会成员"以增进共同利益为目的而组织起来的事业者的联合体"④；第二，权力行使的目的不是追求全体社会的福祉，而是增进本行业的整体利益；第三，权力行使的依据不是国家立法，而是组织成员在民主、平等、自愿的基础上订立的组织章程；第四，权力行使的对象不是任何社会事务以及任何个人，而仅仅是行业协会内部事务及其成员。

二　行业自治权的来源

前文已及，作为权利的行业自治权是会员个人权利的延伸，其来源自不待言。在我国，作为权力的行业自治权来源主要有三种途

---

① 参见姜明安主编《行政法与行政诉讼法（第六版）》，北京大学出版社、高等教育出版社 2016 年版，第 6—7 页。

② 彭云业、刘宝花：《论行业组织社会公权力及其事前规制》，载《行政管理体制改革的法律问题——中国法学会行政法学研究会 2006 年年会论文集》，中国政法大学出版社 2007 年版，第 313 页。

③ 同上。

④ 日本经济界对行业组织的界定，转引自彭云业、刘宝花《论行业组织社会公权力及其事前规制》，载《行政管理体制改革的法律问题——中国法学会行政法学研究会 2006 年年会论文集》，中国政法大学出版社 2007 年版，第 310 页。

径，即通过法律授权而取得①、通过政府委托而取得②以及通过内部章程而取得。行业协会通过法律授权和政府委托而取得的权力本质仍属于国家公权力，亦无需多加讨论。③ 这里我们主要讨论为何行业协会可以基于内部章程而取得自治权力？关于这一问题，学术界存在授权说和固有权说两种理论，授权说立基于"国家先于社会"的理念，认为国家主权具有不可分割性，社会共同体的自治权是主权国家以法律的形式授予的，国家可随时予以收回。固有权说则植根在"社会先于国家"的思想，认为社会共同体的自治权是人民固有的，先于国家而存在。我们赞同固有权说，理由如下：

（一）"国家先于社会"之谬

一方面，从人类起源和发展的历史看，社会先于国家而存在是毋庸置疑的事实。人类出现，原始社会也就产生了。原始状态下分散的个体基于安全的需要首先结合而成的是社会共同体，如酋、部落等形式就是最早的社会共同体样态。随着社会生产力的进步，原始社会向奴隶制社会转变，国家方才产生，世界上最早的奴隶制国家古代巴比伦王国（约公元前3500年左右—公元前729年）距今

---

① 例如，我国1995年颁布施行的《体育法》第47条规定："在竞技体育中从事弄虚作假等违反纪律和体育规则的行为，由体育社会团体按照章程规定给予处罚；对国家工作人员中的直接责任人员，依法给予行政处分。"再如，《德国工商会法》第1条规定："（德国工商会）代表位于工商会区域内的并属于工商会的工商经营者的全部利益；促进工商经济的发展，权衡并协调地照顾每一个工商行业或企业的经济利益。在此过程中，工商会的主要义务是：通过其建议、报告及评估向政府部门提供咨询并支持其工作，同时维护诚实商人的规矩和习惯。"

② 一些行业协会基于其在相关领域的特殊地位，行政部门可能将部分职能转移委托于它们。行业协会作为介于政府和企业之间的民间非营利组织，是企业和政府之间非常重要的纽带。行业协会通过承接政府职能参与到与行业相关的行政管理事务中，有效地提高了政府的行政效率和服务质量，推动了政府行政管理体制的深化改革。《国务院关于印发2015年推进简政放权放管结合转变政府职能工作方案的通知》对全面深化改革、加快转变政府职能做出了总体部署，其中提出政府职能转移是重点领域。作为第三方力量，行业协会是承接政府职能的重要主体之一，政府通过委托、授权、购买服务等方式，将会转移给行业协会更多的政府职能。这也将促进行业协会自治能力的提升。依据政府职能内容的不同，政府向行业协会转移的职能主要分为三类：第一，行业管理与协调的事项；第二，社会事务服务与管理的事项；第三，技术与市场服务的事项。（参见《深圳经济特区行业协会条例》第49条规定）在未来的实践过程中，行业协会承接政府职能转移而取得的行业协会自治领域将会更为宽广。

③ 参见黎军《试论行业组织管理权力的来源》，《当代法学》2002年第7期。

不足六千年。换言之，国家是在社会生产力发展到一定阶段后由社会共同体发展而成的高级共同体。因循这一轨迹，亚里士多德的国家自然起源论得到了自洽，即家庭是男女基于满足日常生活所需而建立社会的基本形式，家庭繁殖衍生成村落，人类为了获得更为优良的生活，则由村落自发地结成城邦（国家）。①

由此可见，社会共同体先于国家而产生。社会共同体在成员的认可下履行"为共同体成员提供'公共物品'——秩序、安全、服务，以保障共同体成员的生命、自由、财产和不断增进共同体成员的幸福"② 必要职权，此乃社会公权力。因此，社会公权力与人类脱离"自然状态"形成社会共同体相伴而生，亦先于国家权力而产生。自从国家出现之后，"多数情况下国家与社会一体化，国家权力成为人类社会的唯一权力"③。随着社会化大生产使得社会分工不断完善和细化，各行业、各领域的专业技术性不断增强，国家公权力主体在很多情形下对社会事务的管理显得力不从心，不得不依赖于其他主体的支持，国家和社会开始分离，国家公权力部分开始向社会转移。④ "基于国家与社会的分离，为了捍卫自治的权利，人民又通过结社将部分权利让渡给社会组织"⑤，社会公权力又日渐强大起来。行业协会的自治权正是基于成员自愿的权利让渡而形成的，是公民自治权的体现，属于社会公权力的范畴。

（二）行业自治的法理基础是社会契约论

在卢梭看来，所谓社会契约，是自然状态下的个体为了克服生存阻力而自愿结合起来的约定，即"要寻找一种结合的形式，使它能以全部共同的力量来卫护和保障每个结合者的人身和财富，

---

① 参见［古希腊］亚里士多德《政治学》，吴寿彭译，商务印书馆 1983 年版，第 4—7 页。

② 姜明安：《强化程序制约，让公权力腐败不易、不能》，《中国法律评论》2014 年第 2 期。

③ 郭道晖：《社会权力与公民社会》，译林出版社 2010 年版，第 50 页。

④ 冯之东：《公私法域的交融与司法权对社会公权力的制衡——以足球协会为研究个案》，《行政法论丛》2009 年第 12 卷第 1 期，第 408 页。

⑤ 袁曙宏等：《现代公法制度的统一性》，北京大学出版社 2009 年版，第 511 页。

并且由于这一结合而使得每一个与全体相联合的个人又只不过是在服从其本人，并且仍然像以往一样地自由"，并认为"政治共同体"（国家）就是这种"结合的形式"①。问题是，国家是个体为保障自身生存所唯一能选择的"结合形式"吗？如果不是唯一的"结合形式"，那是不是首选的"结合形式"呢？在回答这一问题上，德国学者福斯多夫的生存照顾理论与国家起源论有着异曲同工之妙。

福斯多夫认为，就生存负责发展而言，个人应运用自己的自由权利来谋取自身幸福。这种自求多福应当以"个人有能力在自己所掌握的生存空间内获得必要的生活资料"或者"有顺利获得有效生活资料的可能性"作为前提。19世纪中叶以后，城市化进程的加快和资本主义的迅速发展带来生产资料、生活资料的高度集中，导致上述前提不复存在，"个人生存负责"制度无法实现。此时，个人欲获得保障生存之可能性，只能依靠社会团体的力量。在依靠社会团体保障个人生存"绩效不彰"的情况下，个人生存负责的责任才被转移到政治权力的拥有者——国家和政党手中。"二战"之后，福斯多夫对上述理论加以修正，提出了生存照顾辅助性理论，强调"生存照顾是当社会不能凭己力维持稳定时，国家才扮演的一种'国家补充功能'"②。

由此可见，无论是国家起源论还是生存照顾理论，都殊途同归地印证了国家并非保障个人生存的首要主体。毋宁说，个体为保障自身生存所选择的"结合形式"首先是社会共同体，其次才是国家。只有当社会共同体的力量不足以保障个体安全时，国家才因势而生。具体到行业自治，契约性是行业自治的重要特征，出于对共同利益的关切而进行的自愿结合成为当前各国行业协会的主要样态。成员企业通过自愿达成的契约构建了行业协会，并且通过契约条款让渡自己的部分自主权，而行业协会基于这些让渡权利而获取对行业发展至关重要的自治权。"法人参与者最终从自然人那里获得进行的资源，包括'自然人'在内，这些人为了追求共同目标，

① ［法］卢梭：《社会契约论》，何兆武译，商务印书馆2003年版，第19页。
② 参见陈新民《公法学札记（增订新版）》，法律出版社2010年版，第44页以下。

把他们的资源结合起来，从而建立团结和组织这样的一些新的集体资源。"① 诚如卢梭所言，"正如自然赋予了每个人以支配自己各部分肢体的绝对权力一样，社会公约也赋予了政治体以支配它的各个成员的绝对权力"②。行业协会章程便是产生行业协会自治权的公约。如《中国互联网金融行业协会章程》分别就总则、业务范围、会员、组织机构和负责人产生、罢免以及修改与终止程序等做了较为详细的规定，特别是关于行业协会法人治理以及自律规范等的规定，充分体现了章程向行业协会以及相关机构的授权，体现了典型的契约性自治权。

三　行业自治权的主体

前文已及，行业自治权是成员将必要的权利交给国家后所保留的权利，"是人民以自治对抗他治的自卫的权利，是社会自治群体自我发展权利的必然要求，也是亚文化③的生存发展对抗统一的国家模式的必然要求"④。那么，行业自治权的主体到底是行业协会本身还是行业协会的成员呢？之所以提出这个问题，是因为囿于社会和政府对于行业自治权主体的认识不足，在我国行业协会的发展过程中，大量的行业协会在实践中扮演着二政府的角色，沦为国家权力的附庸和民主制度的摆设。

笔者认为，行业自治权既来自于全体成员的一致同意和授权，则行业自治是行业共同体组成成员的自治而非行业协会本身的自治，行业自治权的主体是组成成员而非行业协会本身。如果说行业自治权的主体是行业协会本身，那么就异化了行业自治的含义及其功能，不仅行业协会成立的初衷不能实现，而且以社会自治权监督

---

① ［美］丹尼斯：《权力论》，陆震伦等译，中国社会科学出版社 2001 年版，第164 页。

② ［法］卢梭：《社会契约论》，何兆武译，商务印书馆 2003 年版，第 41 页。

③ 亚文化，又称集体文化或副文化，指与主文化相对应的那些非主流的、局部的文化现象，是指在主文化或综合文化的背景下，属于某一区域或某个集体所特有的观念和生活方式，一种亚文化不仅包含着与主文化相通的价值与观念，也有属于自己的独特的价值与观念。

④ 周安平：《社会自治与国家公权》，《法学》2002 年第 10 期。

国家公权力的目的也会落空。

本章小结

行业自治的本质是民主和公共治理的多元化。在民主宪政国家，行业协会存在的宪法基础是公民的结社自由。"民主、参与和自治是一个问题的不同侧面，民主要求参与，没有参与就不可能实现自治。"① 学者周安平认为，"对参与民主系统的组成人员和事务的性质不加以区分的民主，其导致的结果只能是'多数人的暴政'。……当所谓民主讨论的内容关乎少数人的利益时，少数人就不得不屈从于多数人的压迫"②。同样是作为民主系统中的少数，"社会团体作为一种自愿结合的组织性力量，在表达利益、参与政治方面和个人相比具有不可替代的优越性"③。因此，"自治体的内部事务由自治体的组成人员自己决定也是少数人对抗多数人压迫的权利，这既是民主制度的体现，也是民主制度的保障，是实质意义上的民主制度的必然要求和必然反映"④。

公共治理由开放的公共管理元素和广泛的公众参与元素整合而成，二者缺一不可。就治理主体而言，这种治理模式主张所有的公共关系主体都是治理主体，其不仅包括各类公共权力主体，还包括诸如私人组织以及公民个人等权利主体，各种治理主体在公域之治中扮演着不同角色，平等参与公共治理过程，各展其长、各得其所，形成多元治理格局。在治理方式上，这种模式主张依照公域之治的实际需要，在进行综合性成本—收益分析的基础上，按照先非强制后强制，先双方协商后单方强制，先自治后他治，先市场后社会、再政府的选择标准，实现治理方式的多元化、民

---

① 张晓燕：《公法视野中的自治理性》，复旦大学出版社 2015 年版，第 36 页。
② 周安平：《社会自治与国家公权》，《法学》2002 年第 10 期。
③ 黎军：《通过行业协会实现公众参与》，《政治与法律》2006 年第 4 期。
④ 周安平：《社会自治与国家公权》，《法学》2002 年第 10 期。

主化和市场化。① 行业自治作为一种治理形式，体现了公共治理主体由一元向多元的转变，以及治理方式由强制、他治向协商、自治的转变。

---

① 罗豪才等：《软法与公共治理》，北京大学出版社 2006 年版，第 21—22 页。

第二章

我国行业自治的历史
溯源和现实状况

行业自治的发展与行业协会的整体发展密切相关，因此对于行业自治状况的描述，应当结合行业协会的整体发展背景进行。目前，我国行业协会的发展正处在逐渐民间化的趋势之中，行业自治问题也引起了政府前所未有的高度重视，在政策的积极推动和市场竞争的压力下，行业协会的自治程度较往昔有了明显提高。本章主要考察我国行业协会的历史溯源和新中国改革开放以来阶段性发展概况、我国行业自治的现状及其困境。

第一节　我国行业自治的历史溯源

有关我国行业协会的源起，主要见于一些经济史研究的文献之中。学者们对于中国行会究竟始于何时莫衷一是。有人认为中国的"行"的存在可以追溯到春秋战国时期，也有人认为出现在周末到汉代，如宁波的钱庄行会认为其起源可追溯到周朝的九库制和汉代的不同币制。① 还有人认为，隋朝已经有"行"，但不知其详。较多史料可以证实的是，唐朝行会组织已经存在。官府为了便于管理坊市的行，使从事工商业的同行业者分别聚居于同一市区之内，各行设有"行头"或"行首"，其职责是：为政府收缴赋税、差派徭役；

---

① 参见［美］玛高温《中国的行会》，载彭泽益主编《中国工商行会史料集》上，中华书局1995年版，第58页。

协调政府平抑物价，管理市场；规定本行业的产品质量或技术规则。此外，还组织同行进行共同的祭祀和娱乐活动等，并逐渐形成"行话"，即同行业的共同习惯语言。宋时已有"京都有四百十四行"的说法。日本学者加藤繁曾指出，唐宋时期的"行"的最重要的意义，在于它是维护同行从业者的共同利益的机关。而共同利益中最主要的，大约就是垄断某一种营业。① 宋之后历元明以至清代，行业组织日趋成熟，规模不断扩大，对内对外事务也日益复杂，对社会和经济的影响力越来越显著。②

由于史料的限制，当前国内外系统研究我国行会史的文献较多集中在清朝以来以至民国时期，清以前的行会史研究资料相对较为零散。考虑到表述的方便，本书以鸦片战争为界限，1840 年鸦片战争以前的行业协会谓为早期行业协会，鸦片战争以后清末民初这一阶段的行业协会谓为近代行业协会。

一　我国早期行业协会的自治

我国早期的行业协会谓为"行"或"团"，有凡市肆"不以物之大小，皆置为团行"的说法；③ 也有"公所"的称谓，例如元朝元贞元年（1295 年），苏州丝织业同行在元妙观内设立"吴郡机业公所"，明万历年间改建机房店，以为行业会所。④ 明清以来称谓繁多，"会馆""公所"十分普遍，如明朝芜湖会馆，清朝苏州的钱江会馆、上海的四明公所，也有的称作"堂"或"帮"，如广州南海布行称为"纯简堂"，苏州丝织业行会中从事花素缎业的分为京（南京）帮和苏帮。一些地方甚至还有"庙""殿""宫""会"的称谓，如湖南酿酒业中有长沙的杜康庙、益阳的福星宫，长沙绸缎

---

① ［日］加藤繁：《论唐宋时代的商业组织"行"并及清代的会馆》，转引自朱英《近代中国商会、行会及商团新论》，中国人民大学出版社 2008 年版，第 224—225 页。

② 参见彭泽益《导论：中国工商业行会史研究的几个问题》，载彭泽益主编《中国工商行会史料集》上，中华书局 1995 年版，第 5—6 页。

③ （宋）吴自牧：《梦粱录》卷 13《团行》，第 238 页，上海古典文学出版社 1959 年《东京梦华录》本。转引自彭泽益主编《中国工商行会史料集》上，中华书局 1995 年版，第 5 页。

④ 王翔：《从云锦公所到铁机公会——近代苏州丝织业同业组织的嬗变》，《近代史研究》2001 年第 3 期。

布匹业有锦云会和文质会等。①

上述各类名称中，既包括基于同业组织形成的行会，也包含基于地缘关系跨业形成的商会。虽然行会和商会有一定区别，但无论是性质、功能还是组织运作形式仍然存在许多相似的方面，因此在本书中未做严格区分。②

（一）我国早期行会多已建有大量行规

我国早期大多数行会都已经建立起行规，既有成文形式的，也有不成文的习惯形式。工商同业者结为团体管理自己，并自行遵守一些为保护他们的权利所必要的行帮组织和行规的约束，这些行规约束旨在建立和维持一种诚实和忠于职业的传统。

（二）我国早期行会对政府存在一定的依附性

我国早期的行会多会谋求政府的庇护。③有研究者指出，中国早期行会的产生有鲜明的中国特色，在传统的皇权体制下，行会是国家统治工商业界的重要手段，与西方基尔特的高度自主性、自律性和排他性的商业组织有巨大的差异。双面性质的行业协会与政府的关系在中国有很长的历史，它既不是完全自治也不是国家统治，有活动的自由，但又不能从私人利益的角度与国家对抗。大多数研究中国行会历史的学者都认为，中国的行会与政府有着比较密切的关系，其原因之一是政府必须利用行会达到各方面的目的，如办理征税、科买、和雇以及平抑物价、监察不法等事务；二是行会也需要依靠政府的支持发挥某些方面的职能，如协调商品的生产和买卖，处理本行的一些业务问题等，因而二者之间有着互用互补的关系。④

---

① 参见彭泽益《导论：中国工商业行会史研究的几个问题》，载彭泽益主编《中国工商行会史料集》上，中华书局1995年版，第8—17页。

② 学者虞和平一度指出，行会与商会既存在不同，又有许多相同之处，商会的功能集中在经济和政治方面，不像行会那样还有宗教、联谊和福利方面的功能；行会是合一业而成一会，商会是联百业而成一会。行会与商会的结合是以它们两者的某些同质因素为基础的，如果将商会的组织特性与行会的潜在适应性相对照，可以发现商会的主要特性正是行会所具有的潜在适应性的放大。

③ 彭南生：《行会制度的近代命运》，人民出版社2003年版，第58页。

④ 张华：《连接纽带抑或依附工具：转型时期中国行业协会研究文献评述》，《社会》2015年第3期。

不过，行会和地方政府之间的博弈也是存在的。有史记载，20世纪初，在温州的宁波商人利用"大清法令"，大量从事粮食贩运（该法令允许从帝国任何地方贩运粮食），遭到地方当局的扣押帆船，逮捕伤人，拒绝承认大清帝国的这一法令适用于温州。行会求助于省府当局受阻后上告北京，得到中央政府的保证，免受更多烦扰。①

二　我国近代行业协会自治的基本状况

研究我国近代行会史的文献明显多过研究早期行会史。鸦片战争以后，随着外国资本主义经济的冲击和我国民族资本主义工业的兴起，新兴行业不断产生，一时间，在全国许多个城市，恢复旧行会、成立新行会成为备受瞩目的经济现象，工商业行会得到了显著的发展，尤其在经济发展水平较高的江南城镇和通商口岸城市。②有文献指出，清末江南行会数量达到 582 家，汉口行会达到 126 家，其中鸦片战争后有 88 家。③

（一）分帮分业更趋精细

近代行会通常是按行分业，以地分帮的组织；既有由同业结合组成单一行业的行会，也有内容相近的行业组成的合会。在商业发达的城市，按照地域形成的商帮行会，不仅为数众多，也往往存在进一步的分帮分业，如 1892—1901 年间的上海，除了 25 个商帮会馆以外，还有 25 个同业公所。④这种分帮分业的精细，很大程度上映射出当时市场细分化的状况。

（二）从传统的推选推举制度逐步发展出选举制度

我国近代的会馆公所等行会已经形成朴素的民主制度，表现在其总管—值年制的普遍确立，以管理行会的日常工作，如同业经营

①　参见［美］玛高温《中国的行会》，载彭泽益主编《中国工商行会史料集》上，中华书局 1995 年版，第 7 页。
②　彭南生：《行会制度的近代命运》，人民出版社 2003 年版，第 23 页。
③　范金民：《明清江南商业的发展》，转引自彭南生《行会制度的近代命运》，人民出版社 2003 年版，第 24 页。
④　彭泽益：《十九世纪后期中国城市手工业商业行会的重建和作用》，《历史研究》1965 年第 1 期。

规则的执行和监督、费用的征收与管理、同行间纠纷的调解和处理等。总管通常由同行共同推举，任期多为 3 年，也有长达 5 年的，可连任；行会同时选举值年若干人，任期 1—2 年，值年轮换时保留老值年半数，新举一半，以保证会务的熟练及工作的延续性。[①] 有史料印证，行会议事时，有的行会规定"必须众董到有过半者方可开议"，遇有重要事项时，"用秘密投筒法，亦视赞成反对之多寡数而取决"[②]。

应当指出的是，行会的"推选"或"推举"制度与民国时期普及的选举制度并不能相提并论，因为推选或推举是一种非制度性规定的带有某种随意性的推举方式，而选举制度则是一种带有法定制度性规定的投票选举制度。[③] 民国时期已经通过国家立法，如《工商同业公会规则》《商会法》，明确规定同业公会或商会必须实行投票选举制度。

（三）行会通过重建行规加强行业控制

1. 行规的形式及内容

行规是行会议定为同业共同遵守的"条规""业规"或"章程"，成文形式居多，也有不成文形式。后者如汕头的漳潮会馆，人称"汕头公所"，其买卖行规并不见诸明文，但对同帮商人仍然有着约束力。

行规的内容大都相似，重在产、供、销环节调剂商品的生产和买卖，限制日益增长的竞争，具体包括：规定入帮上行交纳会金数额，限制同业的铺面或作坊的开设地点，产品销售和营业方式，价格统制，统一产品规格和质量，统一分配原料，限制生产规模和人数，规定工价和度量衡标准，等等。[④] 如 1911 年《湖南商事习惯报告书》一书中收集了湖南省各县商业条规共 12 类 271 件，主要根据各行各业经营的商业习惯制定，着重针对的是商品的生产和买

---

① 参见彭南生《行会制度的近代命运》，人民出版社 2003 年版，第 32 页。

② 上海《振华堂洋布公所规则》，载彭泽益主编《中国工商行会史料集》上，中华书局 1995 年版，第 614—615 页。

③ 参见朱英《近代中国商会、行会及商团新论》，中国人民大学出版社 2008 年版，第 314 页。

④ 彭泽益主编：《中国工商行会史料集》上，中华书局 1995 年版，第 198 页。

卖，体现了行规的经济职能作用而非行会在祭祀赈济等方面的互助性。该报告将行规和号规进行了区分："总之行规多属外部之关系，而内部事件，则莫重于号规。"行规约束的是行会会员，而号规主要是书面或口头形式的关于店号招收学徒、雇工待遇及其与号主相应承担的义务和保证等规定。①

2. 行规的效力

首先，行规须报官府备案。各地城市工商业者在组织行会和议定行规之初，一般均需遵守官府律令，报官立案，取得法律的根据和保障。

其次，经报备的行规具有强制性。同业之间发生违反行规的争议，互控到官，除私立行头行规，有违行市的禁律之外，地方官府通常总是先按行规断案。

3. 违反行规的惩处

违反行规的惩处方法甚多。很多条规没有直接做出规定，只是规定由行会议罚，如光绪年间湖南的《盐号条规》中规定"如违，公议从轻重分别处罚"。也有的直接规定了处罚方式，包括声誉罚，如规定"毋得支扯客账，累客羁绊，违者除牌公处"；财产罚，如"毋得恃强假冒，包买包卖，违者罚银十两归公"②；行为罚，如罚唱戏请客的，"如有阳奉阴违，一经查处，罚戏一台，酒十席"③；禁业的，如"倘有不遵行规者，登时开除，我同行永不准雇请，理合登明"④；等等。

违规惩罚权多由行会直接行使，情节严重的，也可禀报官府处理。

（四）行会和政府关系密切

"纳税承差"是近代许多行会的重要职能，行会因此和官府保

---

① 彭泽益主编：《中国工商行会史料集》上，中华书局1995年版，第199—200页。
② 《五都夏氏宗祠牙行规条碑》，载彭泽益主编《中国工商行会史料集》上，中华书局1995年版，第229页。
③ 湖南武陵《丝业行条规》，载彭泽益主编《中国工商行会史料集》上，中华书局1995年版，第212页。
④ 湖南巴陵《鱼行条规》，载彭泽益主编《中国工商行会史料集》上，中华书局1995年版，第225页。

持着密切联系，并借此而得到官府的保护。承差的内容多为以下几类：第一，纳税。清末百货厘捐的种类极其繁杂，地方政府为使搜刮的厘捐收入充盈，多利用各业行会的组织力量，让会馆公所包办厘捐，负责认捐包缴。许多行会的条规中直接规定了这一内容，如长沙屠业条规在首条即规定按年承缴捐款 5600 串，按 12 个月分缴，闰月照加。①各业行规中往往载有所谓"违规禀究"的话，意指违反了行规规定，要禀官究办，从而使行规取得和法令一样的约束力。② 第二，城市公共工程的建设。有学者指出，鸦片战争后各省地方官府多采用民雇方式，利用手工业劳动者修建官署籍大小公共工程。③ 第三，保甲稽查，维持治安。④

饶有意味的是，对于清末行会与政府的关系，西方学者基于不同的视角提出了迥异的看法。一方面，有学者认为，"在中国，政府仅仅是一个征税和维持秩序的机构。就它对商业界事物的干预而言，它不是针对行政官员的个人利益的动机，而是基于非经济或商业原因的伦理原则。行会已经与政府分离并独立地发展起来；它们已经形成自己的组织，追求自己的目标，制定自己的规章，以自己的方式或方法约束它们自己"⑤；另一方面，也有调研报告指出，行会的规章之中，"几乎没有一项可用以对付官府的强求苛索"，"倘不依靠官府，任何一个商人或企业家都负担不起炫耀自己吉星高照、家产万贯的后果，官府那一整套敲诈勒索制度在执行过程中似乎永远都是言之有理、气壮如牛的"⑥。

---

① 参见彭南生《行会制度的近代命运》，人民出版社 2003 年版，第 28—29 页。

② 彭泽益主编：《中国工商行会史料集》上，中华书局 1995 年版，第 198—199 页。

③ 彭泽益：《十九世纪后期中国城市手工业商业行会的重建和作用》，《历史研究》1965 年第 1 期，第 92—93 页。

④ 同上书，第 94—96 页。

⑤ ［美］马士：《中国行会考》，载彭泽益主编《中国工商行会史料集》上，中华书局 1995 年版，第 66 页。

⑥ 《布莱克本商会访华团报告》，载彭泽益主编《中国工商行会史料集》下，中华书局 1995 年版，第 673 页。

三 民国时期的行会开始受到立法规范

（一）民国时期行会的现代化转型

19世纪末20世纪初，是我国传统行会向现代行会转型的一个特殊时期。行会的这一演变，和当时近代中国资本主义工商业产生和发展的背景紧密相关。随着行会中一些旧式商人会员本身向新兴的工商业者转变，行会也逐渐完成向现代行会的变革。

这一变革体现在以下几个方面：第一，宗旨发生变化，从谋求市场独占和垄断走向联合。这一时期的行会不再似传统行会强调行会的独占性和垄断性利益，而是希望通过同业联合共同发展，抵制西方列强的经济渗透。第二，组织制度上由封闭走向开放。对于入会的限制和增设商业店号的限制不如以往那样严格。第三，联结各业的商会数量越来越多，在开通商智、同业研究培训、与外国资本竞争、调解同业或近业纠纷方面的功能增强，祭祀等旧有的功能逐渐弱化，较一业形成的行会对社会、经济、政治发生的影响更加深远。[1] 第四，活动机制发生变化，选举制度、议事制度、办事规则、经费收支更趋制度化、规范化。[2]

（二）民国时期的行会兼具守旧和变革性

和传统行会相比，民国时期的工商同业公会一方面具备一些新的特点，如与民国时期资本主义经济建立起了密切的联系，行会成员多由新式工商资本家组成，行会的管理功能和组织制度也发生了一些变化，对入会及会员的经营限制不再像过去那样严格，内部机构较从前完备，职员分工更加明确，对市场竞争的限制有所弱化，内资与外资竞争的压力促进了国内同业间的联络与合作；另一方面，也有部分工商同业公会仍然保留着某些旧式行会的特色，沿用行规对工商业者的经营活动予以种种限制和约束。民国时期引起多方关注的江浙两省持续多年的丝绸业和丝茧业围绕着限制还是开放

---

[1] 参见朱英《近代中国商会、行会及商团新论》，中国人民大学出版社2008年版，第265—274页。

[2] 彭南生：《行会制度的近代命运》，人民出版社2003年版，第93—97页。

茧行设立产生的纷争，即为守旧与革新力量较量的一个典型事例。①

（三）民国政府通过立法加强对行会及其行规的监管

1918 年北京政府农商部公布了《工商同业公会规则》，这是我国历史上第一个关于行会的官方立法，宣告工商同业组织走向制度化和规范化。根据该规则，工商同业公会应以"维持同业公共利益，矫正营业上之弊害为宗旨"，"不得以同业公会名义，而为营利事业"。规则还对工商同业公会的设立、规章、选举和议事入会和出会、费用筹集和收支、违规处分等做了规定。1927 年南京国民政府颁布了《工艺同业公会规则》，以促进旧式工艺同业组织的改造。1929 年南京国民政府颁布了《工商同业公会法》，1930 年公布了《工商同业公会法实施细则》，规定了同业加入公会的强制性，对同业公会的名称和组织构架做了统一规范，规范了工商同业公会的章程、议事、办事规则和经费收支，并改变了同一区域内一业多会的格局。民国政府的这一立法，不仅引发了各地创办工商同业公会的热潮，同时也从制度上引导和促进了传统行会向新式工商社会团体的转化。

民国政府对行规合法性的审查显然也较以前时期为严。清时行规只要经过在官府备案认可，即可取得强制实施的效力，但民国政府认为其合法性应经过严格审查。基于这一态度，民国时期工商部一度针对上海市商会会员代表大会提出凡经官府核准之业规，均应视同政府颁布之条例，产生普遍约束力的主张，做出了以下答复："查同业行规并非法律，无强制科研，而各业所订之行规，又往往含有垄断性质，或违反善良习惯之处。在主管官厅，对于各业情形，容有不明，虽经予以审核，仍难保其必无流弊。此种不良行规，以法律通例言之，即诉诸法庭，亦难予以保护，何得迫令同业一律遵守。故若不问行规之内容，凡经官厅核准无论已未入会均须遵守，非特于会无济，反足惹起纠纷，来呈所称未入会同业均应一

---

① 参见朱英《近代中国商会、行会及商团新论》，中国人民大学出版社 2008 年版，第 318—346 页。

律遵守行规等情实有未合。"① 后来虽然在全国工商界再三呼吁之下工商部的态度有所转变，认可了争议中的个案行规的约束力，但同时并没有放松对行规的一般审查，并对审查标准做出了明确规定："各业所订之行规务必一禀至公，而官厅对于审查之标准应以有无妨碍社会人民生计为去留，如有抬高价格，限制出产及妄订处罚条款，或涉及劳工问题各情事，务须严格取缔。又如定有处罚条款，仍须逐案呈请核断，不得擅自执行，庶于商法情理，双方兼顾。"②

第二节　改革开放以来我国行业自治的发展概况

1949 年新中国成立以后取缔了所有的商会和同业公会，商会为工商联所取代，同业公会的职能为行业管理部门所接收，但到了 20 世纪 80 年代末尤其是 90 年代以来，随着社会主义市场经济的逐步建立，同业公会以及相类似的行业协会又先后在各地建立起来，并逐步得到民间认同和官方重视。

考虑到 1978 年改革开放开始至 1984 年以前，我国的行业协会为国家基于改变计划经济的低效率状况而创造，行业协会的行为方式和目标具有浓厚的计划经济色彩，在人、财、物方面尚不能自主，自治的前提条件尚不成熟，因此本书对于 1949 年以来我国当代行业协会自治状况的考察始于 1984 年。1984 年行业协会发展的一个标志性事件是机械部开始进行行业管理体制改革的试点，整个部门由部门管理转向行业管理，例如中国模具工业协会、中国机床工业协会等全国性行业协会都是这个阶段的产物。这些行业协会承

---

① 《为请重核同业行规事呈社会局文》，《商业月报》1930（10）第 11 号，转引自朱英《近代中国商会、行会及商团新论》，中国人民大学出版社 2008 年版，第 293 页。

② 中国第二历史档案馆藏档：六一三一 1229：《未入公会之同业应遵守行规一案应请上海市社会局所提议案址三项办法外取缔有高抬价格限制出产情事请核转施行》，1993 年 12 月 5 日。转引自朱英《近代中国商会、行会及商团新论》，中国人民大学出版社 2008 年版，第 295 页。

担着行业管理的职能，与政府职能部门共同实现行业管理。①

与西方国家行业协会不同，新中国的行业协会是 20 世纪 80 年代初在政府自上而下的政策扶持下成立的政府"附属单位"，因此我国当代行业协会的发展和国家政策的发展变化密切相关，具有明显的阶段性特点。不过，对于改革开放以来我国行业协会发展如何进行阶段性划分，不同文献存在较大的差异。有的学者基于对我国经济体制的改革划分为初始（1978—1992）和深化（1992—）两个阶段，将行业协会的发展简单区分为"初始阶段"和"深化阶段"；② 也有的学者基于我国改革开放以来国家有关行业协会政策的发展变化，将行业协会的发展细分为五个阶段："出现"阶段、"分工组织发展"阶段、"加快成长"阶段、"规范发展"阶段和"民间化发展"阶段。③ 本书基于我国行业协会发展的民间化色彩的由暗趋明、由弱渐强，对于上述两种划分方式进行了折中处理，将 1984 年以来我国行业协会的发展大体分为三个阶段：1984 年至 1992 年为起步阶段，行业协会基本上是附属型的官办协会类型，兼具部分行政管理职能；1993 年至 2003 年为转型阶段，民间化氛围逐步形成；2004 年至今为发展阶段，行业协会民间化色彩加强，逐渐走向市场化。

一　起步阶段：行业协会具有附属性

在起步阶段，行业协会主要处于附属于政府部门的地位，性质上定位为行业管理单位，具体的活动内容也主要取决于政府部门的分配和指派，因此这个阶段的行业协会处于一个体制内生成阶段，主要的特征表现为对政府行业主管部门的附属性。这一阶段的行业协会的经费、编制、办公资源、领导层大都来源于主管部门，受主管部门的制约程度比较大，自主性较差，会员单位大多局限在原部

---

① 参见国务院发展研究中心社会发展研究部课题组《社会组织建设现实、挑战与前景》，中国发展出版社 2011 年版，第 118—120 页。

② 参见余晖《管制与自律》，浙江大学出版社 2008 年版，第 320—322 页。

③ 参见国务院发展研究中心社会发展研究部课题组《社会组织建设现实、挑战与前景》，中国发展出版社 2011 年版，第 118—125 页。

门系统内，功能以信息和技术服务为主，自治程度很低。

二　转型阶段：行业协会粗具自主性

我国行业协会的转型，源起于我国改革开放中提出的发展社会主义市场经济目标。转型期内，我国行业协会初步体现出一定的民间化和自主性特征。

（一）转型的源起

1993 年《中共中央关于建立社会主义市场经济体制若干问题的决定》出台，提出"政府经济管理部门要转变职能，专业经济部门要逐步减少，综合经济部门要做好综合协调工作，同时加强政府的社会管理职能，保证国民经济正常运行和良好的社会秩序"。该决定基于发展社会主义市场经济的目标，确立了加强综合经济管理部门，削弱专业部门的思路，加大了机构改革的力度，从而也就奠定了行业协会民间化、自治化转型的政策基础。

（二）转型时期行业协会的概况

在政府培育和民间自发努力的合力下，我国行业协会在转型时期萌生出一定的民间化和自主性特征。整体而言，这些行业协会多出现在改革前沿地区，如温州、深圳等地，有着较好的市场基础，所属的行业往往还具备一定的国际竞争力。这些行业协会的民间性和自主性特征体现在：第一，经济上自主，开始拥有自己租赁的专用办公场所，独立于行政主管部门[①]；第二，行业协会内部开始实施自治和自律，体现出"自我服务、自我管理、自我监督、自我发展"的意识，具体表现为民主选举会长、副会长和理事，并制定行规约，通过协调行业定价、产品维权、禁止掺假等方式来保护自身和本行业的利益。

例如深圳市钟表行业协会，自 1987 年成立开始经过多年运营，已经建立起有效的内部治理机制。该协会内部实施严格的差额选举：候选理事不设数量上限，只要符合条件都可以参选；自选理事、自选会长、自筹资金、自聘人员、自主会务，会长、副会长、

---

① 参见国务院发展研究中心社会发展研究部课题组《社会组织建设现实、挑战与前景》，中国发展出版社 2011 年版，第 140 页。

常务理事、监事长、监事完全由企业家差额选举产生，组成的理事会、监事会得到协会会员的广泛认同。

又如 1991 年成立的温州市烟具行业协会，确定了民主选举制，通过召开会员大会，进行无记名投票，民主选任会长、副会长和理事，并规定了任期。协会制定《温州市烟具行业协会章程》，共八章四十五条，规定了总则、业务范围、会员、组织机构和负责人产生、罢免，到资产管理、使用原则、章程的修改和程序等。协会经费来源为会费、捐赠、在核准的业务范围内开展活动或服务收入、利息、其他合法收入等。① 协会制定的《烟具行业维权公约》包含了明显的自律性规范。该公约明确指出："凡经我会维权（即取得维权证书）的产品，在有效期内（6 个月）如发现他人有侵权行为，一经查实，将对侵权产品的模具和专用夹具予以就地销毁，仿冒的产品和专用零配件予以没收，情节严重者，提请工商部门吊销营业执照。"公约的施行，取得了出人意料的效果，统计表明，自公约颁布之后，5 年时间行业内只发生过 5 起侵权事件。②

再如，1992 年，深圳市黄金珠宝首饰行业协会针对一些企业不断发生个别职工偷盗黄金和金饰品及其原辅料、对金银掺假和将假的宝玉石冒充真宝石的现象进行重点治理。为了严格行规，规范行业职业道德准则，维护行业声誉和消费者利益，避免给企业和顾客带来损失，协会对全行业发出通告，要求加工、生产、经营金银珠宝首饰的企业，要建立、完善内部保卫管理制度；要求凡被发现有偷盗、掺假金银、宝玉石行为的职工，一律予以解聘或开除，全行业任何企业永不录用；问题严重的，送公安部门处理；凡该行业因偷盗、掺假行为被解聘或开除的职工，需通报至协会，后由协会向全体会员以信件方式通报，建立行业"黑名单"。

三　发展阶段：进一步推动行业协会的民间化和市场化

发展阶段，既是全国各地行业协会数量快速增长时期，也是中

---

① 袁亚平：《探访温州市烟具行业协会》，2016 年 8 月 29 日（http://www.88088.com/wenzhoush/shgs/2009/0213/346650.shtml）。

② 参见余晖《管制与自律》，浙江大学出版社 2008 年版，第 315—321 页。

央和地方政策密集出台推动行业协会与行政机关脱钩的时期。推动行业协会与行政机关脱钩是这一阶段的政策重点。随着改革的深入，2003 年新一轮机构改革方案实施，2004 年《国务院国有资产监督管理委员会行业协会工作暂行办法》（以下简称为《暂行办法》）出台，推动行业协会与政府脱钩。《暂行办法》第 4 条要求国务院国有资产监督管理委员会（以下简称为"国资委"）联系行业协会主要应采用直管协会和代管协会两种形式，国资委"履行行业协会主管单位的管理职责，为行业协会开展业务、发挥作用提供服务和创造条件，引导和促进行业协会按照市场化原则推进改革和规范发展，加快实现自主、自立、自养、自强"。

由于相关法律法规不健全，政策措施不配套，管理体制不完善，行业协会发展过程中也暴露出结构不合理、作用不突出、行为不规范等问题。党的十六届三中全会指出，要按市场化原则规范和发展各类行业协会等自律性组织；十六届六中全会进一步强调，要坚持培育发展和管理监督并重，完善培育扶持和依法管理社会组织的政策，发挥各类社会组织提供服务、反映诉求、规范行为的作用，为经济社会发展服务。为加快推进行业协会的改革和发展，更好地适应新形势的需要，2007 年国务院办公厅印发《关于推进行业协会商会改革和发展的若干意见》（国办发〔2007〕36 号），提出了行业协会商会改革发展的"四项坚持"："坚持市场化方向，通过健全体制机制和完善政策，创造良好的发展环境，优化结构和布局，提高行业协会素质，增强服务能力；坚持政会分开，理顺政府与行业协会之间的关系，明确界定行业协会职能，改进和规范管理方式；坚持统筹协调，做到培育发展与规范管理并重，行业协会改革与政府职能转变相协调；坚持依法监管，加快行业协会立法步伐，健全规章制度，实现依法设立、民主管理、行为规范、自律发展。"2015年，中共中央办公厅、国务院办公厅对外发布《行业协会商会与行政机关脱钩总体方案》，提出"积极稳妥推进行业协会商会与行政机关脱钩"。为落实脱钩总体方案规定，国家发改委、民政部会同有关部门于 2016 年年底制定《行业协会商会综合监管办法（试行）》（发改经体〔2016〕2657 号），要求各相关部门"结合实际认真贯彻落实，切实转变监管理念，建立健全综合监管体制，加快推进行业协会商会成为依法设立、自主办会、服务为本、治理规范、行为自律的社会组织"。

深圳作为全国社会组织改革创新前沿地区，行业协会民间化进程一直走在全国的前列。在广东省委、省政府对行业协会商会提出了"四无"（无行政级别、无行政事业编制、无行政业务主管部门、无行政机关工作人员兼职）和"五自"（自愿发起、自选会长、自筹经费、自聘人员、自主会务）的要求之后，2004年12月，深圳市委、市政府从加强党的执政能力建设和推进依法行政的战略高度，联合下发了《深圳市行业协会民间化工作实施方案》，明确了深圳行业协会改革发展的总体思路，强力推进行业协会民间化改革。推动了行业协会与原业务主管单位在人、财、物方面的脱钩，解除了行业协会和政府的紧密型依附关系，还原了行业协会独立社团法人地位。在不到一年的时间里，在全市69家行业协会中兼职的201名党政机关和事业单位在职人员按规定退出协会或辞去公职，为行业协会健康发展奠定了坚实的制度基础。截至2015年年底，深圳市级行业协会（含市级行业协会340家，包括商会、同业公会、联合会、促进会等在内的商会196家）已发展到536家，涵盖了一、二、三产业的主要经济领域。行业协会从业人员达到3200多人（其中专职从业人员不低于2282人）①，成为深圳社团组织中涵盖面最广、力量最强、最具活力和创造力的部分。

四　我国行业自治发展的成因

我国行业自治的发展主要源于自上而下的政策推动，在时间轴上几乎与行业协会商会的民间化同步进行。和西方国家行业协会的发展内生于市场的状况有所不同，由于我国行业协会商会直到转型阶段才逐渐从政府附属单位向自主发展的社会团体转变，其自主性直到现代发展阶段才得到充分重视，因此基于市场内生的自治性驱动并不明显，反而是自上而下的政策推动更为显著。

---

① 根据深圳市456家行业协会商会提交的2015年年报数据统计。

1993 年以来我国进入经济转轨的重要时期，市场化程度明显加快，国家经济贸易委员会从 1996 年起强化对行业协会建立试点，同时不断出台有关行业协会的政策。国家经贸委 1997 年印发的《关于选择若干城市进行行业协会试点的方案》对行业协会做出如下界定："行业协会是社会中介组织和自律性行业管理组织，在社会主义市场经济条件下，行业协会应是行业管理的重要方面，是联系政府和企业的桥梁、纽带，在行业内发挥服务、自律、协调、监督的作用。"1999 年印发的《关于加快培育和发展工商领域协会的若干意见（试行）》通知则提出"工商领域的行业协会是……自愿组成的自律性的、非营利性的经济类社会团体法人"，明确"自律"和"非营利性"是行业协会的基本特征。①

行业协会商会的民间化发展过程同时也是政府推动型、市场内生型和混合型协会商会共生的阶段。由于我国的行业协会管理传统上重入口控制轻过程监管，在一些试点城市，如深圳、温州等地区，采用直接登记制度大大降低了登记门槛，过程监管相对而言更显不足，各种类型的行业协会商会在竞争过程中一度存在一些乱象，如滥用行业协会地位、违背非营利原则片面追求物质利益，通过价格合谋、制造垄断等方式干扰市场等行为，在一定程度上暴露出自律和诚信建设的不足。鉴于此，2014 年国务院印发了我国首部国家级社会信用体系建设专项规划《社会信用体系建设规划纲要（2014—2020）》，部署加快建设社会信用体系，构筑诚实守信的经济社会环境。纲要提出，到 2020 年，社会信用基础性法律法规和标准体系基本建立，以信用信息资源共享为基础的覆盖全社会的征信系统基本建成，信用监管体制基本健全，信用服务市场体系比较完善，守信激励和失信惩戒机制全面发挥作用。2016 年国务院发布《关于建立完善守信联合激励和失信联合惩戒制度加快推进社会诚信建设的指导意见》（国发〔2016〕33 号），进一步推动了政府、社会共同参与的跨地区、跨部门、跨领域的守信联合激励和失信联合惩戒机制的建立。

---

① 参见余晖《管制与自律》，浙江大学出版社 2008 年版，第 298 页。

　　近年来密集制定的有关行业协会的系列政策中，从中央到地方，无不突出对行业协会自治的要求。典型的如国务院《关于促进市场公平竞争维护市场正常秩序的若干意见》（国发〔2014〕20号）在"健全社会监督机制"部分提出"发挥行业协会商会的自律作用"，要求"推动行业协会商会建立健全行业经营自律规范、自律公约和职业道德准则，规范会员行为。鼓励行业协会商会制定发布产品和服务标准，参与制定国家标准、行业规划和政策法规。支持有关组织依法提起公益诉讼，进行专业调解。加强行业协会商会自身建设，增强参与市场监管的能力。限期实现行政机关与行业协会商会在人员、财务资产、职能、办公场所等方面真正脱钩。探索一业多会，引入竞争机制。加快转移适合由行业协会商会承担的职能，同时加强管理，引导其依法开展活动"。

　　各地市响应中央政策，积极落实推进行业自治的各项具体措施。以深圳为例，2012年10月28日深圳市委市政府结合深圳经济特区的具体情况发布《关于进一步推进社会组织改革发展的意见》，其中特别提到诚信建设的内容和自律的内容；2013年7月24日深圳市发布《深圳市行业自律体系建设试点工作实施纲要》，2014年7月21日，深圳市推出《深圳市行业自律体系建设方案》，2015年4月1日深圳市社会信用体系建设统筹小组办公室发布《关于印发深圳市社会信用体系建设2015年重点工作计划通知》，其中促进行业协会自治自律是推进社会组织改革和社会信用体系建设的核心内容之一。

第三节　我国当前行业协会发展的
特点及其面临的自治困境

　　行业自治的依据主要为协会章程和其他内部治理规范，就全国范围内看，各行业协会都已制定其章程和其他治理规范，各地行业协会的自治实践也不断丰富，但也面临着诸多困境。

一　行业协会自身规范建设初现成果

据调查，截至 2013 年年底，全国性行业协会商会中有 387 家制定了行业自律制度，372 家制定了行规行约，331 家制定了行业职业道德准则，328 家发布了行业自律宣言。2013 年，全国性行业协会商会协调行业纠纷达 3862 次。[①]

深圳经济特区作为改革前沿地带，行业协会自律规范制定方面的成果尤为显著。迄今为止，2015 年提交的 456 家行业协会商会年报显示，已有 274 家行业协会商会制定了包含诚信宣言、行规行约、诚信自律规范等多种形式在内的行业自律制度，占比 60.1%；其中 223 家行业协会商会在其年度报告中声称适用了这些制度，使用率达到 81.4%。

应当看到，由于行业协会的会员加入是自愿性质的，且自治性规范通常并不具有外部效力，因此行业协会实现自治的手段十分有限，主要依靠建议退出协会或业内公开谴责等方式，通过声誉和市场影响来促进会员自治和自律，这些手段效果相对有限，且在行业协会发展初期权威性不足，需要提高行业协会的行业覆盖率时未必适用。

二　地方行业协会自治实践不断丰富

一些地方的行业协会自律已经在全国产生了示范效应。如广东省民政厅 2012 年以来联合省监察厅、政府纠风办、工商局等部门制定《行业协会自律工作实施意见》，要求行业协会建立健全规范运作、诚信执业、信息公开、公平竞争、奖励惩戒和自律保障"六个机制"。此外，为将行业协会纳入市场监督体系建设和社会信用体系建设规划，广东省民政厅会同有关部门制定了《广东省社会组织行业自律体系建设（2012—2016）实施方案》，同时确定 35 个行业协会为行业自律与诚信创建示范单位，推动行业协会健全自律公约，推进信息公开、开展诚信服务、加强规范化建设。

---

① 参见景朝阳、李勇《中国行业协会商会发展报告（2014）》，社会科学文献出版社 2015 年版，第 45 页。

深圳经济特区由深圳市社会组织管理局牵头，联合市有关部门成立了五个行业自律建设专责小组，以食品、零售、商业、房地产经纪、保险、酒类行业为试点，制定相关工作方案，负责行业自律体系建设各项具体工作的落实，开展行业自律体系建设工作。其目标在于通过试点工作，以行业协会为切入点，进一步培育发展和规范管理行业协会，充分发挥行业协会在市场管理中的积极作用，建立政府引导、部门协作、行业自律、企业参与、舆论监督相结合的多主体、多渠道、多形式的行业自律体系，增强市场和民间的自我调节净化能力，营造统一、开放、竞争、有序的市场环境。在专责小组的指导和督促下，到目前为止，深圳市食品、零售、商业、房地产经纪、保险和酒类等行业协会，在倡导行业诚信经营，强化行业自律；制定行业标准、规范行业行为；创新工作机制、解决企业之间、企业与消费者之间矛盾，打击假冒伪劣产品，签订合作公约，促进多元共建方面，已经取得比较丰富的行业自律经验。①

三　行业协会自治存在着差异性

当前，我国协会自治存在着阶段差异、地域差异和行业差异，具体而言：

（一）行业自治的阶段差异

行业协会的自治程度与行业协会本身的发展历程密切相关。在行业协会成立初期，人员较少，会员覆盖面较窄，影响力较为有限时，其自主性较低，自治程度也较低。反之，当行业协会发展走向成熟时，随着其影响力扩大，自主性增强，自治的内在动力增强，自治程度也会随之提高。以深圳市零售行业协会为例，在成立初期，该协会重在以宣传教育的方式倡导行业内企业的自律，但自2000年以来开始采取标准化形式和定期评比的形式，推动行业规范化发展，已经在全国业界产生显著的影响力。2004年4月26日，该协会发起成立"正版正货承诺"联盟，近50家企业申请加入联

---

① 参见深圳市社会组织管理局、深圳大学法学院编《深圳市行业协会诚信自律建设材料汇编》"第三部分：深圳市推进行业协会诚信和自律建设典型材料和事例"，第186—190页。

盟。2006 年 11 月，该协会在全国首推《零售行业基层岗位资质证书》，组织会员共同编制岗位资质标准，推动行业规范化发展；2007 年 5 月形成了第一个协会标准《深圳零售商场顾客满意度评价指标》；针对市场上的恶性价格竞争，协会自 2010 年 5 月 1 日起开始实行《深圳市零售企业促销自律公约》后，多数企业利润明显提升，供应商也对《公约》实施后的市场状况反映良好。此后，深圳市零售行业协会还在全国首创以诚信联盟、48 小时无理由退货、先行赔付和诚信商户评比为主要内容的"诚信经营、优质服务"促进计划，从而形成了一套较为完备的商务诚信体系。

（二）行业自治存在着地域差异

调查表明，就全国而言，经济发达地区的行业协会商会发展比较快，经济比较落后的地区的行业协会商会发展比较缓慢。① 即便同一个省份，也存在区域差异，如同属广东省，粤东、粤西和粤北地区，无论是行业协会的总体数量，还是总资产、净资产、年收入、会员规模等，都远远低于珠江三角洲地区。总体上来说，经济发达地区的行业协会发展更快，市场化和自治化程度也较高。

（三）行业自治存在着行业差异

有关数据显示，经贸类的行业协会发展快，数量大，但市场发展需要的服务类、信息科技类、新兴产业类的协会成立的时间较短，数量相对为少。与此同时，行业协会的自治情况也存在行业差异，发展趋于成熟的经贸类行业协会的自治程度更高，如深圳市零售行业协会。国际市场化程度高的行业协会在国际竞争的压力下自治程度也更高，如深圳市钟表行业协会。

四　我国行业协会自治面临的主要问题

竞争性协会的出现破除了"一业一会"的行业垄断，生存环境的变化使得行业协会缺乏应对竞争的内生驱动力，加之行业协会专业人才的缺乏和过多的外部干预，行业自治发展仍面临诸多阻碍。

---

① 参见景朝阳、李勇《中国行业协会商会发展报告（2014）》，社会科学文献出版社 2015 年版，第 31 页。

（一）激烈竞争情境下行业协会自治自律的内生驱动不足

去行政化和"一业多会"背景下，一方面，行业协会数量激增，另一方面，行业协会面临的市场竞争较以往更加激烈。有业内人士指出，从数量和竞争方式上看，协会的竞争相当惨烈。行业在细分，协会也在裂变式增长，导致协会的数量呈几何级数倍增。一个行业从研发到生产、流通、销售、品牌推广等，每个环节、每个工序都可以成立行业协会，还有异地、区域性的商会，以地缘为主体的商会，甚至以建立微信群的方式产生的商会也越来越多。行业协会数量以多种形式剧增，使相关领域的竞争渐趋白热化，大家各出奇招，通过情感战、行业战、概念战、评奖战、权术战、卖牌战、服务战等不同战术谋求生存空间。① 另一方面，行业协会在行业内进行有关自律和自治方面的教育和促进，都难以在市场上起到立竿见影的效果。如果行业协会所处的市场环境混乱，竞争激烈，屈从于市场压力，协会是否有足够的激励机制防治违法竞争行为，在自治的同时并促进企业自律？从行业协会目前的发展状况看，此时下肯定结论尚为时过早，2008 年三聚氰胺奶粉事件即为行业自治和自律显著不足的典型事例。

（二）行业协会的专职人员储备不足

当前，随着我国市场经济发展日趋成熟，从中央到地方加大了推进社会组织改革发展的力度，全国范围内的社会团体已经进入了快速发展阶段。民政部《2015 年社会服务发展统计公报》显示，截至 2015 年年底，全国共有社会团体 32.9 万个，比上年增长 6.1%。其中：工商服务业类 3.7 万个，科技研究类 1.7 万个，教育类 1.0 万个，卫生类 1.0 万个，社会服务类 4.8 万个，文化类 3.3 万个，体育类 2.3 万个，生态环境类 0.7 万个，法律类 0.3 万个，宗教类 0.5 万个，农业及农村发展类 6.2 万个，职业及从业组织类 2.1 万个，其他 5.3 万个。从地方来看，以全国社会组织建设创新示范区深圳为例，及至 2015 年年底，深圳市仅登记注册的行业协会已经达到 675 家，其中异地商会 196 家，市级行业协会 340

① 参见王理宗《商会的企业化转型刻不容缓》，2016 年 8 月 7 日（http：//blog. sina. com. cn/s/blog_ 1532fab560102wx5o. html）。

家，区级行业协会 139 家，仅 2014 年《深圳经济特区行业协会条例》实施以来到 2015 年底，深圳市行业协会商会的登记数量约占 2010 年以来登记总数的 50%。①

调研数据同时显示，尽管行业协会的数量急剧增加，但专职人员在个位数的微小型规模的行业协会占比居多，适应行业协会自治需要的专职人员储备明显不足。2014 年中国行业协会商会发展报告显示，2013 年全国性行业协会中，1—10 个专职人员的协会数量居多，占比 45.8%；11—20 个专职人员的协会数量居次，占比 23.4%；20—30 个专职人员的协会占比 9.5%，31 个以上专职人员的协会占比 11.6%。② 从深圳市民政局提供的最新数据来看，情况更不容乐观：2016 年一共有 456 家市级行业协会商会提交了 2015 年年报，这 456 家协会商会中，专职工作人员在 9 人（含 0，9）以下的个位数量居多，有 394 家，占比 86.40%，其中 3 人（含 0，3）以下专职工作人员的协会商会数量为 242 家，占比 53.07%；③ 10—19 人（含 10，19）的协会商会数量居次，有 49 家，占比 10.75%；20—29 人（含 20，29）的协会商会有 8 个，占比 1.75%，30 人以上（含 30 人）专职工作人员的协会商会仅 5 个，占比 1.1%。

专职工作人员人数属于行业协会组成的最基本条件。行业协会专职人员不等的分布从一个侧面反映出行业协会的多层次多类型的特点：3 人以内专职工作人员的行业协会一般属于微型协会，影响力也比较弱，很容易受个别大企业所控制，无力构建内部自治所需要的架构和结构；3—9 个专职工作人员的行业协会属于小型行业协会；10—20 个专职工作人员的行业协会属于中型行业协会，覆盖面相对微小型行业协会而言更宽，不少中等规模的行业协会已经具备

① 深圳市社会组织管理局、深圳大学法学院编：《深圳市行业协会诚信自律建设材料汇编》，"序"，第 1 页。
② 参见景朝阳、李勇《中国行业协会商会发展报告（2014）》，社会科学文献出版社 2015 年版，第 72 页。
③ 3 人以下的协会商会实际占比可能在六成以上七成以下。因为按照 2015 年年底的登记数据，深圳市共有 675 家协会商会，仅有 456 家提交了年度报告，其余 200 余家没有提交年度报告的协商会更有可能为专职人数少于 3 人的协会商会。

实现自治的基本条件，如深圳市钟表行业协会；20 个以上专职工作人员的行业协会，已经属于大型的行业协会，如果市场化比较充分的话，往往同时已经是发展十分成熟的行业协会。

（三）外部环境的制约：外部干预过多和外部支持不足同时存在

当前的成果显示，我国行业协会大约有四种生成途径：体制外途径生成的行业协会、体制内途径生成的行业协会、体制内外结合型的行业协会，以及法律授权产生的行业协会。[①] 在后三种类型的行业协会中，政府的外部干预比较明显，政府往往要求行业协会承担一定的义务，如党建、政策宣传、维稳等，通过授权或合约的形式要求行业协会承担一定的辅助政府管理的职能。从政策层面看，政府似乎在大力促进体制外途径生成的行业协会及其发展，但从实践层面来看，政府和行业协会都体现出一种矛盾的态度：政府一方面大力促进行业协会的民间化和市场化，另一方面希望行业协会服从于政府并承担更多的管理之责和社会责任，更多地反映管理部门的意志；行业协会一方面希望有更多的市场竞争自由和自主权，另一方面又希望从政府那里获得更多的资金和市场支持。在这个互动过程中，不少行业协会的自治原动力很难说主要源于内生性的需要，还是更多源于政府的外在驱动，并且在这种外在驱动过程中二者有可能形成一种畸形的依赖和被依赖关系。

与此同时，还存在法律和政策支持不足的问题。首先，行业自治的正当性和合法性基础是否得到当前的立法支持？行业协会商会自治的权限和边界是否在法律层面得到规范？这在目前还只是在理论层面探讨的问题，并没有具体法律加以规定。其次，行业协会的自治性规范如何保障实现？当前行业协会快速发展的同时，政府部门主要的监管手段是抽查、信息公开和问责与激励，但由于当前管理部门的执法力量相对于快速增长的行业协会数量而言捉襟见肘，抽查比例不可能太高；同时，各个部门间的信息尚未能实现充分共享，信息孤岛的现象还很普遍，管理部门通过信息公开达到声誉影响的制裁效果在当前还极为有限，企业退出行业协会的成本也很

---

① 余晖：《管制与自律》，浙江大学出版社 2008 年版，第 298 页。

低，面对企业或行业协会的一些失范问题，政府部门在很多时候束手无策。政策如何进一步引导和激励行业协会的自治意愿？行业协会是应当通过政府的外部支持来提升其自治能力还是自觉接受优胜劣汰的市场竞争结果？这些都是当前行业协会自治问题中的难点，亟待解决。

本章小结

　　行业协会在我国有着悠远的历史，而且在长期的发展过程中已经积累了相当丰富的自治经验。虽然由于特殊的历史原因，其自然发展的过程一度被中断，但改革开放以来，在中央政策自上而下的推动下，我国脱胎于计划经济窠臼的行业协会日趋民间化、市场化，自治规范体系在各级各类行业协会中逐步形成，地方行业协会自治实践不断丰富。整体来说，我国的行业自治在不同阶段、不同地域和不同行业呈现出一定的差异性，在当前经济发展程度较成熟时期，经济发达地区，经贸类或国际市场化程度较高的领域，行业协会自治程度也较高。随着深圳、温州等地率先实施直接登记制度，行业协会数量激增的同时，由于人力资源、财务状况和市场竞争能力的差异，短期之内行业协会自治能力参差不齐的情况十分显著，自治手段也极为有限，外部干预过多和支持不足的情况同时并存，如何进一步引导和激励行业协会自治，改变一些行业协会徒有其名的现状，成为当前亟待解决的问题。

第三章

行业协会的内部法人治理结构

2015 年《脱钩方案》要求"加快形成政社分开、权责明确、依法自治的现代社会组织体制","行业协会商会要按照建立现代社会组织要求,建立和完善产权清晰、权责明确、运转协调、制衡有效的法人治理结构。健全行业协会商会章程审核备案机制,完善以章程为核心的内部管理制度,健全会员大会(会员代表大会)、理事会(常务理事会)制度,建立和健全监事会(监事)制度。落实民主选举、差额选举和无记名投票制度"。行业协会法人治理结构既是我国行业协会改革的目标,也是行业协会自身健康发展的应有之义。行业协会法人治理结构应如何建构?目前我国行业协会法人治理的整体现状如何?本章将尝试给出答案,一己之见,求教于方家。

第一节 行业协会内部法人治理模式

行业协会如何实现自身治理?法国大革命时期声名赫赫的法学家西耶斯在其遐迩闻名之作《第三等级是什么》一文中指出:"为了某种目的而创设一个团体,而不赋予它一种组织形式、一些规章,以及使它能完成所规定的职能的一些法律,这是不可能的","没有组织形式,它便什么也不是;唯有通过组织形式,它才能行动,才能前进,才能掌握方向"①。同理,作为行业共同体,行业协

---

① 〔法〕西耶斯:《论特权·第三等级是什么》,冯棠译,商务印书馆 2004 年版,第 58、59 页。

会也必须借助一定的组织形式、一些规章等来实现自身治理。这些组织形式、规章等有机结合便构成了行业协会的治理结构。总体来讲，行业协会的内部治理结构包括"内部组织机构的设置和组织机构的运行机制两大方面"①。对于行业协会而言，其组织机构的设置和组织机制的运行有无统一的标准？什么样的内部治理结构才是理想的行业协会治理结构？这是本节意欲回答的问题。

一　委托—代理关系下的行业协会治理模式选择

前文已及，行业协会本质上是行业共同体，内含共同体的基本共性，即奉行共同体意志最高，以实现共同体的公共意志为根本追求。共同体如何实现公共意志？答案或许在西耶斯的"政治社会形成过程三段论"中有迹可循。在西耶斯看来，如果像切割普通机器一样来切割整个政治国家的形成过程，以分别观察它的每个部分，则这一过程至少可以被切分为三段相互关联并循序渐进的时期②：

第一个时期即"一群数量相当多的孤立的个人想要聚集起来。仅此一举，他们即已形成一个国民实体"，"这一时期的特点是许多个人意志在发挥作用"，这是缔结社会契约的时期。

在第二个时期，结成团体的人们"相互商定公众的需求以及满足这些需求的方法"，形成共同意志。"共同体必须有共同意志，没有意志的统一，它便根本不能成为有意志、能行动的一个整体。"鉴于团体的加入者过多，为了共同意志的顺利执行，"他们从中分出必要的一部分人去照看和满足公共事务"，由这部分人代表所有人执行共同意志，行使共同体权力。这一时期，发挥作用的是共同意志，是共同意志通过制定宪法（章程）将共同体权力的行使权委托出去，而所有权仍属于全体成员，不得转让。

第三个时期即代表意志发挥作用的时期。这一时期区别于第二

_____

① 黎军：《行业自治与国家监督——行业协会实证研究》，法律出版社 2006 年版，第 64 页。

② ［法］西耶斯：《论特权·第三等级是什么》，冯棠译，商务印书馆 2004 年版，第 57 页以下。

时期的标志在于，此时"起真正作用的不再是真正的共同体意志，而是一种代表性的共同意志"，即共同意志被委托。由此，共同体权力的所有权与行使权真正产生了分离。此时，"国民还必须关注这个受委托的公共权力，使之永远不会危害其委托人"。

西耶斯的上述论断说明，如果共同体人数众多，以致无法通过成员个人来顺利执行共同意志，则会造成权力所有者和权力行使者的相互分离。这种分离使得权力所有者与实际行使者之间形成一种委托—代理关系。

作为行业共同体，不仅行业协会的产生亦可以从理念上划分为三个阶段，而且行业协会的治理同样面临着委托—代理的问题。第一，相当之多数量的独立市场主体因从事同一种类或者相似种类经济行为而产生某种同质性的需求，并基于该同质性的需求自愿结合形成行业协会；第二，成员之间的同质性需求构成了行业协会的共同意志（此为公意），同时成员数量之多以致个体无法执行公意，于是由全体成员组成会员大会来推选出少部分成员组成协会内部的小团体代为执行共同意志；第三，被选举出来的小团体成员受会员大会委托管理协会事务时将产生"代表意志"（此为众意），理想状态下"代表意志"与真正的"共同意志"应是一致的，而现实中，代理人作为理性经济人亦有自己独立的利益追求，而当代理人致力于追求个人利益最大化时，"代表意志"就会偏离真正的"共同意志"，从而不可避免地产生以"众意"取代"公意"的情形，而真正的"公意"则被隐藏起来。这恰如卢梭所言，"众意和公意之间经常总是有很大的差别；公意只着眼于公共的利益，而众意则着眼于私人的利益，众意只是个别意志的总和"[1]，此即代理问题的本质。

经济学认为，代理问题之所以产生，主要缘于委托人和代理人之间的信息不对称。委托—代理关系的"共同要素是存在两个人，一个人称为代理人，必须从许多备选方案中选择一种行为，该行为将影响代理人和另一被称之为委托人两者的利益。……当可资委托

---

① ［法］卢梭：《社会契约论》，何兆武译，商务印书馆2003年版，第35页。

人和代理人利用的信息不对称时，此问题将很有魅力"①。信息的不对称是指代理人拥有委托人不拥有的私人信息，可以从信息不对称发生的时间和不对称信息的内容两个角度进行划分。从信息不对称发生的时间来看：不对称若发生在当事人签约之前，即代理人在事前就了解和掌握委托人无法获知的一些信息，则代理人可能利用这一信息优势签订对自己有利的契约，此为代理行为中的逆向选择②；若不对称发生在签约之后，即代理人在事后了解和掌握委托人无法获知的一些信息，则代理人可能利用这一信息优势在经济活动中谋求自身利益最大化，甚至因此做出对委托人不利的行为，此为代理行为中的道德风险。在委托—代理关系中，严重的信息不对称，使委托人的委托风险增大且难以控制：第一，所谓"人各有志，出处异趣"，作为理性"经济人"，代理人的利益追求与委托人的利益追求在客观上存在差异；第二，道德风险和逆向选择的存在，使得代理人可能通过职务怠慢、超标准在职消费等损害和侵蚀委托人的利益；第三，环境的多向不确定性使委托人既难以判断代理人的工作努力与否，也难以判断代理人的主观故意和客观能力。③ 因此，如何防止代理人基于自己的利益或偏好来行动，避免危害委托人的利益，便成了共同体治理的核心问题。

为解决代理人问题，委托人必须设计一套有效的制衡机制规范和约束代理人的行为，降低委托风险和代理成本，确保委托人的利益。正是由于委托代理制的存在，共同体的治理结构问题才应运而生。在权力所有人和实际行使人分离的情况下，我们要追问这样两个问题：第一，谁从决策/管理者的行动中受益？第二，谁应该从决策/管理者的行动中受益？一种内部治理结构是否合理应首先判

---

① Arrow J. Kenneth, "Economic History: A Necessary Thought Not Sufficient Condition for an Economist: Maine and Texas", *American Economic Review*, Vol. 75, No. 2, 1985, pp. 320 –323.

② See George A. Akerlof, "The Market for 'Lemons': Quality Uncertainty and the Market Mechanism", *The Quarterly Journal of Economics*, Vol. 84, No. 3, Aug. 1970, pp. 488 – 500.

③ 刘春湘：《非营利组织治理结构研究》，博士学位论文，中南大学，2006 年，第34 页。

断该治理结构是否实现了"谁受益"和"谁应该受益"之间的统一。

对于政治国家的治理结构，西耶斯给出的路径是：立法机构、执行机构和司法机构各司其职，立法机构即议会负责决策，执行机构即政府负责执行和具体事务的管理，司法机构即法院负责监督立法机构和执行机构，而"国民独立于一切规章之外"，"无论国民以何种方式表达自己的意愿，只需表达即可；任何形式都可以用，而国民意志永远是最高的法律"。这也是"权力只属于整体"这一原则的要求。① 与政治国家通过三权分立的治理结构确保公民权利不受侵害的本质相似，行业协会的治理结构也必须实现决策者和执行者之间的制衡，以保障会员的利益不受侵害。

现代行业协会作为自发形成的民间组织，毕竟不同于政治国家，也不可能采取所谓三权分立的架构来实现内部治理。因此，我们必须寻求另外一种治理结构以实现行业协会运作过程中"谁在受益"和"谁应该受益"之间的统一。根据"三角形是最稳定的结构"这一科学定理，这一治理结构也必须体现三种力量相互制约和抗衡。缘此，人们在寻求可资借鉴的经验时便将关注的目光转移至现代公司治理。现代公司治理采取了在股东（大）会掌握公司所有权的前提下由公司董事会、监事会和高级管理层三者之间相互制衡的结构，即：（1）股东（大）会由公司股东组成，所体现的是所有者对公司的最终所有权，是公司的最高权力机构；（2）董事会由公司股东大会选举产生，对公司的发展目标和重大经营活动做出决策，维护出资人的权益，是公司的决策机构；（3）监事会是公司的监督机构，对公司的财务和董事、经营者的行为发挥监督作用；（4）经理由董事会聘任，是公司的执行机构。

在行业协会的治理模式选择上，现代公司法人治理模式之所以受到青睐，究其原因，主要包括以下几个方面：（1）按照我国相关法律的要求，行业协会必须具备法人资格；（2）行业协会属于非营利性法人，不以营利为目的，其所获利益亦不能分配给成员；

---

① ［法］西耶斯：《论特权·第三等级是什么》，冯棠译，商务印书馆 2004 年版，第 62 页。

（3）行业协会属于非营利性法人中的社团法人，其治理机制与公司
企业的治理模式更为接近；（4）行业协会是具有行业性的经济类社
团法人，作为在某一行业领域内的社团组织，不仅要为成员提供服
务、福利，更重要的是还要进行行业内的自律性管理，因而其权力
性行为远远大于学会、同学会等社会性社团。因而对其内部治理机
制的要求更为严格，否则，不规范、不合理的治理机制将直接影响
其功能发挥，甚至侵害其成员利益。

二　以史为鉴：近代中国工商同业公会的考察

近代中国工商同业公会成立伊始就在传统行会组织的基础上，
采取了多种措施加强组织建设，逐步建立了层级化和制度化的组织
制度与法人治理机制。对近代中国工商同业公会法人治理机制的建
构略做论述，可以作为建构当前我国工商行业协会法人治理机制的
取鉴资料。

（一）组织结构

1. 会员与会员大会

会员是工商同业公会的基本组成单位，1918 年颁布的《工商同
业公会规则》规定只要有同业三家以上即可组织同业公会，1929 年
的《工商同业公会法》略有修改，规定同业七家以上即可发起同业
公会。① 同业之会员为按照《公司法》注册的公司和行号，公司或
者行号可推派其经理人或者业主参加同业公会。代表公司、行号参
加同业公会的基本上限于业主或者经理人，虽然《工商同业公会
法》规定店员也可推选代表，事实上极少有店员参加同业公会。每
一公司行号之会员代表可派一人，但担负会费较多者可按一定比例
增加会员代表，至多不超过七人。会员加入公会后，享有一定的权
利，主要包括"发言权、表决权、选举权、被选举权"以及利用公
会举办各项之事业的权利，同时受到公会的"一体保护"。要享有
这些权利，会员必须"遵守章程、服从决议，按时交纳会费，不得

---

① 魏文享：《近代工商同业公会研究之现状与展望》，《近代史研究》2003 年第 2
期。

危害同业之营业"①。

会员大会由全体会员或会员代表组成，是依法定期或临时举行的由全体会员或会员代表参加的会议，是一种非常设的由全体会员或会员代表组成的协会最高权力机构，也是会员表达意志愿望和要求的主要场所和途径，一般分为定期会员大会和临时会员大会。定期会员大会一般在年底举行，总结全年工作和布置新一年的任务。临时大会则由执行委员会召集之。会员大会要有全体三分之二之同业参加方才有效。有关变更章程、会员之处分、委员之解职、清算人之选任及清算事务等问题，必须会员大会出席代表三分之二以上同意方能实施。执行委员会、监察委员会均向会员大会负责，定期向会员大会报告工作。

2. 执行委员会与监察委员会

执行委员会是公会法定的、必要的和常设的决策执行和管理机构，在会员大会闭会期间具体负责公会的活动，一方面负责执行会员大会的决议，另一方面负责拟定协会的大政方针，其委员由会员大会选举，其人数依据同业公会的规模有所不同，一般不超过15人。执行委员有一定的任期，1929年颁行的《工商同业公会法》规定执行委员的任期为四年，每两年改选半数，不得连任。在执行委员会中，再由执行委员互选组成常务委员会，并就常务委员中选任一人为主席。常务委员会是常设性的执行机构，行使着日常管理与事务处理等事务。

执行委员会由于担负着同业公会的会务与事务管理等繁重的职责，单独依赖数量有限的执委显然难以尽职尽责，因此在执行委员会下往往设立了常设性的办事机构，包括秘书处、组织、总务以及其他专项性委员会等。秘书处由秘书长主持日常工作，从属执行委员会，对执行委员会负责。这些机构往往单独聘请工作人员，并由公会发给薪酬，保证公会的正常运作。

监察委员会是公会依法设立、对公会活动进行监督、与执行委员会平行的机构。作为公会的监督机关，监察委员会可检查公会的

---

① 苏州档案馆编：《苏州丝绸档案汇编》，江苏古籍出版社1994年版，第191—192页。

业务活动和财务状况，监督正副会长、执行委员与秘书长等高级管理人员的职务行为，维护公会的整体利益，是公会良性发展的重要保障之一，其委员也由会员大会选举，人数一般不超过七人。监察委员会在任期及选举方面的规定与执行委员会大体相同。监察委员会主要负责监督、查核之责，这包括对执行委员个人在办理公会事务过程中的立场与行为的监督、对执行委员会的决策及实施行为进行监督、对公会的财务公产进行核查。执委会与监委会各司执行及监督之责，形成权力制衡，这在制度上有利于避免同业公会为个人所把持而保持为同业公益服务的宗旨。设立监察委员会是近代工商同业公会治理结构的重要进步。

执行委员与监察委员均为名誉职，不领薪金，但因办理会务得核实支给公费。执行、监察委员均设有候补执委。

3. 会长和主席

北洋政府时期，对外代表同业公会、对内主持会务者称为会长，协助会长的副手称为副会长。按照章程规定，正副会长由会董选举产生，其任期与会董一致，可连选连任，但不能逾两届。被选举人必须具备一定的资格，其基本要素是必须在本地设有实业，并谙悉商务、品行方正，处事通达。正副会长选出后，必须报送上级政府备案。

南京国民政府成立后，颁行了《工商同业公会法》，规定会长改称主席，不设副主席。主席只是常务委员会（一般为3—5人）中的一员，负责召集常务委员会议，担负着协调与组织的重任，并代表公会开展外交活动。设立常务委员会旨在防止个人独揽会务大权，建立一种民主合作的集体领导体制。在某些对外场合和官方的文牍中，主席常与常务委员相提并论。需要说明的是，在当时的历史条件下，实际运作未必都能够达到制度设计的预定目标，特别是主席主持与委员会、常委会集体议事决策，总是因人、因时、因地而差别甚大。

此外，为了协调公会与其他团体和组织的关系，满足会员发展的需要，更好地维护会员的合法权益，有些同业公会还设有一些专项性事务机构。除上述常设机构以及专项性委员会外，一些同业公会还设有分组委员会。所谓分组委员会，是指在同一行业内，由于生产程序以及出品不同，而在执行委员会下单独设立的管理组，以便公会更加有针对性地开展工作。

一般说来，一个较为完善的同业公会的治理结构主要包括会员大会、执行委员会以及监察委员会三部分。从隶属关系讲，会员大会是最高权力机构，对于重大会务有着最终决策权；执行委员会作为执行机构，在同业公会的运作中起着中心作用；监察委员会在地位上与执行委员会处于平行位置，专司稽查之责。

（二）运行机制

1. 议事制度

同业公会的会员大会、执行委员会、监察委员会以及各专项委员会依据章程和业规形成了较为有效的会议和议事制度。同业公会的会议制度主要分为三种：年会、常会和特会。年会每年一次，多在年底或年初举行，由全体会员参加，主要是检查上届公会工作绩效，选举下届公会成员，报告政府有关本行业的经济政策。常会主要是执、监委员会议或执、监委员联合会议，一般定期举行。由于公会的日常工作主要由常会处理，各项决议也往往在此做出，所以常会在公会的运行中占有极为重要的地位。苏州云锦纱缎业公会规定，"每年开年会一次，每月开会员大会一次，执行委员会二次，监察委员会一次"①。照此规定，每月召开一次的会员大会在一定意义上也可称为常会。特会也可称为临时会议，遇有紧要事件关系行业大局或会员达五分之一以上欲开会时，得召集全体会员召开。各级会议都遵循一定的议事程序，一般分为提议、讨论、决议执行三大环节。如常会之召开必须执、监委半数以上到会方才开始，临时推选会议主席主持会议。首先由相关委员提出议题，这些议题包括报告上次会议决议执行情况和现时需要解决的问题，如有上次会议未决或执行过程中情形有变者与新问题一起交付众委员讨论，讨论时各抒己见，可以互相辩论，然后以记名投票法按多数议决，决议产生后，由执监委监督执行。会议过程均有

---

① 苏州档案馆编：《苏州丝绸档案汇编》，江苏古籍出版社1994年版，第194页。

文书记录，以备查核。

上述议事制度体现了一定的民主精神。北洋政府时期，大多同业公会的章程规定凡是会董提议事项，必须有 3 人以上赞成，才能列为讨论事项；必须有过半数的会董到会，才能开议讨论；在征得会议主持人的同意下，会上可以"互相辩难"，但会后不得另行忿争；讨论事项因为意见分歧，一时不能议决的，可以暂停讨论，"公举临时员 3 人或 5 人"，另行协调处理。南京国民政府成立后，主要以执、监委员和常务委员的集体主持来体现议事的民主性。无论是提议事项的确定，还是议事讨论的主持，都要求体现执、监委员和常务委员的集体意志，而不是会长、主席个人决定。正因为有民主性的保障，这套议事制度颇富成效。

以上海保险业同业公会为例，在 1936 年，该公会共开执委会 30 次，议决案 173 件；会员常会 24 次，议决案 54 件；会员代表大会 1 次，修订会章。此外汽车险组委员会开会 47 次、议决案 12 件，火险组开委员会 8 次、议决案 10 件，水险组开委员会 5 次、议决案 5 件，水火险组联席会 1 次、讨论水险保单中火险条文，人寿组开委员会 5 次、议决案 11 件；此外，寿险医务委员会 2 次、寿险清算委员会 1 次、寿险专刊委员会 1 次、人寿险名辞统一委员会 1 次、修改会章委员会 10 次、保险单译文委员会 10 次、筹办图书馆委员会 1 次。据不完全统计，该年公会共计收文 728 件，发文 379 件。①

2. 选举制度

同业公会作为新式的行业管理组织，在组织运作方面与传统行会相比有一个明显进步就是实行了选举制。选举制作为现代民主制的内容之一与旧式行会的推举制或轮流制有着根本的不同，它的实行可使会员得以充分利用公会的组织机构反映自己的意见，并在较大程度上避免少数实力雄厚的企业垄断公会的权力。不过，各同业公会并非实行普遍的民主选举制度，而是依据资本额及其承担会费的多少来确定代表人数及表决权数。公司、行号的资本额越大，承

---

① 上海保险业同业公会编：《上海保险业同业公会报告册》，1930 年印行，第 10 页。

担的会费越多，派遣到公会的代表人数越多，其表决权数也越多，至多者一会员厂家可以拥有 7 个表决权数，这意味着在选举以及公会决策中也拥有更多的发言权。

由此可见，在以资本额计算表决权数的基础上，同业公会实行着一种实力与民主相结合的选举方法。这种选举权数计算法有利于实力雄厚的公司与厂家在同业公会中占据领导地位，也可在公会决策过程中发挥更大的作用。就事实来看，近代一些著名工商企业的经营者大多在相关同业公会中担任主要的领导职务。如著名化工企业家吴蕴初、面粉工业的巨头荣宗敬、纺织业的郭顺都分别担任过上海化学工业同业公会、面粉工业同业公会以及纺织工业同业公会的理事长或者是常务理事。当然，也与他们成功经营企业所获得的个人声望有密切关系，但他们还必须遵循法理规则，包括通过合法选举，权力与责任相对称，接受会员和公众的监督，以及有一定的任职期限等。尽管这种选举权数计算法可能导致小型企业在公会的声音很微弱，也是一些中小企业不愿意入会的重要原因，但是我们翻阅大量同业公会的档案时，甚少发现这种计算法会导致公会内部的冲突或矛盾。

此外，根据《工商同业公会法》和《修正人民团体职员选举通则》的规定，同业公会执监委的选举还必须陈请党政机关派员监督指导，在党政机关未有派员到场的情况下，选举即为不合法。

3. 监察制度

与其他社会团体一样，同业公会的运行不仅需要通过章程和相关规则，对系统的组织、行为加以规范，而且需要形成内部的监督、纠察机制，防范和查纠违规行为，保证系统运行的有效和有序。

监察委员会即是同业公会内部自我调控的重要环节与方式。具体而言，监察委员主要是检查督促执行委员会执行会员大会决议，审查会务，稽核经费出纳，同时也纠察职员的错误。对于职员"旷废职务"，营私舞弊，违反章程，有损商会利益和声誉情节重大者，可以进行弹劾，经会员大会议决予以解职斥退，对于执委乃至会长也不例外。苏州云锦纱缎业公会规定"执委会时，监委均得列席，但无表决权",监委同时亦受执委之监督,"监委会时,执委亦同"①,执监委之间形成了一定的分权制衡机制,有利于进行民主决策和防止公会领导的特权与专权,也有利于及时查究会员的违规行为。由此,同业公会获得一定的权威性,能够更好地整合同业力量,致力于行业的整体进步与长远发展。

同业公会的治理结构要真正发挥治理的作用,还需要经费支持以及规范性的运行机制,以保证同业公会真正发挥集合众议、维护同业宗旨的实现。不同的地区或者不同行业因其经营状况不一,经费充裕程度也不一样,有的新兴行业资金雄厚,会员众多,经费充裕,在办理会务方面应对有余,组织机构的设置也更为健全。有的行业因为规模较小,会员资本薄弱,交纳入会费就已勉为其难,平时的事务费就更加不堪重负,因此公会的机构也尽量精简。抗战胜利后,绝大多数同业公会均捉襟见肘,困难重重,事实上已经瘫痪。

（三）历史的启迪

通过以上对近代中国工商同业公会法人治理结构的分析,不难看出同业公会成立伊始就十分重视组织制度与治理结构的建构,形成了分工明确、运作有序的制度化体制。会员大会、理事会、监事会作为同业公会的权力中心,领导同业共同设计与规范行业发展的方向;自筹性的经费支持、有效的议事制度、实力与民主原则相结合的选举制度和监察制度保证了这一治理结构得以顺利运行。可以说,不断完善的法人治理结构,为同业公会集合众议,并据同业的要求与意愿做出决策与付诸实施奠定了组织基础,对当前行业协会法人治理机制的建设也不无启迪。

1. 民间化是建构行业协会法人治理机制的必然要求

如前所述,尽管近代中国历届政府均加强了对工商同业公会的管理与监督,但其监管主要是依据《工商同业公会法》及其他相关法律进行的。换言之,在法律的有效保障下,同业公会得以保持独立性与自主性,成为一个自选领导、自聘人员、

---

① 苏州档案馆编:《苏州丝绸档案汇编》,江苏古籍出版社1994年版,第30页。

自筹经费、自理会务、自我管理的"民间社团"。也正是这种民间性，才使公会在近代中国社会经济生活中起到政府难以起到的独特作用，获得政府与工商界的高度认可。检视当前我国行业协会的发展，不难发现民间性的缺失是制约行业协会作用发挥的重要因素。

据已有研究，尽管目前我国多数行业协会名义上也是"法人"，可是其官方属性十分明显，"法人地位"无法得到保障。近年来各级政府多次发文要求政会分开，培育独立自主的行业协会，协会依然被称为"二政府"，无法获得同行企业的认同。要培育独立自主的行业协会，首先应采取的措施就是建构规范的法人治理机制，而法人治理机制的建设又要求协会必须民间化。因此，无论是中央政府还是地方政府，均应进一步创造条件促使行业协会的民间化，尤其应借鉴近代中国工商同业公会的法律法规，尽快颁行一部《行业协会法》，从法律上明确协会的地位与职能，同时对协会的"法人地位"予以有效的保障，这不仅是建构协会法人治理机制的必然要求，也是协会发展的必然趋势。

当然，"自律的形成有赖于他律"①。行业协会在一定程度上替代和兼有政府公共和行业管理的一部分职能，仅仅依靠协会的内部治理不足以保障其宗旨和职能的顺利实现，进而影响协会法人治理机制的建设。因此，加快我国行业协会民间化的同时，又必须加强政府和法律在协会外部的治理作用。正如黑格尔在论述同业公会时所指出的：同业公会必须接受国家的监督，"否则它就会僵化、固步自封而衰退为可怜的行会制度"②。

2. 民主化是建构行业协会法人治理机制的内在基础

任何组织都是按照一定的基本原则构成和运作的，这些原则决定着组织内部各要素的序列层次、组合方式与运作形式，保证其功能的发挥。近代中国工商同业公会之所以成为"行业利益的维护

---

① 王名：《中国社团改革》，社会科学文献出版社 2001 年版，第 11 页。
② ［美］里贾纳·E. 赫兹琳杰编著：《非营利组织管理》，中国人民大学出版社 2000 年版，第 102 页。

者"和"市场建设的主角"①，正是因为其组织构成和运作原则的
民主化。由前面论述可知，民主化的运行机制灵活地协调了公会
内部会员之间、会员与领导、个人意愿与团体意志之间的关系。
虽然资财厚薄和纳资多寡在一定程度上影响着会员在公会中的地
位与作用，但据已有的资料，甚少发现大企业利用自己的势力谋
取操纵和控制公会，践踏公会实践运作中的民主性。简而言之，
民主合作的机制是近代中国工商同业公会成功运行的内在组织
力量。

尽管在组织制度上，我国多数行业协会已经具备了层级化的
结构，具体表现为会员（代表）大会体制和理事会领导体制，可
是还没有建立起民主化的运行机制，普遍缺乏一个对协会领导和
秘书长进行制约和监督的常设机构——监事会（监察委员会）。根
据我们近年来的调查，一些行业协会的很多决议基本上出自会长
或秘书长之手，很少按照规章召开会员（代表）大会或理事会进
行商讨与表决。不仅如此，还有一些行业协会被少数大企业操纵，
成为市场垄断利益集团的"代言人"和攫取垄断利润的工具，严
重损害着中小企业会员的利益，进而侵害社会公共利益。② 这些现
象引起政府、社会与企业的强烈不满，从而严重损害了行业协会
的社会形象。

因此，为了保证行业协会的日常运作真正体现会员企业的共同
利益，并符合法律法规，理事会中必须给予中小企业会员一定数量
的名额，形成会员之间合理的权利分布，而且任何重大的决策或活
动必须获得会员（代表）大会或理事会的通过，才能付诸实施。不
仅如此，目前行业协会还应借鉴近代工商同业公会的经验，设置监
事会。监事会是与理事会同级的机构，有权对理事会的领导及活动
实行监督并对协会财务进行审核。因此，在加快行业协会立法的同
时，必须加强协会内部治理机制的建设，明确协会领导与秘书长的
职责，并加强对他们的监督与制约，进而建立有效的民主运行机制

---

① 彭南生：《行会制度的近代命运》，人民出版社 2003 年版，第 98、106 页。
② 毕蓝武：《社团革命——中国社团发展的经济学分析》，山东人民出版社 2003
年版，第 71 页。

和完善的法人治理机制。

3. 制度化是建构行业协会法人治理机制的重要保障

如前所述，制度化的议事制度是推进近代中国同业公会会务的重要保证。成立初期，同业公会往往只有章程作为会员行为和会务运作的规范。随着会员人数的增加、职员权责的强化，不少公会陆续增订了许多规范条例，以保证公会的运行与日常活动最大限度地体现行业的整体利益。例如，20世纪二三十年代，上海银行公会除了章程与行规外，还先后制定了《上海银行公会公共准备金规则》《上海银行公会行市委员会组织法》《上海银行公会检定华商汇兑经纪员章程》《上海银行公会检查部规则》《会员银行国外汇兑业务检查规则》《会员银行钞券准备金检查规则》以及《会员银行储蓄处检查规则》等。这些规则几乎涵括了银行公会所经办之会务，使银行公会的组织制度更加健全，从而逐步完善了公会的法人治理机制。①

三　行业协会法人治理的理想模型

正当有效的治理有赖于设置健全的组织机构。在现代社会，凡涉及公共利益的组织体，一般都应设置权力互相分立制衡的组织机构体系，以控制权力行使者滥用权力损害公共利益，这是现代公共组织治理的合法性基础，也是组织实施有效治理的前提。在这一点上，国家、公司法人、社会组织概莫能外。行业协会作为非营利性经济性社团法人，其法人治理机制源于公司治理但又有别于公司治理。一般而言，行业协会的治理至少应设置三种权力机构：决策机构、执行机构、监督机构，三者缺一不可。同时，三者之间应当具有相互制衡的关系结构。鉴于行业协会实行会员制，具有志愿性、公益性、服务性的特征，因此其法人治理结构应当充分体现民主自治。在此理念之下，行业协会法人治理结构设立会员（代表）大会、理事会（常务理事会）、监事会、秘书处等机构分别承担不同的职责，并建立完善的以章程为核心的财

---

① 郑成林：《上海银行公会组织系统述论（1917—1936）》，《近代史学刊》2006年第00期。

务管理、人事管理、文书档案、证书印章管理、分支代表机构管理等各项内部管理制度，确保社会组织的决策、执行、监督各个环节规范运作（见表3—1）。具体而言：

（一）会员（代表）大会

会员（代表）大会是行业协会的最高权力机构，其基本权责是制定和修改章程，采用无记名投票方式通过章程和选举产生理事会，表决通过重大决议事项。会员数量在一定数量以上的行业协会，可推选代表组成会员代表大会。会员代表大会代表的人数应当由章程规定，一般不少于全体会员的三分之一。会员代表必须明确其代表对象，在会员代表行使重大事项表决时，必须事先征求其代表对象意见，并获得一致意见，方可行使表决权。一般情况下，会员（代表）大会应当依照章程定期举行，在特殊情况下，超过三分之一的会员（代表）可以特别动议召开会员（代表）大会，但应当召开理事会进行特别动议案表决。会员代表可与其代表对象实行年度轮换制。在会员代表的产生方面，有条件的行业协会可以实行差额选举和竞选制。

（二）理事会

理事会由会员（代表）大会选举产生，是会员（代表）大会闭会期间的决策机构，依照章程的规定和会员（代表）大会的决议行使职权，在闭会期间领导行业协会开展日常工作，对大会负责。其基本职责是执行会员（代表）大会决议，制定社团发展规划，设立运营组织机构和分支机构，实施运营决策，制定法人内部治理制度，维护行业协会自治功能有效运转。重大会议议题和重大决策事项必须事先告知全体会员征求意见，充分尊重会员权益。理事成员代表会员公平公正行使会务决策权力，并承担决策相关责任和财务风险；拟定会员、理事、监事及其领导机构成员和会长、秘书长资格条件以及专职工作人员薪酬福利，制定人才保障措施，促进行业协会专职工作人员职业化、专业化。理事会按业务范围，设立分支机构管理委员会、专业委员会或专家委员会。理事人数在一定规模以上的行业协会，可设立常务理事会。从理事中选举常务理事组成常务理事会，常务理事一般为理事的三分之一。

（三）监事会

监事会是行业协会的监督机构，会员规模小的行业协会可设立独立监事。监事会（监事）由会员（代表）大会选举产生，理事不兼任监事，监事会对会员（代表）大会负责，监事不得连任两届，监事会独立行使监督权，不具有决策表决权。其基本责权是对行业协会不同层级参会会员的资格审查，对会员（代表）大会、理事会（常务理事会）、会长办公会议实施监督并予以程序和结果合法性确认，履行行业协会选举程序、重大决议、财务管理的审查和业务执行、人员履职的监督。监事应列席（常务）理事会会议。列席会议的监事有权发表意见，但不享有表决权。会员（代表）大会、理事会（常务理事会）、会长办公会议形成的会议纪要，必须由监事会成员签字确认方有效。当会长无法履行职责，行业协会内部矛盾突出，难以召集理事会的情况下，监事会可以召集主持理事会。监事会代表全体会员的意志履行监督职责，对重大会议议题和重大决策事项，监事会应当充分了解会员意见，及时向理事会反馈，提出建议。监事会对行业协会存在严重违规问题有权直接向登记管理机关和业务主管部门反映情况。

（四）秘书处

行业协会秘书处是理事会（常务理事会）的日常工作机构，是执行机构。秘书处专职工作人员的任职条件和聘用事项由理事会（常务理事会）或会长办公会决定，应当签订用工劳动合同。秘书长可以实行聘任制或选任制，由理事会表决通过聘任或由会员（代表）大会选举产生，秘书长解聘或除职应在确保秘书长拥有向理事会或会员（代表）大会述职陈情权利的前提下，并由理事会或会员（代表）大会投票表决。经法定代表人授权并由理事会（常务理事会）同意，秘书长可行使授权范围内的法定代表人职权。

表 3—1　　　　　　　行业协会法人治理的基本框架

机构名称	产生方式	主要职权	运行机制和议事规则
会员（代表）大会	会员选举产生	1. 修改章程； 2. 选举或者罢免会长、副会长、理事、监事； 3. 审议理事会、监事会年度工作报告； 4. 审议并决定理事会的年度财务预算案、决算案； 5. 对行业协会解散和清算等事项做出决议； 6. 改变或者撤销理事会不适当的决定； 7. 章程规定的其他职权	修改章程应当经出席会员（代表）大会的 2/3 以上会员（代表）表决通过，其他事项应当经出席会员（代表）大会的半数以上会员（代表）表决通过。 会员（代表）大会每年至少召开一次
理事会	会员（代表）大会选举产生	1. 召集会员（会员代表）大会； 2. 执行会员（会员代表）大会的决议，向会员（会员代表）大会报告工作； 3. 拟定行业协会年度财务预算、决算； 4. 拟定行业协会解散和清算等事项的方案； 5. 决定新申请人的入会和对会员惩戒； 6. 制定行业协会内部管理制度； 7. 章程规定的其他事项	理事会会议每六个月至少召开一次。理事会会议应当有三分之二以上理事出席方可举行。理事会决议，应当经出席会议半数以上的理事表决通过

续表

机构名称	产生方式	主要职权	运行机制和议事规则
监事会	会员（代表）大会选举产生	1. 检查行业协会财务； 2. 监督会员（会员代表）大会决议执行情况； 3. 对会长、副会长、秘书长履行职责的情况进行监督，纠正损害行业协会的行为，情节严重的提出罢免建议； 4. 提议召开临时会员（代表）大会； 5. 在理事会不履行本条例规定的召集会员（代表）大会职责时，召集会员（代表）大会； 6. 章程规定的其他职权	监事会会议每六个月至少召开一次。 会长、副会长、秘书长、副秘书长、理事不得兼任监事。监事应当列席理事会或者常务理事会会议
秘书处	理事会表决通过聘任或会员（代表）大会选举	负责协会的日常工作	秘书长领导秘书机构，并对理事会负责，由专人专职担任。 会长不得兼任秘书长

资料来源：《社会团体章程示范文本》和《深圳经济特区行业协会条例》相关规定。

第二节　当前我国行业协会法人治理现状
——以深圳为例

由于各地、各行、各业的行业协会发展程度的差异，实难精确反映我国行业协会法人治理现状，此时选择某一城市的行业协会发展状况便成为"退而求其次"的不二选择。作为改革的窗口和领头羊，与其他城市相比，近年来深圳市行业协会的发展也相对处于国内领先地位。2014 年 8 月，深圳市企业评价协会受深圳市民政局委托，对 2014 年度市级行业协会开展评估工作。深圳市企业评价协会从社会组织专家库推荐了 24 名法律、财务、科研机构、业务指导单位和社会组织代表的领域的专家，组成 6 个评估专家小组，分别对符合参评资格的 40 家行业协会商会进行现场评估和数据汇总等工作，并于 2015 年初公开发布评估报告。"窥一斑而知全豹"，我们仅以该评估报告及其数据作为基本分析工具来说明我国行业协会法人治理的现状。

一　行业协会法人治理评价标准的总体说明

深圳市企业评价协会于 2015 年初公开发布的评估报告是以《深圳市行业协会商会评估指标体系和评分标准》（2014 年）为基础的。《深圳市行业协会商会评估指标体系和评分标准》（2014 年）分为基础条件、内部治理、工作绩效和社会评价指标，总分为 1000分。其中，内部治理部分共计 370 分，下设发展规划，组织机构，人力资源，领导班子建设，财务资产，档案、证章管理 6 个二级指标，又在二级指标下细分为 23 个三级指标，54 个四级指标。详细指标设定及评定方法如表 3—2 所示：

表 3—2　　　行业协会法人治理的评价指标体系与评定方法

评估指标			评定方法与说明
二级指标	三级指标	四级指标	
1. 发展规划（15 分）	1.1 发展规划及重大活动方案	制定中长期发展规划和落实情况	查看最近一届理事会制定的发展规划和落实情况 注：中长期一般指 3—5 年
		年度工作计划和总结	查看工作计划和总结
		重大业务活动方案	查看重大业务活动方案内容 注：重大业务活动指经费开支在 5 万元以上的项目或活动

续表

评估指标			评定方法与说明
二级指标	三级指标	四级指标	
2. 组织机构（125 分）	2.1 会员（代表）大会	会员（代表）大会制度建设	查看会员（代表）大会的会议纪要及材料
		会员（代表）大会按章程定期召开	查看上两年度会员（代表）大会的会议纪要及相关材料
		按照章程规定按期换届	查看最近一次换届材料 注：未达到换届年限的，此项不扣分
	2.2 理事会（常务理事会）	按章程规定的条件和程序产生、罢免	查看理事成员资料，理事符合章程所规定的条件，与章程所规定的条件进行核对；查看产生和罢免理事的会员（代表）大会会议纪要、签到名册 注：若未按期换届，此项得 0 分
		按期换届，召开次数符合章程规定	查看会议纪要和决议、签到簿等相关证明材料 注：提前或延期换届由理事会表决通过，报登记管理机关批准同意视为按期换届
		理事会履行职责，发挥作用	查看理事会会议纪要和决议等相关证明材料 注：未按期换届，此项得 0 分
	2.3 监事会（监事）	设有监事会（监事）	查看监事会或监事设立资料
		按照规定履行职责，发挥作用	查看监事会会议纪要和年度工作报告 注：若未设立监事会（监事），或设立监事会（监事）但未按期换届，此项得 0 分

评估指标			评定方法与说明
二级指标	三级指标	四级指标	
2. 组织机构（125 分）	2.4 民主决策程序	重大事项民主决策制度建设、执行情况	查看民主决策程序制度，重大事项表决通过的会议纪要和决议等相关证明材料。参加会议人数、表决通过票数均要符合章程规定
	2.5 办事机构	办事机构设置健全合理，符合业务需要	查看办事机构设置情况、两年度内业务承接和完成情况
		职责明确、有效履行	查看办事机构职责表述情况、办事机构履行职责情况
	2.6 分支机构代表机构	分支机构、代表机构登记、变更事项及开展工作情况	查看分支机构登记、管理办法、工作开展、发展会员等证明资料 注：无分支机构、代表机构，市级社会组织此项不得分，区级社会组织此项不扣分。
	2.7 会员管理	会员管理	查看会员入会退会登记资料、会员数据库建设情况
	2.8 党组织	已组建中共党组织或党员纳入管理	查看党组织的批准文件及党员活动材料 注：专职工作人员中没有中共党员，此项不得分。
		党组织（党员）活动正常，工作有效	查看党组织的批准文件及党员活动材料 注：专职工作人员中没有中共党员，此项不得分
	2.9 廉政建设委员会	成立廉政建设委员会，作用发挥明显	查看廉政建设委员会成立批准文件及相关工作材料

续表

评估指标			评定方法与说明
二级指标	三级指标	四级指标	
3. 人力资源（55 分）	3.1 人才队伍建设	工作人员数量	查看工作人员花名册、劳动合同、工资单、社保清单等资料 注：专职工作人员是指与社会组织签订劳动合同，在社会组织领取薪酬、缴纳社会保险的工作人员，不含离退休返聘和工作关系在其他单位的兼职人员
		本科以上学历（或中级以上职称）的工作人员比例	查看工作人员学历证书（职称证书）材料
		建立培训制度，定期开展业务培训活动	查看培训制度制定、业务培训开展情况
	3.2 人事制度	建立专职工作人员聘用管理制度、薪酬管理制度	查看相应的各项管理制度
		建立奖惩制度并有效实施	查看奖惩制度制定、落实情况
		签订劳动合同	查看员工名册，与专职工作人员签订的劳动合同，与兼职工作人员签订的劳务协议等
		落实社保政策	查看员工名册、劳动合同、现场调取两年内任两个月份的社保清单，核对劳动合同
4. 领导班子建设（25 分）	4.1 负责人	任职条件符合章程规定，且任职程序符合相关规定	实地考察，查阅会议纪要、任职文件等
		履行职责情况	实地考察，查阅有关证明材料
	4.2 秘书长	秘书长为专职且按章程规定公开聘任或选举产生	实地考察，查阅有关证明材料
		对秘书长进行年度绩效考核	查看考核相关材料

续表

评估指标			评定方法与说明
二级指标	三级指标	四级指标	
5. 财务资产（120分）	5.1 财务机构与人员资质	财务人员岗位设置合理、职责分工明确，会计、出纳分设	查看财务人员岗位设置及职责和财务人员岗位分工情况
		财务人员具有会计从业资格证书，参加业务培训	查看财务人员从业资格证书、参加业务培训的证明材料
		财务人员发生变动，交接手续齐全	现场查看上两年度财务人员书面交接材料
	5.2 执行《民间非营利组织会计制度》情况	会计科目设置及会计报表	现场查看相应的会计资料和账目
		财务处理及核算	查看凭证填制、账簿登记、核算等情况，符合相关会计制度
		会计电算化	查看会计核算实行电算化和档案管理情况
		会计档案	查看会计档案制度及落实情况
	5.3 财务管理	财务管理制度建立及执行	查看各项管理制度
			查看执行情况（通过对相关财务指标的考察，判断所制定的财务制度执行情况）
		经费来源和资金使用符合政策法规和章程规定	查看经费来源和资金使用情况
		财务各项支出审批符合规定的程序	查看会计凭证及附件所体现的审批记录
		资产管理	查看资产购置、领用、保管、盘点、核算等方面的管理情况
		投资管理	查看资金管理、使用情况
	5.4 税务及票据管理	依法进行税务登记，按期进行纳税申报	查看税务登记按规定办理，各项税款申报、纳税情况
		各种票据使用、管理规范	查看票据登记管理、报销等违规情况

续表

评估指标			评定方法与说明
二级指标	三级指标	四级指标	
5. 财务资产（120分）	5.5 财务公开和监督	按规定进行法定代表人离任或换届审计	查看最近一期的换届或法人离任审计报告
		年度财务报告向理事会报告，并主动接受监督	查看上两个年度财务报告内容完备和主动接受理事会财务监督情况 注：年度财务报告包括会计报表及附表、财务报表附注、财务情况说明书等内容。财务情况说明书应包括业务及财务活动基本情况（如：资产状况和财务收支情况）
	5.6 会费管理	会费标准经会员（代表）大会批准且管理规范	查看会员（代表）大会的相应材料
		会费专用收据使用符合规定	注：开具一张会费专用收据算1次
6. 档案、证章管理（30分）	6.1 档案管理	档案管理制度规范	查看档案管理制度情况
		档案资料齐全，交接手续完备	查看档案管理及相关情况：资料数量、资料整理、资料交接核实
	6.2 证书管理	证书管理制度及执行情况	查看证书使用管理规定制定、专人管理及相关情况
		各种证书等均在有效期内，且保存完好	查看登记证书、税务登记证书、组织机构代码证书等相关材料
		办公场所悬挂登记证书正本	实地考察核实
	6.3 印章管理	印章保管使用制度	查看印章保管相关制度及记录
		印章保管有专人负责	

资料来源：《深圳市行业协会商会评估指标体系和评分标准》，2014年。

二　行业协会法人治理的现状

　　根据深圳市企业协会发布的评估结果,当年参评的深圳市 40 家市级行业协会商会在内部治理方面的得失分情况具有相似性,一定程度上反映出深圳市行业协会商会的共性特点和发展现状。就内部治理部分,只有三家参评单位获得满分(370 分),总体参评单位平均得分 336.88,得分率为 91.05%。从得分率看,深圳市行业协会的内部治理整体上成效显著;但从满分率看,则说明深圳市行业协会在内部治理问题方面总体处于初级阶段,离法人治理应然状况仍相去甚远(见图 3—1)。

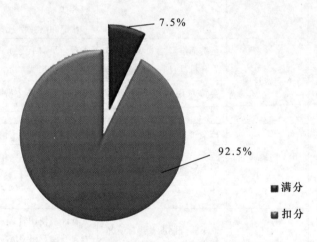

图 3—1　参评单位内部治理指标得分情况

　　资料来源:深圳市企业评价协会发布《2014 年深圳市社会组织评估报告汇编:行业协会商会类》。

　　从参评单位在二级指标中的扣分情况看,参评单位在发展规划、领导班子建设、档案及证章管理三项指标内容上表现良好,而在组织结构、财务资产及人力资源等三项指标内容上失分较为严重(见图 3—2)。

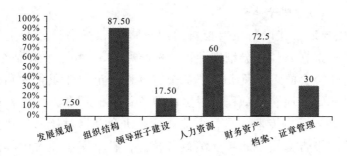

图3—2　参评单位内部治理二级指标扣分情况

资料来源：深圳市企业评价协会发布《2014年深圳市社会组织评估报告汇编：行业协会商会类》。

（一）发展规划

"发展规划"主要指行业协会制定中长期发展规划和落实情况、年度工作计划和总结情况以及是否制定重大业务活动方案（具体评分细则和评分标准见表3—3）。从评估结果看，绝大多数机构十分重视组织中长期发展规划，并以此为纲领制订年度工作计划，及时进行年终工作总结，在重大业务活动方案，能够制定详尽的重大业务活动方案。鲜有行业协会在此失分，该指标的扣分率仅为7.5%。

表3—3　　"发展规划"指标的评分与计分标准（共计15分）

二级指标	四级指标	四级指标满分	评分	计分
发展规划及重大活动方案（15分）	制定中长期发展规划和落实情况	5	制定和修订中长期发展规划，内容单独完整，落实规划情况较好	5
			制定和修订中长期发展规划，但内容不够完整，落实规划情况一般	3
			未制定中长期发展规划	0
	年度工作计划和总结	5	有完整的年度工作计划和总结	5
			有年度工作计划和总结，但内容简单	3
			无工作计划和总结	0
	重大业务活动方案	5	有详尽的重大业务活动方案	5
			无重大业务活动方案	0

资料来源：《深圳市行业协会商会评估指标体系和评分标准》，2014年。

（二）领导班子建设

"领导班子建设"主要指对组织负责人和秘书长的产生和履职情况的考察（具体评分细则和评分标准见表3—4）。从评估结果看，多数行业协会的组织负责人都是按照章程规定的任职条件和程序产生，且能较好地履行章程所规定的职责；秘书长多为按章程规定公开选（聘）任的专职人员，大部分行业协会都针对秘书长建立了以年度述职报告为核心的年度绩效考核制，且落实了相关内容。该项指标的扣分率为17.5%，比发展规划略高。

表3—4　"领导班子建设"指标的评分与计分标准（共计25分）

三级指标	四级指标	四级指标满分	评分	计分
负责人（15分）	任职条件符合章程规定，且任职程序符合相关规定	10	任职条件符合章程规定	5
			出席会议人数、表决通过票数均符合章程规定，且审批手续齐全	5
			任职条件且出席会议人数或表决通过票数均不符合章程规定	0
	履行职责情况	5	负责人履行职责情况较好	5
			负责人履行职责情况一般	3
			负责人未按章程规定履行职责	0
秘书长（10分）	秘书长为专职且按章程公开聘任或选举产生	5	秘书长为专职，且按章程规定公开聘任或选举产生	5
			秘书长为兼职，或未按章程公开聘任或选举产生	3
			没有秘书长	0
	对秘书长进行年度绩效考核	5	年度述职报告完整	5
			有年度述职报告，但不完整	3
			无任何材料证明有年度绩效考核	0

资料来源：《深圳市行业协会商会评估指标体系和评分标准》，2014年。

（三）档案、证章管理

"档案、证章管理"主要指档案管理制度是否规范、档案资料是否齐全、交接手续是否完备、证书管理制度及执行情况以及印章保管使用制度（具体评分细则和评分标准见表 3—5）。评估小组通过现场实地考察的方式得出：大部分机构的档案、证书、印章等管理制度规范，执行情况良好，档案、证书资料齐全、保存完好，印章设有专人保管。该部分的扣分率为 30%，总体上差强人意。

表 3—5　"档案、证章管理"指标的评分与计分标准（共计 30 分）

三级指标	四级指标	四级指标满分	评分	计分
档案管理 （10 分）	档案管理制度规范	5	档案管理制度完整、规范	5
			档案管理制度不够完整、规范	2
			未制定档案管理制度	0
	档案资料齐全，交接手续完备	5	发现存在问题 1 项扣 2 分，扣完 5 分为止	
证书管理 （10 分）	证书管理制度及执行情况	5	有证书使用管理规定	2
			证书有专人管理	3
			无证书使用管理规定，证书无专人管理	0
	各种证书均在有效期，且保存完好	3	各种证书均在有效期内且保存完好	3
			存在证书过期、损毁或遗失现象	0
	办公场所悬挂登记证书正本	2	办公场所悬挂登记证书正本	2
			办公场所未悬挂登记证书正本	0
印章管理 （10 分）	印章保管和使用制度	5	有完整的印章保管和使用制度	5
			有印章保管和使用制度但不完整	3
			未制定印章保管和使用制度	0
	印章保管有专人负责	5	印章有专人妥善保管，使用印章登记记录详细	5
			印章无人保管或印章有私存、遗失现象，用印无登记记录	0

资料来源：《深圳市行业协会商会评估指标体系和评分标准》，2014 年。

（四）组织机构

"组织结构"指标下，会员（代表）大会、理事会（常务理事会）、监事会（监事）、民主决策程序、办事机构、分支机构和代表机构、会员管理、党组织以及廉政建设委员会的运行情况是基本考察对象（具体评分细则和评分标准见表3—6）。评估结果显示，在二级指标中，组织结构设置是失分率最高的一项指标，高达87.5%的参评行业协会都会因为组织结构的设置而被扣分。其中，扣分最严重的几项是监事会、廉政建设委员会、党组织和分支机构建设，被扣分的原因大致归结为没有组建这些组织或组建了但作用发挥不足。（具体指标扣分情况见图3—3）

表3—6　　　"组织机构"指标的评分与计分标准（共计125分）

三级指标	四级指标	四级指标满分	评分	计分
会员（代表）大会（35分）	会员（代表）大会制度建设	10	有完整规范的会员（代表）大会制度	10
			有会员（代表）大会制度，但不够完整规范	5
			无会员（代表）大会制度	0
	会员（代表）大会按章程定期召开	10	按章程规定定期召开会员（代表）大会	10
			仅有一年是按章程规定召开会员（代表）大会	5
			未召开会员（代表）大会	0
	按照章程规定按期换届	15	按章程规定按期换届，或经登记管理机关批准在规定延期时间内完成换届	15
			未报登记管理机关批准同意，擅自延期并在一年内完成换届	8
			未报登记管理机关批准同意，届满一年仍未换届的	0

续表

三级指标	四级指标	四级指标满分	评分	计分
理事会（常务理事会）（20分）	按章程规定的条件和程序产生、罢免	10	理事会成员不超过会员（代表）人数的1/3	5
			通过召开会员（代表）大会选举或罢免	5
			理事会成员超过会员（代表）人数的1/3，且选举或罢免程序不符合章程规定	0
	按期换届，召开次数符合章程规定	5	理事会按期换届	3
			理事会（常务理事会）召开次数符合章程规定	2
			理事会未按期换届，且召开次数不符合章程规定	0
	理事会履行职责，发挥作用	5	按照章程规定履行职责，发挥作用良好	5
			按照章程规定履行职责，发挥作用一般	3
			未按照章程规定履行职责并发挥作用	0
监事会（监事）（20分）	设有监事会（监事）	10	设有监事会或监事，且符合章程规定	10
			未设立监事会、监事或设立不符合章程规定	0
	按照规定履行职责，发挥作用	10	监事全部列席理事会	5
			监事有时缺席理事会	2
			全体监事对年度报告、财务报告提出具体评议意见并签字	5
			部分监事对年度报告、财务报告提出具体评议意见并签字	2
			监事未列席理事会，且未在年度工作报告上签字	0
民主决策程序（10分）	重大事项民主决策制度建设、执行情况	10	民主决策程序制度健全完善	4
			重大事项未经民主程序决策，1项扣3分，扣完6分为止	

三级指标	四级指标	四级指标满分	评分	计分
办事机构 （10分）	设置健全合理，符合业务需要	5	办事机构设置健全合理，能满足业务活动需要	5
			办事机构设置基本合理，基本满足业务活动需要	3
			办事机构设置不合理，不能满足业务活动需要	0
	职责明确、有效履行	5	职责有详细的文字表述，且有效履行职责	5
			有职责表述，但不详细，且履行职责情况一般	3
			无职责表述，且未有效履行职责	0
分支机构、代表机构（5分）	分支机构、代表机构登记、变更事项及工作	5	未按照规定办理登记、变更手续，一项扣1分，扣完2分为止	
			有效管理，开展工作良好	3
会员管理 （10分）	会员管理	5	入、退会手续完备，任一手续不完善扣3分，扣完5分为止	
		5	会员数据库完善	5
			有会员数据库，但数据管理不完整、不规范	0
党组织 （10分）	已组建党组织或党员纳入管理	5	已组建党组织；或因正式党员不足3人，不具备组建条件，但现有党员已纳入相关党组织进行管理	5
			具备条件但未组建党组织，或现有党员但未纳入相关党组织管理	0
	党组织（党员）活动正常，有效	5	党组织（党员）活动丰富，工作材料齐全	5
			党组织（党员）活动较少，工作材料不全面	2
			党组织未开展活动或党员未参加活动	0

续表

三级指标	四级指标	四级指标满分	评分	计分
廉政建设委员会（5分）	成立廉政建设委员会，作用明显	5	成立廉政建设委员会	3
			廉政建设委员会作用发挥明显	2
			未成立廉政建设委员会	0

资料来源：《深圳市行业协会商会评估指标体系和评分标准》，2014年。

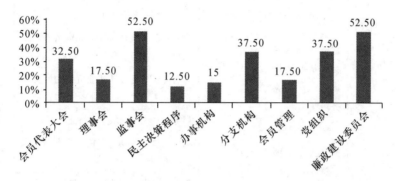

图3—3　参评单位内部治理"组织结构"指标扣分情况

资料来源：深圳市企业评价协会发布《2014年深圳市社会组织评估报告汇编：行业协会商会类》。

（五）财务资产

"财务资产"指标主要考察行业协会是否有独立的财务机构、财务人员是否符合资质、是否严格执行《民间非营利组织会计制度》情况、经费来源和各项支出是否符合法律和政策规定、财务是否公开并接受理事会监督、税务及票据管理是否规范、会费收取和支出是否规范等事项（具体评分细则和评分标准见表3—7）。根据评估结果，有72.5%的行业协会因"财务资产"存在问题而被扣分，扣分最严重的前三项分别为财务管理、执行会计制度和税务票据管理，扣分原因在于执行会计制度不合规、财务管理制度和税务票据管理不规范（见图3—4）。

表 3—7   "财务资产"指标的评分与计分标准（共计 120 分）

三级指标	四级指标	四级指标满分	评分	计分
财务机构与人员资质（15 分）	财务岗位设置合理、职责分工明确，会计、出纳分设	5	岗位设置合理且职责明确	3
			会计、出纳由不同人员担任，凭证和报表按职责要求操作	2
			岗位设置不合理且岗位职责不明确，且会计、出纳岗位未分设，凭证和报表未按职责要求操作	0
	财务人员具有会计从业资格证书，参加业务培训	5	有 2 名以上具有会计从业资格的财务人员，且参加过有关业务培训	5
			仅有 1 名具有会计从业资格的财务人员，或未参加过有关业务培训	2
			财务人员无会计从业资格证书	0
	财务人员交接手续齐全	5	财务人员有变动，交接手续齐全或未发生变动	5
			财务人员发生变动，但交接手续不全	0
执行《民间非营利组织会计制度》情况（25 分）	会计科目设置及会计报表	10	按《民间非营利组织会计制度》设置会计科目	5
			按《民间非营利组织会计制度》的要求编制全部会计报表，内容完整，数字真实、准确	5
			未按《民间非营利组织会计制度》设置会计科目，且编制的会计报表不符合要求	0
	财务处理及核算	5	财务处理及核算方面存在问题 1 项扣 2 分，扣完 5 分为止	
	会计电算化	5	会计核算实行电算化、使用民间组织财务管理软件，档案管理齐全。发现违反 1 项扣 2 分，扣完 5 分为止	
	会计档案	5	会计档案管理制度健全	3
			会计档案管理制度内容有效落实	2

续表

三级指标	四级指标	四级指标满分	评分	计分
财务管理（40分）	财务管理制度建立及执行	10	财务管理制度完善	5
			财务管理制度基本完善	3
			无财务管理制度	0
			严格执行财务管理制度	5
			财务管理制度执行情况一般	3
			财务管理制度执行情况较差	0
	经费来源和使用符合政策法规和章程规定	10	发现存在问题1项扣5分，扣完10分为止	
	财务各项支出审批符合规定	5	发现存在问题1项扣2分，扣完5分为止	
	资产管理	5	发现存在问题1项扣2分，扣完5分为止	
		10	发现存在问题1项扣3分，扣完10分为止	
税务及票据管理（10分）	依法进行税务登记，按期进行纳税申报	5	发现存在问题1项未按规定办理扣2分，扣完5分为止	
	各种票据使用、管理规范	5	发现存在问题1项扣2分，扣完5分为止	
财务公开和监督（15分）	按规定进行法定代表人离任或换届审计	5	最近一期法人离任或换届按要求进行财务审计，或成立时间较短未发生换届、离任行为	5
			未按要求进行法人离任或换届财务审计	0
	年度财务报告向理事会报告，并主动接受监督	10	年度财务报告向理事会报告	5
			主动接受理事会的监督	5
			年度财务报告未向理事会报告，且不主动接受监督	0

续表

三级指标	四级指标	四级指标满分	评分	计分
会费管理 （15分）	会费标准经会员（代表）大会批准且管理规范	10	会费收取标准经会员（代表）大会批准	5
			会费收取标准未经会员（代表）大会批准	0
			会员管理部门与财务部门就会员数量、会费收取和管理建立互相监督和沟通机制，并建立数据库进行会员及会费管理，有各年会费收取统计表（明细表和汇总表）	5
			未建立监督、沟通机制且无会费收取统计	0
	会费专用收据使用符合规定	5	使用会费专用收据收取其他业务收入，如会议费、培训、展览、赞助、课题等，发现存在问题一次扣2分，扣完5分为止。	

资料来源：《深圳市行业协会商会评估指标体系和评分标准》，2014年。

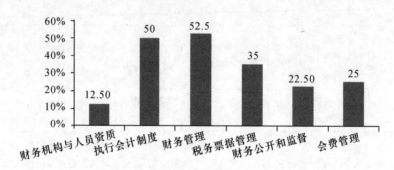

图3—4　参评单位内部治理"财务资产"指标扣分情况

资料来源：深圳市企业评价协会发布《2014年深圳市社会组织评估报告汇编：行业协会商会类》。

（六）人力资源

"人力资源"指标主要考察行业协会的人才队伍建设和基本人事制度，包括工作人员数量、本科以上学历（或中级以上职称）的工作人员比例、培训制度、专职工作人员聘用管理制度、薪酬管理制度、奖惩制度、签订劳动合同和社保政策落实等事项（具体评分细则和评分标准见表3—8）。从评估结果看，60%的参评协会在人力资源管理方面被扣分，说明了深圳市行业协会发展过程中人才队伍建设不足，人才结构有待调整，人事制度管理需要改善。

表3—8　　"人力资源"指标的评分与计分标准（满分共计55分）

三级指标	四级指标	四级指标满分	评分	计分
人才队伍建设（25分）	工作人员数量	10	专职工作人员5人以上	10
			专职工作人员1人至4人	5
			无专职工作人员	0
	本科以上学历（或中级以上职称）工作人员	10	达到50%以上	10
			达到20%以上	7
			达到10%以上	4
			不足10%	2
	建立培训制度，定期开展业务培训	5	建立完善的培训制度并定期开展培训	5
			建立培训制度，每年培训次数少于2次	3
			未对员工开展过培训	0
人事制度（30分）	建立专职人员聘用及薪酬制度	5	有完善的工作人员聘用管理和薪酬管理制度	5
			有工作人员聘用管理和薪酬管理制度，但不详细	3
			未制定工作人员聘用管理、薪酬管理制度	0
	建立奖惩制度并有效实施	5	建立了完善科学的奖惩制度	2
			奖惩制度得到有效实施	3
			未建立奖惩制度	0
	签订劳动合同	10	为所有工作人员全部签订劳动合同或劳务协议	10
			存在未签订劳动合同或劳务协议情况	0
	落实社保政策	10	与所有专职工作人员按合同约定缴纳社保和住房公积金	10
			存在未缴纳社会保险和住房公积金情况	0

资料来源：《深圳市行业协会商会评估指标体系和评分标准》，2014年。

第三节 行业协会法人治理存在的问题及成因

深圳市行业协会的发展在某些方面代表了我国行业协会发展的领先水准。所谓见微知著,通过上节对深圳市行业协会法人治理现状的简要分析,我们可以概括地推测出我国行业协会发展过程中法人治理的不足所在。为了能够对症下药,切实解决好这些问题,我们将进一步揭示导致这些不足的深层次原因,探究制约行业协会发展的主要因素,并在此基础上寻求针砭弊病的良药。

一 行业协会法人治理中存在的问题

参评单位内部治理因监事会缺乏或者作用被架空、会计制度不合规或财务管理制度不规范、人才队伍建设不足或人才结构不合理等而导致内部法人治理现状堪忧。如果我们顺藤摸瓜,则会发现隐藏在这些现象背后的是制约行业协会发展的深层次问题:

(一) 内部监督机构普遍缺失

行业协会的法人治理主要围绕如何实现组织目标、保护成员权益而展开,其主要内容为决策权、执行权和监督权的配置及其相互关系。根据现代法人治理结构,行业协会应设置三种权力机构:会员(代表)大会、理事会和监事会,会员(代表)大会负责协会重要事项的决策,理事会负责执行会员(代表)大会的决策,而监事会负责对理事会的活动进行监督,三者之间相互制衡,缺一不可。这也是行业协会得以持续发展的制度保证。从上述评估结果可知,几乎全部行业协会都设立了作为决策机构的会员大会或会员代表大会、理事会以及作为执行机构的秘书处,但有相当一部分协会没有设立专门的监督机构。这不利于行业协会的内部监督,影响了行业协会实现善治的能力和水平。

(二) 协会章程缺乏应有的约束力

行业协会章程必须规定会员大会、理事会、常务理事会的召开次数以及每届的任期,这是地方立法的要求。按时召开"三会",

按期换届是行业协会体现民主办会，提升公信力，提高决策科学的主要方式。从评估结果看，大部分协会都能遵照章程规定的时间换届，但也有一部分协会并没有严格按照章程规定组织召开会议，不按时换届。一些协会以工作忙，费用紧张等理由不开或少开。有的甚至以会长办公会来代替常务理事会。对于这些协会来讲，其章程并没有发挥应有的作用，犹如聋子的耳朵——摆设而已。从民政部公布年检要求整改的行业协会看，其基本情况相似，即不按章程召开会员（代表）大会进行换届、负责人超龄任职，不符合章程的有关规定。①

（三）内部人控制导致会员权利不平等

按照企业法人治理理论，内部人控制是指，在现代企业制度下由于所有者与经营者的分离以及信息不对称所导致的代理人事实上掌握了公司控制权的现象。行业协会虽不具有企业法人的营利性，但在委托人与代理人分离这一点上与公司治理别无二致。因而，作为非营利组织的行业协会同样会产生内部人控制问题。行业协会的内部人控制主要有两种情况：

其一是隐蔽的内部人控制，即由于制度缺位和信息不对称，会员在形式上权利平等，不以交纳会费和赞助费的多少决定会员在协会中的地位，但协会被少数人特别是协会的管理层以隐蔽的方式控制。

其二是公开的内部人控制，即协会成员对在协会内享有不平等的权利予以明示或默示的认可，由协会少数成员以公开方式对协会进行控制。所谓会员权利不平等，主要是指会员在协会中的权利按照在协会中的职务高低来分配，如从会长、副会长、理事、秘书长、重要会员、普通会员的顺序分配权利。这种权利享有的不平等主要是由不同会员对协会交纳的会费和赞助费的多少决定的。在一定意义上说，"每个会员的权利在他们交纳会费的时候就已经决定

---

① 余晖编：《中国社会组织的发展与转型》，中国财富出版社 2014 年版，第 263 页。

了"[1]。在行业协会发展的初期，会费和赞助费收入占据了协会收入的大部分，大企业高额的会费和赞助费往往会导致大企业会员对协会的控制，致使协会成为少数企业获得私利的工具。

（四）精英治理导致内部制约机制失灵

在我国目前体制下，行业协会面临权能有限、政府严管、立法缺失和经费不足、人才匮乏的内外双重压力，这导致行业协会对行业精英的严重依赖。行业精英凭借其强大的经济实力以及在体制内外的强大影响力、卓越的人格才能魅力，为处于困境中的行业协会发展开拓了一片新天地，从而使协会发展对行业精英的依赖从制度到意识都日益强化。毫无疑问，行业精英对行业协会治理的意义至关重要，大多数运行良好的行业协会总是与一个优秀的会长或秘书长有关。我们认为，这种精英主义的治理模式虽然在短时期可以促进协会的发展，但长期来看却会影响行业发展的可持续性、健康性。这是因为，行业协会对精英的过度依赖，将导致协会的各种工作制度难以真正实施，使协会制度化的内部监督制约机制无法有效运转。当前急需解决的问题是如何在制度的框架下发挥精英的作用，而不是为了发挥精英的作用而破坏了制度的建构和实施。毕竟"精英主义"的行业协会治理模式不是中国行业协会发展的长久之道。

（五）内部治理规则欠缺导致协会运作不规范

"无规矩，无以成方圆"，有效的治理需要发挥人的作用，更要发挥规则的作用，而且是要优先考虑规则的作用，并将人的作用的发挥规范于规则的框架中。健全完善、可操作的治理规则是有效治理的前提。反观现实，较之于最初的零起点发展，我国行业协会自身规范体系建设虽小有成效，但仍呈现出治理规则供给明显不足的特点：大部分协会缺乏成文可操作的会议制度、财务、管理等信息公开制度、质询制度、人事罢免制度、协会决策管理层问责制度、激励制度等。由于制度供给不足，制度空白多、可操作性差，行业协会在运作中的不规范现象大量存在，造成行业协会绩效低、公信

---

① 郁建兴：《民间商会的自主治理及其限度——以温州商会为研究对象》，2016年7月31日（http://www.xinzhitax.com/html/19332_1.asp）。

力缺失。如何解决治理规则供给不足问题是当前行业协会工作面临的首要问题，特别是已经完成行业协会民间化改革的地区更为迫切。

（六）治理理念模糊导致协会内部治理缺乏目标

"理念和使命是非营利组织生存和发展的灵魂"，"没有理念就没有非营利组织"①。治理理念是行业协会发展的指导思想，缺乏明确的治理理念，行业治理就失去了方向，治理制度的建构也无法做到有的放矢。当前，行业协会中普遍存在着治理理念定位不明的问题。例如，在课题组组织的沙龙活动中，不少行业协会都谈到"协会要当好政府的参谋和助手""协会要为会员服务"。问题是，行业协会在与会员、政府关系中究竟如何协调平衡？是"背靠政府面向会员"，还是"背靠会员面向政府"，二者蕴含的治理理念差之千里。再如，行业协会的治理，效率优先还是公平优先？如果效率优先则应在制度设计上强调决策执行的快速敏捷，如果公平优先则应优先考虑会员自由和权利的最大化与平等性。行业协会是自治性组织，其治理机制虽然离不开国家的强制性介入，但协会自身对其制度设计拥有极大的自由空间。鉴于不同的治理理念会带来不同的制度设计，"行业协会要想提高活动能力和社会作用，首先需要提升理念意识，既而完善组织的制度化建设和改善环境，从而实现自己的使命"②。

二　行业协会法人治理不完善的成因

综观我们行业协会的发展历程，可以得知，我国行业协会法人治理之所以不健全，无外乎以下原因：

（一）行业协会法人治理长期受到忽视

我国的行业协会是在经济全球化和公共任务民营化思潮的双重裹挟下萌芽发展起来的，起步时间晚，治理经验明显不足。与西方国家基于社会选择而成长起来的行业协会发展路径不同，我国行业

① 王名：《中国非营利组织：定义、发展与建议》，2016年7月31日（http://www.chinaelections.org/NewsInfo.asp? NewsID=97951）。

② 同上。

协会的发展是政府选择型。因而，政府对协会的态度、工作重点、工作观念会直接影响行业协会的发展方向。政府部门开始重视对行业协会的培育和发展，不过是近几年的事情，是近年来政府向社会购买公共服务的理念日渐为政府部门所接受的产物。不可否认，行业协会主管部门在培育和发展行业协会方面做了大量工作，取得了巨大成绩。但是，政府既往的努力主要着重行业协会发展外部体制环境建设、而疏于内部治理机制建构。近几年民政部门出台的与行业协会相关的社会组织重大改革措施，其重点任务基本在于进一步完善行业协会的外部生长环境，很少涉及协会内部治理问题。直到2015年国办、中办联合发文制定政社脱钩的具体方案，才提出要完善行业协会法人治理。政府对协会法人治理的忽视不可避免地会带来协会内部治理不佳的后果。

政府之所以近几年在协会内部治理方面少有作为，既有客观原因，又有主观原因。客观原因是在民间化改革之前，对内部治理的培育还难以提上议事日程。主观原因是对于协会的自治存在着认识上的偏差，误以为协会的内部自治就是政府对协会内部事务的不管，政府服务应更着重于资金的提供、职能的授予、场地的提供等方面。这种认识对西方行业协会是完全适用的，但对于我国的行业协会来说，特别是对官办出身的协会，则无法适用。官办协会长期以来是在政府的监护下成长起来的，其不仅在地位上充当"二政府"的角色，其运作模式也带有明显的政府特征。民间化改革以后，行业协会的运行难免带有政府所特有的集权化痕迹，短时期内难以适应新的角色，从而导致了目前出现的协会内部治理的不规范现象大量出现。官办协会就如同长期被父母溺爱的孩子，一直在父母的怀抱中长大。突然有一天，父母意识到这种做法不正确，应当让孩子独立行走，于是，就将孩子放到地上，要他独立行走。其结果是可想而知的，孩子必然是左摇右晃，甚至会倒地不起。许多协会的内部治理之所以存在缺陷和不足，与上述例子是同样道理。这就要求政府采取适当措施在一定时期内对行业协会内部治理进行培育、指导和帮助，即不仅要扶上马，还需要送一程。

此外，政府对协会法人治理工作的忽视还体现在政府主管部门的执法力度薄弱上。例如，按照《社会团体登记管理条例》，如果行业协会自取得《社会团体法人登记证书》之日起一年未开展活动的，由登记管理机关予以撤销登记。但是，对于实践中存在的协会一年以上没有举行任何活动，甚至从未召开过会员大会等不规范的行为，有关部门并没有对这些协会做撤销登记的处理。使得相关规定被束之高阁，丧失了应有的权威。

（二）行业协会法人治理制度供给不足

目前，我国关于行业协会的立法是滞后的，制度供给是不足的，有关协会法人治理的制度供给不足尤其明显。作为行业协会法人治理主要依据的《社会团体登记管理条例》，专门针对社团法人治理的规定基本上是一片空白。2013 年底深圳市出台的地方性法规《深圳经济特区行业协会条例》（以下简称《条例》）第 28 条至第 35 条对行业协会的法人治理结构做出了相对具体的规定，开全国范围之先河。遗憾的是，行业协会法人治理制度供给不足的问题并没有得到根本解决：

第一，《条例》缺失必要的制裁机制将导致法人治理的规定难以落到实处。主要体现：《条例》规定了"会员（会员代表）大会每年至少召开一次"，"修改章程应当经出席会员（会员代表）大会的三分之二以上会员（会员代表）表决通过，其他事项应当经出席会员（会员代表）大会的半数以上会员（会员代表）表决通过"，"理事会会议每六个月至少召开一次。理事会会议应当有三分之二以上理事出席方可举行。理事会决议，应当经出席会议半数以上的理事表决通过"，"监事会会议每六个月至少召开一次。会长、副会长、秘书长、副秘书长、理事不得兼任监事。监事应当列席理事会或者常务理事会会议"，"会长、副会长任期由章程规定，但每届任期不得超过四年，会长连任不得超过两届。会长不得兼任秘书长"等有关行业协会组织机构设置和运行机制的规定，但统观整个条例，没有一个条文提到如果行业协会不按照上述规定从事相应活动，监管部门可以采取何种制裁措施。制裁机制的缺乏使得《条例》对行业协会法人治理的规定在某种意义上成为政府机关的花拳绣腿，难以起到应有的规范和导向作用。

第二，《条例》中缺乏关于协会内部纠纷的裁决机制的规定。行业协会内部治理纠纷的裁决机制对协会的治理非常关键，它是协会能够有效治理的最终保障。西方国家一般在法律中规定协会治理方面的纠纷由法院来裁决。我国在国家层面目前没有相关立法，《条例》中对这一问题也没有涉及，致使协会内部产生治理争议时投诉无门，这极大地影响了协会的规范运行。

第三，《条例》的规定内容笼统、概括，缺乏可操作性。《条例》规定内容大多是实体性规范，对关于协会治理的步骤、方式、方法等程序性规定涉及不多，既缺乏程序方面的强行性规范，又缺乏任意性指引。行业协会也鲜有关于自身运行的具体细致的程序性规定。细节决定成败。由于缺乏具体的实施细则，办法中所规定的有关治理的实体性规范在一定程度上被架空，无法发挥其应有的规范作用，使法律规范和治理现实产生了巨大的反差。

（三）协会法人治理的配套措施不到位

协会法人治理从形式上看属于协会的内部问题，但实际上它和协会运行的外部环境以及相关的配套设施紧密相关，并深受它们的影响。目前，协会职能的不到位以及协会的工作人员素质低也一定程度上制约着协会的治理。业内人士常说，"有为才能有位"，即只有协会有所作为，才能获得相应的重视和扶持。我们认为，这只说对了一半，还需要认识到"有位才能有为"，即只有协会获得了应有的地位和职能，才能有所作为。通过民间化改革，目前深圳市行业协会的地位问题基本得到解决，但职能问题仍有很大差距，多年来政府职能转移的改革雷声大、雨点小，相关政府业务部门并没有甚至不愿将本应由协会履行的职能转移给协会。由于协会职能不足，其发挥作用的空间有限，部分会员入会往往是走形式或者试试看而已，因而其对协会选举、决策、监督等事务的参与积极性不高。此外，协会的内部治理最终要靠人来完成。因而，协会专职工作人员的素质也成为了制约协会治理的一个重要因素。在欧美和日本等市场经济发达国家，行业协会专职人员都具有高学历。如美国行业协会专职人员大多具有本科以上学历，而且相当一部分具有研究生学历，其中云集了一批专业人才。与之相反，我国行业协会中的专职人员学历层次偏低（详见第二章），这在一定程度上制约了协会的规范运行。

第四节　完善行业协会法人治理机制的对策

完善的行业协会内部结构及运作机制十分重要，它是实现行业协会有效运作和发挥自身作用的客观需要。行业协会是同行业内各个企业自愿组成的自治性社会团体，它的重要功能和主要目的就是为企业服务，增进企业和本行业的经济利益。但是，行业协会作为公共性组织，总是存在背离其目的和宗旨的可能性，正因如此，行业协会的运作治理机制就显得极为重要。在行业协会民间化改革完成之前，由于协会的自治性没有体现出来，因而协会的治理问题就成了无关紧要的事情。当民间化改革一旦完成，协会民间组织地位得到确立，内部治理问题就成了培育协会发展的核心问题。结合行业协会治理的基本理论与西方国家行业协会治理的通行标准，我们认为，完善行业协会法人治理机制应遵循法人治理的自治性原则、组织结构的制衡性原则和运行机制的民主性原则。具体而言：

第一，法人治理的自治性原则。行业协会与其他自治性组织一样，一旦依法成立，就可在法定范围内自主活动，以实现成立该组织的特定目的。行业协会这种自我组织、自我管理的自治权是行业协会能够独立存在所必须享有的权利，包括自治事务管理权、组织人事权、经费筹集使用权等。因此，完善法人治理机制一定要以尊重会员意愿自治为原则。

第二，组织结构的制衡性原则。权力制衡是行业协会健康持续发展的内在基础，即"需要有一套内部组织机构，能够使其产生意思；为了这一法人意思的实现，就需要执行管理机关和对外代表机关；为了确保法人意思形成的真实性和有效性及法人意思的最终实现，就需要法律对法人意思机关的组成和意思的形成过程、法人执行管理机关的组成、法人意思机关与法人执行管理机关之间的权力界限乃至法人的监督机制作出明确的规定"①。

第三,运行机制的民主性原则。健全的组织结构保证了行业协会决策的规范化和理性化,而民主的运行机制有利于动员行业内的企业共同参与治理,提升行业协会的代表性和公信力。因此,行业协会的内部运行必须建立在民主的基础上,防止少数人垄断。

依据上述基本原则,结合行业协会法人治理中存在的问题,我们对我国行业协会法人治理机制的进一步完善提出如下几点具体建议:

一　政府通过相关规程实施行政指导

我国行业协会发展的总体情况,不是属于自然演进型,而是属于政府推动型。从目前的情况来看,我国行业协会的法人治理机制还不完善,甚至有相当大的缺失,且囿于传统影响,我国行业协会的自治精神及能力相对较弱,因此,我国行业协会的兴起以及自主治理的实现,不但有赖于自身组织力量的增强,还离不开政府的推动和理性设计,政府有效的制度供给是行业协会自主治理不可或缺的制度资源。

因此,政府在行业协会法人治理机制的发展和完善过程中,应当有限度地介入,用指引等非强制的方式进行倡导或提供建议,帮助行业协会走上规范的发展道路。这种方式对于培育发展初期的行业协会具有一定的价值和意义,同时又不会侵犯行业自治。换言之,政府应当通过制定行业协会法人治理机制指引,引导行业协会健全和完善内部治理机制,倡导行业协会走向规范化管理。

(一) 政府应制定行业协会法人治理的指引性规则

行业协会法人治理必须在一定的规则基础上运行。在西方国家,法人治理规则的来源主要有两种渠道:国家立法和行业协会自己制定。国家立法中的规则一般分为强制性规则和任意性规则。强制性规则主要是为行业协会确立协会运行的最基本的、底线性要求。在西方国家行业协会立法中,除了用应当、必须、不得、禁止等字眼

---

① 金锦萍:《非营利法人治理结构研究》,北京大学出版社 2005 年版,第 53 页。

体现出规则的强制性外，还有大量的"除非章程另有规定""章程另有规定的除外""……由章程确定"等字眼表现的任意性规范。任意性规则主要是指引性规则，行业协会有决定是否适用以及如何适用的自主权。一般而言，政府对行业协会的工作主要集中在登记、政府与行业协会间以及行业协会之间的对话、交流等外部管理和服务方面，对行业协会内部运行基本不予介入。

反观我国，协会治理规则供给不足问题极为突出。一方面，现有的行业协会立法主要是部委规章和地方立法，位阶较低，且规定都较为笼统、概括，缺乏可操作性。另一方面，行业协会内部也缺乏规范协会合理有序运行的规则，仅有少数行业协会制定了有关会员大会、理事会的议事规则和监事会议事规则，而有关选举规则、信息公开规则、制衡方面的规则近乎为零。在很多情况下，并不是行业协会不想治理好，而是行业协会和会员不知道怎么治理。在我国当前立法不顾、行业协会不能的基本国情下，政府特别是地方政府具有发挥作用的巨大空间，通过制定或者完善包括《行业协会治理准则》《示范章程》《理事、监事行为规范指引》《信息披露指引》等在内的有关行业协会治理的指引性规则，从而帮助行业协会不断完善自身治理，最终走上健康规范运行的道路。

（二）指引规则应力求全面、精细

"宜粗不宜细"长期是我国立法工作中的一项重要指导原则。我们认为，政府在制定指引时应当突破原有的思维方式，力求全面、细致。

所谓"全面"，是指政府指引应当将有关行业协会治理的基本内容囊括进去，尽量避免规则漏洞。立法的粗糙是当前各地行业协会立法的通病。比如说，立法中规定了会员代表大会有权选举产生会长，但是，对于会长候选人如何提名、会长选举是差额等额、是否进行竞选演说、投票公开还是秘密等内容基本没有涉及。再比如，立法规定行业协会决策权由理事会行使，但对决策权如何行使问题没有规定，理事会会议召开的程序也没有明确。诸如此类的问题比比皆是。以深圳为例，深圳市目前适用的《深圳经济特区行业协会条例》关于行业协会治理的内容只涉及了会员大会、理事会、监事会（监事）的组成，对于选举制度、决策公开制度（涉及商业秘密除外）、财务公开制度、纠纷裁决制度等基本没有涉及，在指引中应将其纳入其中。

所谓"细致"，是指政府指引应当注重细节，力求程序化、精细化。由于细化的程序性规则缺失，行业协会运作的随意、不规范就是情理之中的事情。立法过于粗略虽然不是行业协会法人治理不佳的全部原因，甚至也不是决定性原因，但它却是影响行业协会治理效果的重要因素。因此，我们认为，政府制定的指引规则一方面要指出行业协会发展的方向和目标，同时也要为行业协会画出达到目标的具体路线图，即要对行业协会治理的具体步骤、方式、方法、时间、空间等程序性规则加以明确，从而真正使缺乏自治传统和经验的行业协会在实现内部治理时有章可循，引导它们走上规范运行的道路，从而实现政府对行业协会培育的目的。

（三）指引性规则须注重全面推进与重点引导相结合

由于各行业协会发展的历史背景与过程、自身建设状况存在差异，所以制定发展政策与措施时，应根据各自的实际情况而有所区别，避免一刀切。因此，规范和完善行业协会的法人治理机制既要有理想的模式设计，又必须从各地行业协会的实际情况出发，充分考虑现阶段行业协会能力和水平不足的客观现实。要设定一定的发展目标，同时又要允许各个不同行业协会根据自身情况，选择不同的模式和发展路径，分阶段、分步骤地推进行业协会的整体发展。可以选择一批条件相对成熟的行业协会进行试点，引进先进模式，积累改革经验，完善相应措施。然后，在此基础上，逐步对所有行业协会进行调整规范。

如果以国际通行标准来衡量我国行业协会的发展，则目前行业协会治理情况呈现出橄榄形。治理很好的和治理很差的居于橄榄的两端，都比较少，大部分处于两可之间。我们认为，政府对协会治理的培育应在全面推进的基础上，重点选择治理情况一般的行业协会来试点。当然试点的选择也应当充分尊重行业协会的自愿。政府可以考虑通过与行业协会签订治理协议的方式进行。政府以提供一定资金援助、办公场所、承包服务、职能转移为对价换取行业协会规范运行的承诺。同时，政府在培育中也要尊重行业协会的自治，引导的重点在于程序上的引导而非实体上的引导，以免出现漠视行业协会自身情况以及扼杀行业协会创新精神的现象。

二　进一步健全协会治理结构

健全而完善的行业协会法人治理受多种因素的影响，需要政府、行业和其他利益相关者的相互配合。例如，政府需要从行业协会的绝对自治领域退出、出资者不得以出资为由干预行业协会的活动等。但归根结底，影响行业协会法人治理的关键因素仍在行业协会内部的组织机构和运行机制是否合理。从深圳市企业评价协会的评估结果看，各行业协会的组织机构仍有待于进一步完善，需要在"会员（代表）大会—理事会（常务理事会）—监事会—秘书处"的组织体系下，明确会长、副会长、理事、常务理事以及秘书长等各个领导人员的法律地位、权责。申言如下：

（一）增强会员（代表）大会的行为能力

行业协会实行会员制，是全体会员组成的行业共同体，因此会员大会是当然的行业协会最高权力机关。作为非营利组织，行业协会实行会员一律平等的原则，所有会员皆可自由地对协会内部事务发表自己的看法，不受经济规模或市场知名度等影响。在会员人数众多、分布地域分散的情况下，会员大会的权力可以由会员代表大会来行使。由此，会员代表的代表性和产生程序便成为提高会员代表大会行为能力的关键。

为确保行业协会的内部民主，会员代表应由全体会员选举而产生。根据会员一律平等的原则，所有会员都平等地享有选举权和被选举权。我们认为会员代表应实行差额选举。具体而言，全体会员推荐出若干代表候选人，然后再以候选人得票高低最终确定代表人员，组成与协会规模相适应的会员代表大会。在投票规则的设计上，应综合考量会员所分布的地域和会员影响力（经济规模、市场知名度等），从而保证会员代表的代表性，使得力量弱小的会员也能够有表达自身意愿的机会。

（二）完善（常务）理事会的治理功能

（常务）理事会作为会员（代表）大会的执行机构，肩负对行业协会的部分事项进行决策的职责，因而构成了整个行业协会的领导核心，应当建立有效的配套机制防止理事会不"理"事。

1. 科学确定理事会成员的数量和组织结构

理事会会议是理事会发挥作用的主要形式。"理事会会议的目标是将不同的声音转化为组织的共识，这个过程充满了分歧、磋商、妥协，最终形成统一。"① 由于"过少的人不利于产生新的意见和意见形成的碰撞，而过多的人则不利于集中建议和达成共识"②，这决定了理事会成员数量及结构必须合理，这是理事会发挥作用的基础。有学者认为，理事会的规模和组织价值之间存在负相关关系，规模小的理事会比规模大的理事会更有效。③ 我们认为，理事会的会议要兼顾民主和效率，并非成员数量越少越好，否则会造成寡头治理甚至独裁。理事会的规模应当适中，以可以充分讨论所议事项为限。

2. 建立理事"决策不当"的赔偿责任机制

理事由会员大会或者代表大会选举产生，和会员之间形成委托—代理关系，以实现被代理人（即会员）的利益为目标。理事的专业知识水平、管理经验和个人职业操守会对理事会的治理产生直接影响，故而合格的理事对于完善行业协会内部治理尤为重要。我们认为，理事应当秉持善良、勤勉、谨慎的态度妥善处理协会事务，将协会利益置于个人利益之上，不得从事私分协会财产等危害行业协会利益之事。为了确保理事尽到上述善良管理人职责，针对理事"决策不当"给行业协会造成的损害，应当建立必要机制督促理事对其失职行为予以补救，④ 如施行公开承认错误、引咎辞职、以及承担因故意或者重大过失给行业协会造成财产损害的赔偿责任等措施。

---

① 张澧生：《社会组织治理研究》，北京理工大学出版社 2015 年版，第 130 页。
② 同上。
③ See David, "Higher Market Valuation of Companies with a Small Board of Directors", *Journal of Financial Economics*, Vol. 40, No. 1, 1996, pp. 185 –212.
④ 张澧生：《社会组织治理研究》，北京理工大学出版社 2015 年版，第 130 页。

3. 明晰理事会会议的运行规则和决策程序

行业协会理事会会议是民主决策机制，以"合议"的方式进行决策。为确保理事会会议能够科学高效地运行，建立合理的会议运行机制尤为重要。首先，防止理事会虚置不"理"事的前提是理事会会议必须定期召开，开会的频次可由行业协会依据自身规模通过章程加以明确；其次，理事会决策必须遵从合议制的基本规则，即少数服从多数，据此，理事会决议的有效性取决于两个过半数，即过半数以上的理事出席会议和出席会议的理事过半数同意决议（各行业协会可在章程中依据协会特点和事项的重要程度对"过半数"做出具体规定，可以是1/2，也可以是2/3，亦可以是3/4或者4/5等）；最后，就决策流程而言，可以参照罗伯特议事规则对会议各环节做出具体安排，在尊重多数决的基础上不忽视少数派的意见，以防"民主的暴政"。

4. 建立专门委员会机制

随着行业协会职能的进一步拓展，其工作的专业化、职业化程度逐步增强。专门委员会顺势成为理事会运行的重要机制，主要负责解决某类具体问题或从事某种专业工作。随着各行业的不断发展以及协会职能的不断扩张，这些专门委员会的分工将不断细化，新的专门委员会将顺应这种趋势不断增加。当然，这些专门委员会也不是越多越好，还应注意机构数量与业务范围和数量相适应，要防止机构臃肿和效率低下。

（三）完善行业协会内部治理的监督机制

监督机制的缺失或者虚置是这次深圳市行业协会评估所反映的突出问题之一。法国启蒙运动的核心人物之一孟德斯鸠曾向我们发出警世恒言："一切有权力的人都容易滥用权力，这是万古不变的一条经验。有权力的人使用权力一直到遇有界限的地方才休止。……要防止滥用权力，就必须以权力约束权力。"[①] 在行业协会内部治理的组织架构中，理事会作为协会成员的代理人执行会员（代表）大会的决策并对行业协会的重要事项行使决策权，需对行

---

① ［法］孟德斯鸠：《论法的精神》，张雁深译，商务印书馆1959年版，第184页。

业协会的事务勤勉尽责。然而，理性经济人的假设和权力的本质在提醒我们，应当通过有效的外在监督机制预防理事会滥用职权谋一己私利。这种外在监督机制主要指向监事会，监事会作为行业协会的专职监督机关，行使对理事会及秘书处的监督权，是以权力制约权力的要求。因此，健全监事会制度是完善行业协会内部治理的应有之义。

第一，从监事会成员的产生程序和任职资格看，监事会成员由会员（代表）大会选举产生，鉴于监事会的基本职能是以成员代表的身份监督理事会的决策和执行活动，为切实保证监事会能够真正代表会员利益并实施有效监督，协会理事以上人员不得担任监事会主席、副主席和监事。监事的报酬应当由会员（代表）大会决定，而非理事会或秘书处决定，以防理事会或者秘书处对其监督工作施压。此外，行业协会可以根据自身需要聘请独立监事，以加强监督权的独立性。

第二，就监事会行使监督权的方式而言，应当具有多样性，不仅可列席协会理事会、常务理事会、会长办公会及秘书处办公会等会议，而且对协会各级组织会议形成的决议具有建议和督导执行权，对协会开展的重大活动及财务收支等具有指导与监督权，对协会在运行过程中出现的较大问题或偏差应及时召开监事会议研究处置意见，并督导相关执行机构采取有效措施进行纠正或调整。

第三，监事会的主要职责范围是以财务活动为重点，监督理事和管理人员有无违反法律法规和组织章程的情况，检查组织业务、财务状况和查阅账簿及其他会计资料，负责核查理事会提交给会员（代表）大会的财务资料和工作报告；监督并纠正会长、副会长、秘书长履行职责过程中损害行业协会的行为，情节严重的提出罢免建议。

（四）完善秘书长任用制度

秘书长是行业协会日常工作的负责人，对行业协会发展意义重大。秘书长是"董事会聘请以实现理事会政策的人，除了贯彻董事会的决议之外，其主要功能是以职员的最高上司之身份来引领整个组织，并对机构的经营成败负最终的责任"①，是行业协会的代言人。由于目前还有较多的协会秘书长不是通过聘请方式产生的，他们或曾是政府工作人员，或与政府部门有着千丝万缕的联系，或是某会员企业委派而来，加之一些协会很少召开理事会和会员大会，又缺乏监事会，所以原本是办事机构的秘书处却在一定程度上成了协会的决策机构。因此，从执行机构的专业性要求出发，行业协会应当建立秘书长聘任制度，通过公开招聘的方式选择专业人才出任秘书长，并明确秘书长的职责，建立激励、考核和监督等机制，最大限度地发挥秘书长的作用。②

三　进一步完善行业协会内部运行机制

如果说合理的组织机构设置和权力配置是行业协会内部治理的骨骼，而组织机构及其权力运行所依赖的制度则是行业协会内部治理的灵魂。完善行业协会的内部治理，行业协会必须加强内部管理，遵纪守法，严格按照各项管理制度办事，要建立规范的、真正体现自主和自治原则的各项规章制度和内部管理制度，重大事项报告制度、会员管理制度、财务管理制度、秘书处工作制度等，强化内部管理；并通过会员企业共同制定行约行规，使协会的各项工作都有章可循，在规范行业内企业行为的同时有效保障行业协会的规范运作。这些管理制度的颁布和实施将有利于提升行业协会的整体运作能力，增强行业协会的凝聚力。③换言之，各行业协会应严格按照协会章程，加强制度化建设，建立健全选举、会员代表大会、理事会、监事会、财务管理以及分支机构、代表机构管理、重大活动报告、会员管理等内部治理制度，形成民主选举、民主决策、民

---

① 参见张澧生《社会组织治理研究》，北京理工大学出版社 2015 年版，第 128 页。
② 参见周俊《社会组织管理》，中国人民大学出版社 2015 年版，第 152 页。
③ 一套科学规范的管理制度能够使行业协会有序高效地开展各项工作。因此，国内一些组织机构完善、运作良好的行业协会，如温州服装商会，不仅制定了详细的章程和行规约，还制定了会长办公会议制度、理事（常务理事）会议制度、办公工作制度、财务管理制度等各种自律制度，走上了整体运作制度化和规范化的轨道。这些异地经验很值得深圳借鉴。参见武汉现代商会建设课题组 2004 年调研报告《武汉行业协会的发展——现状、问题及对策》第六部分"异地行业协会的发展及启示"之"温州行业协会的发展概况"。

主管理、民主监督，独立自主、依法办会、规范有序的运作机制，激发行业协会的活力。

（一）选举制度

行业自治的本质在于成员的自我治理、自我发展和自负其责。很多行业协会会员数量众多和分布地域广泛，决定了行业自治只能通过代表的方式而实现，因而民主选举就成了实现行业自治的基本前提。在行业协会的治理中，民主选举应用极为广泛：实行会员代表大会制的行业协会，应首先由全体会员选举产生会员代表组成会员代表大会；会员（代表）大会选举产生理事和监事分别组成理事会和监事会；此外，会长、副会长、理事长、秘书长等领导班子成员亦要通过选举机制产生。因此，选举制度的设置是否合理在一定程度上决定了行业自治的合法性及民主基础。一般而言，会员数量较少的协会通常采取直接选举的方式产生会长、副会长、理事长、秘书长、理事和监事等；会员数量较多的协会则通过会员代表大会进行间接选举。此外，行业协会的选举还应遵循民主选举的一般原则：

1. 公开选举

所谓公开选举，包括两方面内容：其一是选举对象的公开，即将所要选举产生的职位以及候选人的基本信息告知所有成员；其二是选举过程的公开，即应当在选举之前将选举的时间、地点以及议程、讨论事项提前告知会员，以确保各会员充分行使其民主权利。在间接选举的情况下，还应当将选举过程全程录像或者通过其他方式让其他未能行使投票权的会员远程观察和监督选举过程。

2. 普遍选举

普遍选举是民主选举的重要原则，在政治国家治理中意味着所有达到法定年龄的公民不分民族、种族、性别、职业、家庭出身、宗教信仰、教育程度、财产状况、居住期限都享有选举权和被选举权。同理，行业协会治理中的普遍选举，则要求所有会员都有权参与选举，也有权被选举为会长、副会长、理事长、秘书长、理事和监事，而无论其经济规模、市场知名度和其他条件。

3. 平等选举

"一人一票，一票一权"是平等选举的精髓。根据《公司法》，在公司治理中，表决权行使存在三种不同方式：（1）按出资比例行使表决权，适用于股东会做出决议时；（2）一人一票，适用于董事会做决议；（3）累计投票制，即享有的表决权数等于所持有的股票数乘以待选的董事或监事人数。与公司的营利性不同，行业协会只有会员而无股东，会员无须对行业协会出资。尽管会员需要缴纳会费，但是行业协会作为非营利性的经济团体，其治理应当以民主为基础，为避免行业协会被个别经济实力雄厚的会员控制并确保中小会员利益，行业协会的选举应采取平等选举的规则。

4. 差额选举

行业协会的民主选举应通过民主提名候选人和候选人发表竞选演说等手段实行差额制。与等额选举相比，差额选举的优点在于：在候选人之间形成了相应的竞争，为选民行使选举权提供了选择的余地，有助于选民了解候选人，也有利于人才的选拔，使优秀人才得以脱颖而出。同时为了防止差额选举中容易发生的虚假宣传、贿选等情况，应严格遵循选举程序并允许会员对选举结果提出异议。

5. 无记名投票

行业协会的选举表决应采取无记名投票的方式。无记名投票又称秘密选举，是指选民不用在选票上署名，只需亲自书写选票并将已填好的选票投入密封的投票箱或以直接按电子表决器的形式自由表达选民意志，而由机器秘密统计投票结果。秘密投票有利于会员更真实地表达自己的意愿。

（二）会议制度与议事规则（表决制度）

行业协会的会议制度和议事规则是否应纳入立法的调整范围，还是交由行业协会自己决定，在学理上有一定的争议。就国外的做法来看，《美国非营利法人示范法》（1987 年）对非营利法人的选举制度、会议制度、表决制度等都做了规定；《日本商工会议所法》对会议制度与表决制度规定得比较严密，也为亚洲许多国家所效仿。该法第 45 条规定："会长须依章程规定，在每一事业年度内，至少召集一次通常议员大会；会长认为必要时，得依章程规定，随时召集临时议员大会；议员征得全体议员的 1/5 以上的同意，向会长提交记载有会议目的事项及召集理由的书面文件，请求召集议员大会时，会长自该请求之日起 30 日以内，必须召集临时议员大会；召集议员大会的场合，至少在会期的 7 日前，必须向各议员就会议目的的事项、日期及场所发出通知。"第 48 条规定："议员大会，除本法中有特别规定的场合外，非有全体议员的 1/3 以上人数出席，不得开会、表决；议员大会的议事，除本法中有特别规定的场合外，由出席者的过半数做出决议，可否同数时，由议长决定；议员大会的议员表决权或者选举权，各为一个；在议员大会上，只限对依第 45 条第 4 项规定预先通知的事项议决。但出席者的 2/3 以上人数同意的场合，不在此限。"第 49 条规定："以下所列事项，必须在议员大会上由全体议员的半数以上出席、且由出席者的 2/3 以上的多数做出决议：章程的变更；解散；会员的除名；议员的解任。"

我国不少地方立法对行业协会的会议制度和议事规则（表决制度）均做出了较为全面的规定。例如，《湖北省发展和规范行业协会暂行办法》第 13 条规定："行业协会每年应召开一次会员会议或会员代表会议。理事会认为有必要或经五分之一以上会员或会员代表提议，可以召开临时会员会议或临时会员代表会议。"第 14 条规定："理事不得超过会员或会员代表数的三分之一。理事会每年至少应召开一次会议。理事超过 50 人的应设立常务理事会。常务理事会在理事会闭会期间行使理事会的部分职权，对理事会负责。常务理事不得超过理事的三分之一。常务理事会至少每半年应召开一次会议。"第 15 条规定："理事会或常务理事会会议由会长或副会长召集和主持，到会的理事或常务理事不得少于总数的三分之二。三分之一以上的理事或常务理事提议召开理事会或常务理事会会议的，应当召开理事会或常务理事会会议。"

《深圳经济特区行业协会条例》（1999 年）第 16 条规定："会员大会依章程规定召开。理事会认为有必要或经五分之一以上的会员请求，可召集临时会员大会。"第17条规定："会员大会或会员代表大会须全体会员或全体会员代表过半数出席方能举行。会员大会或会员代表大会的决议，必须经出席会员大会或会员代表大会二分之一以上会员或会员代表赞成方能生效。对下列事项作出决议，必须经出席会员大会或会员代表大会三分之二以上会员通过：行业协会章程的修改；会员的除名；会长、副会长、理事、监事的选举、罢免；行业协会的解散与清算。"第18条规定："行业协会设理事会。理事会为会员大会或会员代表大会的常设机构。理事会依照会员大会或会员代表大会的决议和行业协会章程履行职责。"第21条规定："理事会会议每一年至少召开一次，常务理事会会议每一年至少召开二次。依行业协会章程规定可召集临时理事会、常务理事会会议。"

我们认为，行业协会的运行机制是直接影响其运行绩效的重要因素，立法应对会议制度和议事规则做出指导性规定。近年来，实践中已发生部分行业协会利用法律对这些制度没有强制规定，恶意架空会员大会地位，拒绝换届等实例，对会议制度和表决制度做出规定有利于运用程序来保障会员的合法权益。同时，为充分保障行业协会的自治空间，法律也不宜对这些制度限制太多或规制太深，避免遏制行业协会活力的现象产生。

（三）财务管理制度

行业协会要根据《民间非营利组织会计制度》建立健全财务管理、会计核算制度，重点落实会员大会或会员代表大会、监事会等机构对行业协会资产管理和资金使用的决定权和监督权。

1. 行业协会的经费来源与支出

依照我国地方立法对行业协会经费收支的规定，行业协会的经费来源一般由以下几个部分组成：会费、服务所得、政府拨款、社会捐赠、政府购买服务等；经费支出主要有开展活动所需管理费、活动费、财务支出、劳务支出、资料费等。会费和政府资助是行业协会主要的经费来源，但我国大部分地方立法并未对会费的收取标准与方式进行规范，也未完全树立起政府购买服务这一主要资助手段的意识。如《上海市促进行业协会发展规定》

第 19 条①、《威海市行业协会管理办法》第 34 条②、《无锡市促进行业协会发展条例》第 10 条③、《温州市行业协会管理办法》第 40 条④、《扬州市行业协会管理暂行办法》第 24 条⑤、《江西省人民政府办公厅关于印发〈加快推进行业协会商会改革和发展实施意见〉的通知》第 5 条⑥等。

　　我国对行业协会是否可以进行营利性经营活动存在争议，也体现在立法的不一致上。如《社会团体登记管理条例》（2016 年修正版）第 4 条规定："社会团体不得从事营利性经营活动。"同时第 33 条第（6）项对"从事营利性活动"做了禁止性规定，可以由登记管理机关给予警告、责令改正，可以限期停止活动，并可以责令撤换直接负责的主管人员；情节严重的，予以撤销登记；构成犯罪的，依法追究刑事责任。但是，《民政部、国家工商行政管理局关于社会团体开展经营活动有关问题的通知》（1995 年）中却肯定了具有社会团体法人资格的社会团体（基金会除外）可以开展经营活动，该通知规定："可以投资设立法人，也可设立非法人的经营机构，但不得以社会团体自身的名义进行经营活动；

---

　　① 《上海市促进行业协会发展规定》第 19 条："行业协会可以通过收取会费、接受捐赠、开展服务等途径，筹措活动经费。行业协会的会费标准，由行业协会会员大会或者会员代表大会决议确定。经费使用应当限于行业协会章程规定的范围，并接受会员及政府有关工作部门的监督。"

　　② 《威海市行业协会管理办法》第 34 条："行业协会不以营利为目的，但可以通过下列途径筹集活动经费：（一）收取会费；（二）接受捐赠、资助；（三）依法开展有偿服务；（四）法律、法规和规章规定的其他合法途径。"

　　③ 《无锡市促进行业协会发展条例》第 10 条："行业协会可以通过收取会费、接受捐赠、开展服务等途径，筹措活动经费。行业协会的会费标准，由行业协会会员大会或者会员代表大会决议确定。经费使用应当限于行业协会章程规定的范围，并接受会员及政府有关工作部门的监督。"

　　④ 《温州市行业协会管理办法》第 40 条："行业协会经费主要有下列来源：（一）会费；（二）捐赠、资助；（三）接受委托工作所得经费和服务收入。"

　　⑤ 《扬州市行业协会管理暂行办法》第 24 条："行业协会的经费来源：（一）会员交纳的会费；（二）从事政府及其部门委托的事务所获得的报酬；（三）在章程规定范围内开展服务的收入；（四）政府资助、社会捐赠；（五）其他合法收入。"

　　⑥ 《江西省人民政府办公厅关于印发〈加快推进行业协会商会改革和发展实施意见〉的通知》第 5 条："会费收取标准和办法由行业协会自主确定，经会员大会（会员代表大会）半数以上代表同意后方能生效。行业协会不得从事以营利为目的的经营活动，依法所得不得在会员中分配、不得投入会员企业进行营利。"

必须经过工商行政管理部门登记注册，并领取《企业法人营业执照》或者《营业执照》；其经营范围应与社会团体设立的宗旨相适应。"

在日本，根据 1996 年 9 月 20 日通过的《建立和指导非营利团体管理的标准》，公益团体可以进行营利性活动，但必须符合下列条件：（1）商业活动所得利润不应超过总收入的一半；（2）该营利活动不能有损组织的社会信誉；（3）该营利活动获得的超过正常管理活动费用的收入必须用于公益活动；（4）营利性活动不可妨碍公益活动。在美国，联邦税法对于非营利组织的特定业务活动有着严格限制，对与组织宗旨相关的或不相关的业务活动做了明确规定。如果有关商业活动与组织的宗旨没有"实质相关"并具有经营性特征，而且该活动是经常性的，那么这种活动应被视为是不相关的商业活动，是不能免税的。① 因此，各国基本上都是通过立法对其可能获得利润的不相关的商业性活动施加种种限制（包括收入比例的限制、活动性质的限制和收入用途的限制等），来确认特定组织的非营利性特征。

总体而言，我国现行立法对行业协会的经费来源和使用问题规定较少，容易造成会费收取不规范、行业协会资金窘迫无法开展活动等问题。立法应当进一步明确行业协会的服务收费规定以及政府购买行业协会服务的范围、购买对象、购买的程序、对提供的服务进行评估以及费用支付等。此外，要注意行业协会经费来源多元化并不意味着行业协会可以乱收费，对各项收入应进行公开和财务审计。

同时，立法应当明确行业协会的"非营利性"，并分清不同情况予以规制。行业协会"非营利性"并非指行业协会不能从事营利行为，只是禁止行业协会将获得的利润和收入分配给成员，不得以追求利润最大化为目的。建议立法将可能获得利润的商业活动按照其与行业协会的宗旨的关系不同分为相关的商业活动和不相关的商业活动，对于相关的商业活动，限制可以相对宽松；对于不相关的

---

① 转引自王继远《个体慈善捐赠行为立法初探》，《长春理工大学学报》（社会科学版）2009 年第 1 期。

商业活动，应禁止实施或课税。

2. 行业协会的财务管理

行业协会财务信息是否透明、规范直接取决于行业协会开展的会计核算工作是否规范、有效。在美国，公立非营利组织（如公立或政府举办的学校、医院等）的会计规范由政府会计准则委员会（GASB）负责制定和发布，私立非营利组织（如私立学校、医院等）的会计规范由财务会计准则委员会（FASB）负责制定和发布。美国 FASB 发布的第 116 号会计准则公告《捐款收入和捐款支出的会计处理》、第 117 号会计准则公告《非营利组织的财务报表》及财务会计概念公告第四辑《非营利组织编制财务报告的目的》，对完善我国行业协会会计制度具有较强的借鉴价值。

我国立法对行业协会财务管理事务也做出了规定。如《社会团体登记管理条例》（2016 年修正版）第 26 条规定："社会团体的经费，以及开展章程规定的活动按照国家有关规定所取得的合法收入，必须用于章程规定的业务活动，不得在会员中分配。社会团体接受捐赠、资助，必须符合章程规定的宗旨和业务范围，必须根据与捐赠人、资助人约定的期限、方式和合法用途使用。社会团体应当向业务主管单位报告接受、使用捐赠、资助的有关情况，并应当将有关情况以适当方式向社会公布。"第 27 条规定："社会团体必须执行国家规定的财务管理制度，接受财政部门的监督；资产来源属于国家拨款或者社会捐赠、资助的，还应当接受审计机关的监督。"财政部于 2004 年 8 月 18 日颁布了专门针对民间非营利组织财务特点设计的会计核算制度——《民间非营利组织会计制度》，但规章并未涉及政府购买以及劳务捐赠等事项，致使许多行业协会依据《民间非营利组织会计制度》出具的年度财务报表仍然存在着不同程度的问题。

各地立法对行业协会的财务管理也依照《社会团体登记管理条例》的规定或精神做出了详细的规定，如《上海市促进行业协会发展规定》第 18 条；《陕西工商领域协会（商会）管理暂行办法》第 22 条；《汕头市行业协会暂行办法》第四章第 22 条至第 25 条；《威海市行业协会管理办法》第 34 条至第 37 条等。

总体来看，我国行业协会的财务资产管理内容主要有：（1）合法收入必须用于章程规定的业务活动，不得在会员中分配。（2）接受捐赠、资助，必须符合章程规定的宗旨和业务范围，必须根据与捐赠人、资助人约定的期限、方式和合法用途使用。社会团体应当向业务主管单位报告接受、使用捐赠、资助的有关情况，并应当将有关情况以适当方式向社会公布。（3）行业协会会员退会或者被除名时，不得要求行业协会退还已交纳的会费和捐赠、资助的财产。（4）行业协会必须执行国家规定的财务管理制度。行业协会的经费使用，应当遵循本行业协会章程的有关规定，并接受会员及政府有关工作部门的监督，财务分开。（5）行业协会不得与行政机关会计合账或实行财务集中管理。

我们建议通过立法加强对行业协会的经费和财务管理，明确行业协会的经费来源，规范其经费支出，确立行业协会财产的独立性，健全行业协会经费的财务管理和监督制度，如信息披露制度等，确保财务信息透明、公开，防范任何单位或个人特别是其监管机构、协会管理或负责人员对其财产的侵占或挪用行为。

（四）人事激励与问责机制

管理人员激励与问责机制的缺失是阻碍行业协会改善治理水平的重要原因之一。目前，关于行业协会理事、监事和管理人员的激励，唯一可资适用的依据是《社会团体登记管理条例》（2016 年修正版）第 26 条第 4 款："社会团体专职工作人员的工资和保险福利待遇，参照国家对事业单位的有关规定执行。"除此之外，如何对行业协会理事、监事和管理人员进行行业绩考核、评价、激励和问责，在立法上、制度建设上尚属于空白，急需填补。①

1. 建立健全适合行业协会的人才激励机制

行业协会是非营利性社会组织，对于其理事、监事和管理人员不宜采取物质激励，而应当以参与型激励或者符号性激励为主：参与型激励是指组织成员在参与组织活动中以各种无形的回报为主的激励类型，如个人建议被充分尊重或工作自由度高等；符号性激励

---

① 参见余晖编《中国社会组织的发展与转型》，中国财富出版社 2014 年版，第 265、277 页。

是指满足职业理想、社会声望等作为回报。① 这就需要提高行业协会的法律、政治和社会地位，以保证在社会事业方面做出突出贡献的人能够获得政治上的激励。②

中共中央办公厅、国务院办公厅于 2016 年 8 月 21 日印发的《关于改革社会组织管理制度　促进社会组织健康有序发展的意见》（以下简称 8·21《意见》）体现了对行业协会人才激励机制的要求，即"把社会组织人才工作纳入国家人才工作体系，对社会组织的专业技术人员执行与相关行业相同的职业资格、注册考核、职称评定政策，对符合条件的社会组织专门人才给予相关补贴，将社会组织人才纳入国家专业技术人才知识更新工程。……积极向国际组织推荐具备国际视野的社会组织人才。有关部门和群团组织要将社会组织及其从业人员纳入有关表彰奖励推荐范围"。同时，要求"民政部、人力资源社会保障部要会同有关部门研究制定加强社会组织人才工作的意见"。

在这一方面，深圳市的做法值得推广。《深圳市社会组织发展"十二五"规划》就提出："建立社会组织人才参政议政的平台，提高社会组织的社会和政治地位。适当增加社会组织代表人士在我市各级党代表、人大代表的比例和数量，在政协设立社会组织的功能界别，在选举我市各级党代表、人大代表、推选政协委员时，探索个别界别的人大代表、政协委员由社会组织推选产生。鼓励社会组织中优秀人才积极参政议政，探索建立重大公共决策社会组织参与和利益表达机制以及支持和鼓励社会组织参与辖区建设联席会议制度，支持和鼓励社会组织开展社区服务、参与辖区的建设、管理和民主决策。"

2. 完善人事问责制度

（1）承担责任的主体

根据我国现行立法，行业协会不仅是法律规范的对象，也是法

---

① 参见郑琦、乔昆《完善社会组织从业人员的激励机制》，《社团管理研究》2011年第 12 期。

② 参见余晖编《中国社会组织的发展与转型》，中国财富出版社 2014 年版，第265、277 页。

定的责任主体，而实际掌控着行业协会管理权和控制权的理事、监事和管理人员却不是法定的责任主体，这就导致一旦违规违法行为发生，受处罚的只是行业协会而已，而真正做出违法违规决定或执行违法违规行为的理事、监事和管理人员则置身事外。这种"做错事却不用受惩罚"的制度使得行业协会的理事、监事和管理人员免予责任的约束，无法督促其履行对行业协会的勤勉义务。

8·21《意见》指出，"加强对社会组织负责人的管理。民政部门会同有关部门建立社会组织负责人任职、约谈、警告、责令撤换、从业禁止等管理制度，落实法定代表人离任审计制度。建立负责人不良行为记录档案，强化社会组织负责人过错责任追究，对严重违法违规的，责令撤换并依法依规追究责任。推行社会组织负责人任职前公示制度、法定代表人述职制度"。因此，今后立法完善应在法律责任的追究方面转变做法，即不再将行业协会作为单一的责任主体，而应当把行业协会的理事、监事和管理人员作为承担法律责任的主体。①

（2）承担责任的情形

综合我国各地地方性法规和政府规章的规定来看，行业协会应当承担法律责任的情形主要有四类：

第一，与市场竞争有关的情形，如行业协会组织本行业的经营者从事法律禁止的垄断行为；利用制定行业规则或者其他方式垄断市场，妨碍公平竞争；开展与本行业经营业务相同的营利性经营活动等。

第二，与其经费有关的情形，如违反法律、法规和章程的规定向会员收费或者摊派；以行使职能和开展上述委托工作的名义，向会员或其他企业收费；对收费的项目，未按国家有关规定报批；接受捐赠的实物，没有作价入账；违反国家有关规定收取费用、筹集资金或侵占、私分、挪用行业协会资产、捐赠、资助等。

第三，与行使职能有关的情形，如采取维持价格、限制产量、市场分割等方式限制会员开展正当的经营活动或者参与其他社会活

---

① 参见余晖编《中国社会组织的发展与转型》，中国财富出版社2014年版，第277页。

动；行业协会违法违规强制企业入会、强行提供收费服务；未按照规定履行批准程序举办评比达标表彰活动，或者内部管理混乱或一年内不能正常开展活动等。

第四，其他情形，如涂改、出租、出借《社会团体法人登记证书》，或者出租、出借行业协会印章的；非会员的单位和个人认为行业协会的有关措施损害其合法权益的；等等。

从法治统一的角度，我们认为中央层面应参考上述关于行业协会承担责任的规定，对行业协会禁止性行为做出全面、统一的规定，有利于更好地规范各地行业协会的行为，更好地保护会员的合法权益。另外，建议增加对于行业协会不作为情况下的禁止性规定。

（3）承担责任的方式

根据我国《社会团体登记管理条例》（2016 年修正版）第 29 条至第 34 条的规定，对行业协会的处罚方式有：责令改正、限期停止活动、责令撤换直接负责的主管人员、撤销登记、罚款（单位罚）、没收非法财产、追究刑事责任等。从各地地方性法规和政府规章的规定可以看出，行业协会等责任主体承担责任的方式大多与该条例规定一致，如《南京市行业协会管理办法》第 23 条至第 25 条；《湖北省发展和规范行业协会暂行办法》第 37 条至第 39 条；《山东省实施〈社会团体登记管理条例〉办法》第 41 条至第 47 条；《山西省工商领域行业协会管理办法》第 8 条等。

但《社会团体登记管理条例》（2016 年修正版）没有规定对行业协会相关责任人的处罚方式，各地地方性法规和政府规章也没有对责任承担方式的幅度做出规定，如罚款的起点与限额。只有部分地方立法明确了责任处罚方式及处罚幅度，如《广东省行业协会条例》第 36 条规定："……前款规定的行为有违法经营额或者违法所得的，予以没收，并处违法经营额一倍以上三倍以下或者违法所得三倍以上五倍以下的罚款。"第 37 条规定："行业协会会长、副会长、理事、监事、秘书长以及工作人员私分、侵占、挪用行业协会财产的，应当退还，并按章程的规定处分；构成犯罪的，依法追究刑事责任。"

为敦促行业协会的主管人员勤于职守，我们建议对行业协会实行双罚制，既惩罚行业协会，又惩罚具体责任人。可借鉴《日本商工会议所法》第 90 条的规定："法人的代表人或者法人或个人的代理人、使用人及其他从业者，就法人或个人的业务，有第 87 条至前条的违反行为时，除处罚行为人外，对该法人或个人处各本条的罚金刑。"同时为增强执法规范性，还应明确处罚方式、处罚幅度和处罚程序。

（五）会员管理制度

会员管理制度之完善主要包括会员入会、会员的权利和义务及其救济等方面：

1. 会员入会

我国的相关法律并未统一规定会员入会应取得怎样的资格以及入会的方式（自愿入会还是强制入会）。

关于会员入会的资格。从目前各地地方性法规和政府规章来看，一般都没有对会员入会的资格规定过多限制性条件，大多只要求是当地依法成立、取得营业执照的企业、愿意按时交纳会费即可入会。如《深圳经济特区行业协会条例》（1999 年）第 11 条规定："同一行业内的经济组织和个体工商户，依法成立并领取营业执照，承认本行业协会章程并缴纳会费，经申请批准均可成为该行业协会会员。兼营两种以上行业的，可以分别加入各行业协会。"《上海市行业协会暂行办法》第 17 条规定："在本市取得营业执照的企业、个体工商户和其他经济组织可以申请加入相关的行业协会。与这一行业相关的本市高等院校、科研机构也可以申请加入行业协会。兼营两种以上行业业务的企业，可以分别申请加入两个以上相关的行业协会。在本市设有分支机构、连续营业 6 个月以上的非本市登记的企业、个体工商户或者其他经济组织，也可以申请加入本市行业协会。"《温州行业协会管理办法》第 18 条对于会员资格则做出了禁止性规定："有下列情形之一者，不得成为行业协会会员：（一）企业处于破产整顿期内的；（二）个体工商业者被处以 6 个月拘役以上刑罚或被剥夺政治权利，刑罚执行未终了的；（三）个体工商业者无民事行为能力或限制民事行为能力的。"

关于会员入会的方式。我国各地地方性法规和政府规章都将行业协会界定为自愿组成的社团组织，同时也规定了会员的退会自由，因此可以认为我国行业协会实行的是自愿入会的方式，而强制入会的方式一般只应存在于法律明确规定法定入会制的职业协会以及一些全国性的行业协会。如《上海市行业协会暂行办法》第16条规定："行业协会应当遵循自主办会的原则，实行自愿入会……"而第20条（适用例外）规定："关于自愿入会的规定，不适用于经济鉴证类中介机构等实行当然会员制的行业协会。"《黑龙江省促进行业协会发展规定》第12条规定："行业协会章程不得规定非经自愿申请具备行业准入条件的即为会员。"第25条更进一步规定："以章程规定或者其他方式强制入会的、以强制入会等违法方式收取会费或者超标准收取会费的。由登记管理机关给予警告，责令改正，限期停止活动；情节严重的，予以撤销登记；构成犯罪的，依法追究刑事责任。"

我们认为，在行业协会的成员资格上，一般不应设置障碍，特别是不得以所有制形式的不同或企业规模大小的不同制定入会门槛。只要相关当事人自愿并提出申请，则不论来自何地、规模大小、效益如何，均应允许其入会。企业入会可依章程的条件，而不必以行业协会立法来加以规定。当然针对有违法情形或处于特定法律程序中而不宜加入行业协会的企业，行业协会是否限制其入会应是行业协会的自主性权利，国家没有必要设置刚性的要求。同时，除了特定职业规范的要求外（如律师协会、医师协会等），行业协会不宜实行强制入会方式，自愿入会是公民或法人行使结社权的基本要求。

2. 行业协会会员权利义务及其救济

我国行业协会会员所享有的权利，总结起来主要有：出席会员大会权、选举与被选举权、监督权、接受协会提供服务权、自由退会权以及章程所规定的其他权利。如《广东省行业协会条例》第20条对会员权利的规定；《深圳经济特区行业协会条例》（2013年）第26条规定会员享有的权利。另外，有些协会章程对会员的权利义务有部分补充性的规定。如中国银行业协会于2013年9月16日通过的《中国银行业协会章程》第15条规定："会员享有下列权利：

（一）出席会员大会，并行使审议权、表决权、选举权和被选举权；
（二）要求协会维护其合法权益；（三）参加协会举办的各项活动，
获得协会提供的服务；（四）通过协会向有关部门反映意见和建议；
（五）对协会工作进行监督，有权提出意见和建议；（六）要求协会
为其保守商业机密；（七）入会自愿，退会自由；（八）会员大会决
议规定的其他权利。"其中第四、第六项是该协会会员特有的两项
权利。由此可见，在不与上位法冲突的情形下，各行业协会对其成
员的权利可以做出灵活性的规定。但我国地方立法对会员行使权利
的程序及方式较少涉及。

　　我国行业协会会员应履行的义务主要有：遵守章程、交纳会费、
遵守协议以及其他义务。如《深圳经济特区行业协会条例》（2013
年）第 27 条规定："会员应当履行下列义务：（一）遵守章程；
（二）执行行业协会决议；（三）按期交纳会费。"《上海市行业协
会暂行办法》规定行业协会有权"监督会员单位依法经营，对于违
反协会章程和行规行约，达不到质量规范、服务标准、损害消费者
合法权益、参与不正当竞争，致使行业集体形象受损的会员，行业
协会可以采取警告、业内批评、通告批评、开除会员资格等惩戒措
施，也可以建议有关行政机关依法对非会员单位的违法活动进行
处理"。

　　但是，不少地方立法忽视了对会员权益的维护和救济。《深圳
经济特区行业协会条例》（1999 年）对会员的救济有部分涉及，第
53 条规定："行业协会违反本条例和其他有关规章，擅自向会员乱
收费乱摊派的，由市政府业务主管部门和社团登记管理部门责令改
正，并没收非法所得。"但此规定仅涉及行业协会"乱收费乱摊派"
的违法行为，而且只规定了对违法行为的处理机关，至于如何启动
有关机关的监督则没有明确规定。《广东省行业协会条例》（征求意
见第四稿）规定："行业协会会员对行业协会实施行业规则、行业
自律措施或者其他决定有异议的，可以提请行业协会进行复核或者
依法提请政府有关职能部门处理。"但上述法规有一个明显的缺陷，
就是其提供的都是非法定的救济途径，如申诉、复核、提请处理
等，都没有法定的程序规定，也没有严格的救济方式规定。

我们认为，行业协会可以在章程中给予会员更多的权利，但会员的法定权利不容剥夺。在规定权利的同时，更应对权利行使的程序和方式做出细致的规定，以免会员的权利只停留在纸面上。尤其应当重视对会员权益的救济程序，除了确认当前较为常见的申诉、复核等救济程序，更应当为协会会员提供法定的救济途径，如提起诉讼的权利。

本章小结

行业协会的法人治理机制建设不单纯是政府、协会或者是企业某一方的事，而是需要三者的共同推进：政府应当主动发挥指导性作用，为行业协会的内部治理提供指引，并创造良好的治理环境；行业协会自身应当切实完善各项管理制度，推进协会治理的进一步发展；各会员企业应当积极参与并监督协会的民主运作与科学决策。只有在三方合力的促进下，行业协会的法人治理机制水平才能够得到突破性提升，行业协会也才能真正走上良性的运行轨道，在市场经济的发展中发挥其应有的积极作用。

第四章

我国行业协会自治权的权能

套用民法上的对所有权权能的界定，我们认为，行业自治权的权能，是行业协会为了实现其自治而在法律规定的界限内可以采取的各种措施和手段，是行业自治权内容的体现。[①] 就行业自治权作用的不同，我们可以将其权能分为积极权能和消极权能。所谓积极权能，是行业协会在实行行业自治时可以积极主动采取的各种措施和手段；所谓消极权能，即排除国家、其他组织和任何个人干预行业自治的权利，其多数情况下隐而不彰，只有当行业自治受到外在力量不法干扰、妨害甚至侵夺时方才出现，本质上是一种防御权，展现的是行业自治权私权利属性的一面。

行业协会自治的积极权能是本书的重点研究对象，其具体表现为哪些形式呢？与消极权能的私权利属性不同，当我们在论及行业自治的积极权能时，更多的是指行业协会针对自身运作或会务治理可以采取的手段，是凌驾于会员之上的公权力，即本书第一章所论证的社会公权力。毫无疑问，作为社会公权力，行业自治权与国家公权力一样同属于公权力的范畴，因此同样在实践中行使着与国家公权力构成相类似的"立法权""行政权"和"司法权"：行业协会的"立法权"，是指行业协会制定内部规范的权力；行业协会的"行政权"即其内部管理权，主要由对内部成员的日常管理权和奖励惩戒权而构成；行业协会的"司法权"即行业协会解决内部会员之间或者会员与协会之间纠纷的权力。概而言之，行业协会自治的积极权能主要表现为行业协会的规则制定权、日常管理权、奖励惩

---

① 参见郭明瑞主编《民法（第二版）》，高等教育出版社 2007 年版，第 231 页。

戒权和纠纷解决权。下文将分别对这四项权能展开论述。

第一节　行业协会内部规范制定权

所谓行业内部自治规范，是指"行业协会根据自治权自行制定的，调整其组织结构及行业事务的规范之和"①。规范制定权是行业协会自治权能的基本形式，规范制定权的行使及其结果直接规定了行业协会的活动范围、活动规范以及责任后果。特别是在法治化背景下，以行业协会章程、行业自律公约以及行业协会标准等为代表的行业协会内部规范性文件的作用尤为突出，完善行业协会自治规范并且不断健全行业自律规约成为行业协会发展的社会共识。规范制定权在规范行业协会发展，推动行业自律等方面发挥着基础性的权力作用。

一　行业内部规范的分类

为了规范行业协会的内部运作、实现对内部成员的有效约束，行业协会一般在成立之初便依据成员的合意制定相应的组织规则和相关内部管理制度，这是行业协会得以成立的基础，也是行业协会行使其他权力的规范依据。这些组织规则和管理制度在形式上表现为规范性文件，有章程、行规、公约、规则、规范、规程等不同名称，并可以依据内容和作用的不同分为基本组织规范、行为规范、奖惩规范和争端解决规范。这些规范或存在于一部单行的规范性文件，或分散在不同的规范性文件之中。具体而言：

（一）基本组织规范

基本组织规范是行业协会内部的"宪章"性规定，是行业协会实现民主决策与自律管理的基本保证，主要内容是关于协会的治理结构等重要事项的规定，具体包括：行业协会的名称、地址、宗旨、行业的业务范围、会员、组织机构及职权、资产管理及使用原

---

① 黎军：《基于法治的自治——行业自治规范的实证研究》，《法商研究》2006 年第 4 期。

则、章程的修改程序、终止程序及终止后的财产处理意见以及需要规定的其他事项。

（二）行为规范

行为规范俗称行规行约，是行业协会对其成员行为和内部管理提出的各项具体要求，是行业协会根据章程规定的权限和业务范围制定的有关行业某一方面的自律性具体规范，例如内部财务管理规范、会员管理规范、人事管理规范、行业标准等。各类行规行约的具体内容虽有一定差别，但其核心部分是一致的，包括协会成员共同拟定的开展生产经营活动需要遵守的行为准则，既有道德层面的，也有法律层面的；既有产品和服务质量标准或技术标准（以下统称团体标准），也有组织纪律。这里仅就团体标准展开阐述。①

团体标准是对工艺流程以及产品质量标准等的客观规范。实践中，行业协会除了要求其成员遵循国家已有的技术标准外，还可根据行业实际情况拟定高于国家标准和地方标准的团体标准，以引导与促进技术进步。特别是一些新产品或服务，若尚无国家技术标准，则行业协会制定的标准就是必不可少的，如中国家用电器维修协会于 2006 年 3 月 14 日发布了作为我国家电行业技术性标准的《房间空调器安装质量检验规范（试行）》，并于 2006 年 5 月 1 日起正式在行业内推行。团体标准是纯粹的技术规则，不涉及行为道德等方面的要求，因而其客观属性比一般行规行约更强。

（三）奖励与惩戒规范

奖励与惩戒规范，是行业协会对成员单位的行为做出肯定或否定性评价所依据的规范制度。从实践来看，相较于奖励规则，行业协会更加注重对会员惩戒制度的规定，因而惩戒性规定更为普遍。如《深圳市生态农业促进会会员自律公约》中第 14 条规定："会员单位有权向协会提出申诉，有权要求协会对违反章程、公约以及有

---

① 行业协会制定的产品和服务质量标准或技术标准，在实践中有时被称为"行业标准"，我们认为这与我国《标准化法》的规定不符，而应当使用"团体标准"更为准确。因为根据《标准化法》的明确规定，行业标准由国务院有关行政主管部门制定，并报国务院标准化行政主管部门备案，是在没有国家标准的前提下在全国某个行业范围内统一适用的技术要求，在公布国家标准之后，该项行业标准即行废止。

关法律、法规的会员单位，给予通报批评等相应处理，情节严重的，直接取消会员资格，涉嫌违法的，提交相关执法部门处理。"再如《深圳市种子同业商会会员自律公约》第 15 条规定："对行规行约执行不力的会员单位可视情节轻重分别给予批评教育、警告、行业内部通报公开曝光等处罚；情节严重的撤销其会员资格。对于严重违反本公约的非会员单位，会员单位有责任举报，商会将视情况进行调查，并将调查结果及处理意见上报有关主管部门。"我们认为，行业协会偏惩戒而轻奖励会在一定程度上削弱会员入会的积极性，长期来看不利于行业协会的成长与发展，更科学的做法应当是奖惩并用，奖罚分明。

（四）争端解决规范

争端解决规范，是在协会内部成员之间以及协会成员与协会机构之间就某事项发生意见以及利益冲突时，解决问题、平息纠纷的规则性规定。例如深圳市进出口商会制定的《深圳市进出口企业内部争议处理规则》中关于"报关""转关运输""货物通关""税收征管""减免税设备""保税监管"以及"稽查""统计"等基于进出口商会的行业特点而制定的具体规范。再如《深圳市集装箱堆场行业公约》第 20 条："公约成员单位之间发生争议时，争议各方应本着互谅互让的原则争取以协商的方式解决争议，也可以请求公约执行机构进行调解，自觉维护行业团结，维护行业整体利益。"此条便是对争端解决权的规定。

二　行业自治规范的效力

自治规范虽然不是法律，但作为一种社会规则，也必须得到实施，否则形同虚设。当然，自治规范必然不同于国家法律的实施机制。行业自治规范的效力可以区分为内部效力和外部效力。内部效力主要是指行业自治规范在行业协会内部如何被执行和遵守。外部效力则包括两个方面：其一，对于行业协会外的同业主体，行业协会的自治规范可否产生约束力？其二，如果行业自治规范不当影响到消费者的合法利益时，又如何看待其正当性？

（一）行业自治规范的内部效力

行业自治规范是行业协会成员经协商一致而达成行业内部约定，

成员服从自治规范也就是服从它自己，因此行业规范实施的理想渠道便是非强制的、自愿的自治。① 但是，制定过程中的民主性、自愿性并不能保证自治规范在执行过程中的畅通无阻，由于利益的可变性，行业自治规范制定过程中的民主性、自愿性并不意味着成员的利益总是高度一致，因此，协会与成员之间、成员与成员之间在协会运作过程中仍然不可避免地会产生利益冲突。这决定了必须辅之以一定的强制手段来确保行业自治规范的实际被遵守。实际上，行业协会成员通过民主程序制定自治规范并共同遵守，实现了"自愿"与"强制"的统一：通过民主程序制定自治规范是全体成员的自愿选择；而共同遵守则是自愿选择之后必须执行的强制后果。所以，自治规范虽然不具有国家强制力，但因其成员权利的让渡而具有内部强制性。如各行业的行规行约中一般都设立"规约管理"一章，规定一定的激励和惩治措施来保证规则的实际效用。2003 年 9月 15 日中国工业经济联合会发布的《关于规范和完善行规行约 推进行业自律的参考意见》（〔2003〕62 号）也规定，"行规行约的实施，要采取激励与约束相结合的措施。情节严重的，要采取必要的制裁措施"。如《深圳市银行特约商户人民币收单业务自律公约》第 12 条便规定："签约单位违反本公约的，经同业公会银行卡专业协调委员会查实，由同业公会依照本公约相关内容给予相应制裁。"

需要明确的是，行业内部规范的强制力相对于国家强制力而言是极为薄弱的。具体而言：第一，行业内部规范的强制性手段具有补充性，即行业内部规范的实施首先以激励、诱导性措施为主，当上述手段不足以保证会员对行业内部规范的遵守时，才辅之以必要的强制性手段。如《上海医药行业行规行约》第 16 条规定："为促进规约的执行，每年由协会常设机构组织进行检查评比活动，向协会常务理事会汇报并经同意后，对执行规约好的企业在行业内进行表彰、宣传和必要的奖励。"第二，不同于国家法律的强制手段包括对人身的、行为的、财产的、声誉的等多种强制方式，违反行业内部规范的强制手段则相对有限，如果有严重违反行业协会章程的

———————

① 参见苏西刚《社团自治及其法律界限的基本原理》，《行政法论丛》2015 年第 8卷第 1 期，第 113 页。

行为则可能导致的制裁主要是"除名";对违反行规行约的行为则一般采取"警告、业内批评、公开曝光、开除会员资格"等惩戒措施。这些强制措施从类型上说是谴责性的表现,但"这种处罚正确地说作为一种纪律措施,不得超出其合法的即为维护社团秩序所确立的范围"①。

当然,对涉及国家垄断的强制性手段,特别是关于人身的、行为的制裁措施,除非得到国家授权或委托,行业自治规范不得自行设定。当然,行业内强制与国家强制之间也会形成一种衔接关系,因为行业内部规范在实施的过程中会借助于国家的强制性力量。如《深圳市环境保护产业协会会员自律公约》第25条规定:"行业惩戒无效的或已构成行政处罚条件的,建议政府相关部门给予相应处罚,与相关部门联合禁止政府投资项目的参与。构成犯罪的,移交司法部门依法追究其刑事责任。"应当注意的是,由政府有关执法监督部门进行的惩处,其依据已经不是行业内部规范,而是国家的法律,如《中华人民共和国行政处罚法》等,故而不能就此认为行业内部规范获得了国家强制力。

总之,行业自治规范既不同于国家法律,也不同于私人契约,但是它又具有法律和契约的双重功效,因而是一个特殊的"中间地带"②。通过行业自治规范特有的实施方式(基于自愿的内部强制),可以产生某种积极效果,而这种效果在法律的惩戒之下,或者在契约的自愿状态下是难以出现的。

(二)行业内部规范是否适用于非成员的同业主体

行业自治规范是否适用于非成员的同行企业(或同业人员)?我国的行业协会中有一部分是强制入会的,这主要是职业性团体,如律师协会、会计师协会、建筑师协会等。在强制入会的协会中,当然不存在此问题。但是,占绝大多数的经济类行业协会一般不要

---

① [德] 拉伦茨:《德国民法通论》,王晓晔等译,法律出版社2003年版,第230页。

② 参见吴志攀《单位规则——我国社会存在的"第三种规则"》,载《江流有声——北京大学法学院百年院庆文存之民商法学经济法学卷》,法律出版社2004年版,第233页。

求强制入会，有关行业协会的内部规范也均有入会、退会自由的规定。这就给对行业自治规范效力边界的框定带来问题：非会员的同业企业（人员）是否受自治规范的约束？

从现有的自治规范来看，关于这一问题的规定并不完全一致。有的行业自治规范规定非会员可以参照执行，如《杭州饮食旅店业行规行约（试行）》第5条规定："本《行规行约》适用于杭州饮食旅店业同业公会会员企业，尚未加入同业公会的酒店、旅店可参照执行。"有的行业自治规范则明确规定全行业所有企业（包括会员和非会员）均适用，如《上海医药行业行规行约》第3条规定："本规约对全体会员单位和本市药品生产及有关企业都具约束力，都应自觉遵守本规约。"而且中国工业经济联合会〔2003〕62号文《关于规范和完善行规行约　推进行业自律的参考意见》也明确指出："行规行约对行业企业的保护和约束，应既适用于行业协会会员企业，又适用于非会员企业。"

如果自治规范仅适用于成员而不及于非成员，确实会带来一些问题：入会者必须遵守规范要求，承担相应义务，而未入会者反可逃避责任，从而使同一行业内部在权利义务的承担上形成了会内会外之别，形成貌似不公平的竞争状态，也导致行规效力的一致性与强制性受到影响。但是，如果承认自治规范效力的外部性而对非成员也产生约束力，则违背行业自治的立足基础：入会自由原则和民主自治原则。前文已述，行业自治规范是基于民主机制，通过其成员认可而获得约束力，因此，其产生强制力的基础是"成员"的"自愿"；如果不是其"成员"也不是基于"自愿"，则其自然应当免受自治规范约束。相反，对于行业协会会员而言，其入会是以通过让渡部分自由而换取一定利益为目的的，它们在获取非会员所无法取得的利益（如获得协会提供服务的优先权）的同时，被要求承担相对多一些的义务也是理所当然，也符合公平原则。所以，我们认为，行业自治规范"仅对加入社团而自愿服从这些规则的有效"①，不应对非会员产生强制力，当然非会员可以自行决定是否参

① 参见［德］卡尔·拉伦茨《德国民法通论》，王晓晔等译，法律出版社2003年版，第201页。

照执行。

　　这里需要注意的是，如果行业协会制定的内部自治规范涉嫌以串谋、固定价格、限制产量、市场分割等方式，限制会员开展正当的经营活动或者其他社会活动，恶意损害行业竞争并由此给协会外的同业主体造成利益损害，则不仅该自治规范的合法性将受到质疑，而且行业协会的这种行为也应接受法律的制裁。

　　（三）行业内部规范对行业外部人员（如消费者等）的影响

　　一方面，行业自治应当是行业协会对于本行业内部事务的自我管理，其内部自治规范不能当然地约束行业外部人员。但是，在实践中，却有部分行业协会的规定是针对行业外的第三者制定的。如中国足球协会2006年2月颁布的《全国足球比赛新闻采访规定》第7条规定："持有中国足协下发采访证件的记者，应在其报道中正确使用比赛名称，确保比赛报道的客观、真实和公正。对违反国家有关规定，制造、散布、刊发假新闻，影响干扰赛区、球队工作的记者，将依据国家新闻出版署的规定和本规定，并根据其违规的影响程度，给予批评、警告直至收回其采访证件，不欢迎其采访中国足协主办的所有比赛。"可以看出，足协的这一规定就是直接对第三方——新闻记者做出的行为规范。[①]

　　另一方面，毋庸置疑，行业协会对会员单位的服务质量、产品标准等提出的行为规范要求在实践中会对消费者的利益产生有形影响。如果行业协会对成员单位的生产经营活动高标准、严要求，则消费者将会获得更好的产品和服务；反之亦然。在现实生活中，也存在部分行业协会的规定披着自治的外衣对消费者的行为进行制约，例如中国旅游饭店业协会制定的《中国旅游饭店行业规范》第29条规定："饭店可以谢绝客人自带酒水和食品进入餐厅、酒吧、舞厅等场所消费，但应当将谢绝的告示设置于有关场所的醒目位置"，显然侵犯了消费者的自主选择权，是一种典型的行业串谋，应不被支持。立法禁止"通过制定行业规则、协议或者其他方式谋

---

　　① 早在1999年，曾出现过专门运动协会限制、禁止有关新闻媒体对该运动协会的体育竞技比赛采访报道的事件并引起诉讼。有关案件的具体介绍与法律分析可参见王俊民、王申《〈无锡日报〉社诉中国足协名誉侵权案评析》，《法学》2000年第4期。

求垄断市场，妨碍公平竞争，损害消费者、非会员的合法权益或者社会公共利益"的行为。[①]

三　行业内部自治规范的生效要件

概括而言，行业内部自治规范的生效要件包括主体要件、程序要件、内容要件和形式要件。其中，形式要件较为简单，它要求作为行业协会制定的内部规范的规范性文件在名称上不得僭越国家制定法体系，不得使用"法""条例"等名称。下文主要讨论其他三个要件：

（一）行业内部自治规范的主体要件

行业内部规范的制定主体可分为两类，一是会员大会或会员代表大会，二是行业协会的执行机构，主要是理事会。在会员大会闭会期间，执行机构负责协会的具体活动，一方面负责执行成员大会的决议，另一方面负责拟定协会的大政方针、行业事务的实施细则等。制定主体的不同，会在一定程度上影响行业内部自治规范的效力位阶。

在法律理论上，只要一个法律规范决定着创造另一个规范的方式，而且在某种范围内，还决定着后者的内容，那么法律规范之间就表现为一种高级和低级的关系。决定另一个规范创造的那个规范是高级规范，而据此被创造出来的那个规范是低级规范。低级规范必须服从高级规范。[②] 规范之间之所以会存在这种等级关系，直接原因在于各种规范的创制主体存在等级性，较高层级的创制主体调整社会生活中的重要事项其制定规范效力就高，较低层次的创制主体调整社会生活中的次重要事项其制定规范效力则低。根本原因在于不同创制主体所代表的公共意志强弱不同，代表性越强，其创制的规范效力则越高；反之亦然。[③] 同理，行业自治规则之间因其代表的成员意志多寡而呈现效力高下之分。具体来讲，会员大会或会

---

① 参见《深圳经济特区行业协会条例》第48条。

② 参见［奥］凯尔森《法与国家的一般理论》，沈宗灵译，中国大百科全书出版社1996年版，第141页。

③ 参见卢梭《社会契约论》，何兆武译，商务印书馆1982年版，第78—81页。

员代表大会代表全体会员的意志，作为执行机构的理事会仅代表部分主体的意志，因此前者制定的自治规范效力要高于后者。

除此之外，就会员大会或会员代表大会制定的行业内部规范自身而言，不同类型的行业规范效力位阶也不同。协会章程在行业内部规范中具有基本规范的地位，其效力自然应当高于其他行业规范，任何违反协会章程的行业内部规范都应当认定为无效，并且，不仅仅行业协会及其成员可以对该类行业自治规范提出异议，其他利害关系人也有权提出。

（二）行业内部自治规范的程序要件

行业内部自治规范的制定程序作为规范行业自治权、体现行业民主自治的行为过程，是行业协会实现有序自治的重要前提。一般而言，标准的行业协会内部规范制定程序需要经历拟订草案、审议、备案、公布等环节：

1. 拟订草案

行业协会在成立之时必须制定行业协会章程，同时，行业事务管理过程中，认为有必要制定行业内部自治规范的情况下都必须先拟订草案。行业规范草案的拟订应由专门的起草组织负责，起草组织通常由会员大会或会员代表大会选举产生。起草组织的规模不宜过大，以免影响行业自治规范的制定效率。在草案起草过程中，应最大限度地征求协会会员的意见。对于会员提交的意见，起草组织认为合理的应当采纳；不予采纳的，要适当说明理由。

2. 审议和表决

起草组织拟定行业内部规范草案后，应将其提交会员大会或会员代表大会等有关机构审议，主要审核草案的内容是否有违行业协会的治理目标、是否存在损害会员利益的规定、是否与国家法律规定相违背等事项。如果是涉及行业协会基本原则、行业重大事务、成员的权利义务等重要事项，需经全体成员大会表决通过。

3. 备案或批准

行业协会的内部自治规范通常需要呈报政府相关部门备案或批准后方能公布实施。例如，《中华人民共和国律师法》第 44 条规定："律师协会章程由全国会员代表大会制定，报国务院司法行政部门备案。"《中华人民共和国注册会计师法》第44条规定："中国注册会计师协会的章程由全国会员代表大会制定,并报国务院财政部门备案;省、自治区、直辖市注册会计师协会的章程由省、自治区、直辖市会员代表大会制定,并报省、自治区、直辖市人民政府财政部门备案。"第35条规定："中国注册会计师协会依法拟订注册会计师执业准则、规则,报国务院财政部门批准后施行。"备案或批准是"国家公权力监督社会公权力行使的一种方式,是国家公权力对社会组织自治规则的认可,以保证其在国家法制的框架内运行"①。

4. 公布

行业内部自治规范草案经审议表决或者备案之后,应向行业协会全体成员和社会公布,其公布方式可以通过登报、邮寄、网上发布等方式进行。

(三) 行业内部规范的内容要件

行业协会的内容要件包括内容合理性和内容合法性两个方面:

1. 行业内部规范的内容合理性

行业内部规范的内容合理性主要是指该内部规范应符合行业需求和行业特色,不得违背行业协会的目的,不得损害会员的利益。就行业协会章程而言,行业协会章程应当包括下列事项:名称、住所;宗旨、业务范围和活动地域;会员资格及其权利、义务;民主的组织管理制度,执行机构的产生程序;负责人的条件和产生、罢免的程序;资产管理和使用的原则;章程的修改程序;终止程序和终止后资产的处理;等等。

其他行业内部规范则必须以行业协会章程等或者其他基本规范为准则,必须符合行业协会的基本原则,任何违反协会章程、基本原则的规定均无效。就行业协会自律惩戒规范而言,总则、惩戒种类、惩戒程序、惩戒机构以及救济措施等为较为常见的基本内容。如《深圳市银行业从业人员流动自律守则》便将总则、人员流动、协调与监督、罚则与附则作为二级标题内容记载在内,《深圳市银

---

① 徐靖:《诉讼视角下的中国社会公权力法律规制研究》,法律出版社2014年版,第36页。

行业信用卡业务自律公约》将总则、自律规定、监督和管理与附则记录在内，有效实现了自律精神的贯彻与自治水平的提升。总体而言，实践中的行业协会内部规范以协会成员的议定性与契约性精神为标尺，体现着意见的协调与统一。

行业内部规范中有违背行业协会目的、损害会员合法权益的内容，则丧失其合理性，不应在行业内部获得认可。

2. 行业自治规范的内容合法性

行业协会内部自治规范的合法性取决于其内容是否符合法律优先原则和法律保留原则的要求。

（1）行业自治规范与法律优先原则

行业自治规范作为管理行业事务的规则，内容广泛，涉及行业事务的方方面面，复杂性较强。根据法律优先原则，行业内部规范不得与国家法律和法规相抵触，遵守国家法是行业内部规范发生法律效力的前提。通常行业内部规范也会表明这一点，例如《杭州饮食旅店业行规行约（试行）》第39条规定："本《行规行约》如与国家制定的有关法律、法规相矛盾，以国家制定的法律、法规为准。"

法律优先原则在行业内部自治规范领域的应用包括以下三个方面的内容：

第一，行业自治规范不得抵触国家法律。一方面，对于国家制定法没有规定的事项，行业内部规范可自主设定，在适用过程中，不得以"没有法律依据"为由而否定其效力；另一方面，行业内部规范"不得抵触"的国家制定法是指国家制定法中的强制性规定。有些事项国家法虽已有规定但不属于强制性规范，行业内部规范也可自行规范，这在实践中也较为常见，行业内部标准就是典型的例子。虽然，很多行业都有国家制定的质量标准或者技术标准，但行业协会仍然可以依照本行业实际情况设定自认为合适的行业内部标准，实践中，行业内部标准也较国家标准更受欢迎。但是，如果国家规定的是强制标准，则行业自治规范不得另行规定低于国家标准的行业内部标准。

第二，法律优先原则中的法律包括所有的国家制定法，即"法律法规规章"优先于行业内部规范。行业内部规范作为社会自治组织的治理规范，虽然是一种由民主机制产生的规范，但其制定主体限于行业协会成员，反映的是行业协会成员及本行业的利益，并不能反映全体社会成员的利益。更有甚者，行业内部规范会侵犯其他社会成员的利益，例如行业限价销售、行业霸王条款等。而国家制定法无论是全国人大及其常委会制定的法律，还是国务院及有关部门制定的行政法规和规章，抑或是地方人大及其常委会制定的地方性法规，其利益主体远远大于行业内部规范的利益主体，国家制定法也代表了社会成员多数人的意志。因此，行业内部规范的效力位阶应在国家制定法之下。

第三，国家制定法效力优先但并不等于适用优先。姜明安教授认为"社会公权力组织内部的活动只要与法律不相违背，就具有自治性，国家公权力不得介入"①。行业内部规范作为一种社会自治规范，是协会成员意志的反映，也是行业协会行使其成员授予的自治权的结果，具有合法性基础，相对于国家制定法而言，更能反映成员的利益，较国家制定法更具有自愿性。在不违反国家制定法的强制性规定的情况下，优先适用行业自治规范，是实现行业协会自我管理、自我约束、实现行业发展的有效途径，更是培养公民社会自治意思与自治能力的有效途径。因此，只要行业内部规范不违反国家制定法的强制性规定，就应优先适用。

（2）行业自治规范与法律保留原则

行业内部自治规范还受到法律保留原则的限制。该原则由19世纪末德国的行政法学者奥托·迈耶首创，指在特定领域的国家事项应保留给立法者通过制定法律加以规定，行政权唯有依法的指示始能决定行止，亦即特定领域的行政行为，非有法律依据不得为之。②后发展为，凡涉及基本人权的"重要事项"，均必须保留给立法者自己制定。③ 根据我国《立法法》第8条规定，由全国人大及其常委会通过立法加以规定的事项包括：国家主权的事项；各级人民代表大会、人民政府、人民法院和人民检察院的产生、组织和职权；

---

① 姜明安：《公法学研究的几个问题》，《法商研究》2005年第3期。
② 参见吴万得《论德国法律保留原则的要义》，《政法论坛》2000年第2期。
③ 参见曾祥华《法律优先与法律保留》，《政治与法律》2005年第4期。

民族区域自治制度、特别行政区制度、基层群众自治制度；犯罪和刑罚；对公民政治权利的剥夺、限制人身自由的强制措施和处罚；对非国有财产的征收；民事基本制度；基本经济制度以及财政、税收、海关、金融和外贸的基本制度；诉讼和仲裁制度等内容。

　　根据法律保留原则和上述规定，关于公民基本权利等专属立法事项只能由法律规定，行业协会不得设定限制公民重要权益的规范。如此，既能保障行业成员的重大权利，又可避免对行业自治事务的过分干预，有利于保证行业协会管理目标的实现。德国联邦宪法法院在一个职业医生的案例判决中指出："虽然保留了实行自治的领域，但是一个基本的原则仍然是存在的，立法机关并没有全部授出它的立法权限，它对自治团体制定的规范内容的影响并不可以全部地放弃。这既来自于法治国的原则，还来自于民主的原则。立法机关不能将它最重要的任务给予国家机关以内或者国家机关以外的其他单位自由的适用。"① 我国的"亚泰足球俱乐部状告足协"一案②中也涉及自治领域内法律保留原则适用的问题。《中国足球协会章程》规定："会员协会、注册俱乐部及其成员应保证不得将他们与本会、其他会员协会、会员俱乐部及其成员的争议提交法院，而只能向本会的仲裁委员会提出申诉。"被告足协也依据章程对法院的管辖权提出了异议，认为该案不应属于法院的司法管辖范围。但是，司法上的诉请权毫无疑问属于基本权利范畴，根据法律保留原则，行业协会在制定自治规章时无权限制公民的基本权利，因此其自行排除司法介入的规定显然是无效的。针对中国足协章程的上述规定，全国人大代表两次向全国人大提交议案，认为"中国足协章程有关排斥司法管辖的规定必须予以修改"③。

---

　　① 参见于安编著《德国行政法》，清华大学出版社 2000 年版，第 83—84 页。
　　② 参见罗璇、曹斌《面临尴尬：长春亚泰状告足协》，《中国律师》2003 年第 3 期。
　　③ 全国人大常委吴长淑等 36 位全国人大代表正式向全国人大提交了《关于要求最高人民法院敦促北京市人民法院依法受理长春亚泰足球俱乐部诉中国足协行政诉讼案的议案》，其后，谷长春等 20 位全国人大代表联名，再一次就长春亚泰足球俱乐部诉中国足协行政诉讼案，正式向大会提交了《关于中国足协章程排斥司法介入的合法性及中国足协管理问题的意见》，2006 年 3 月 20 日（http：//sports. sina. com. cn）。

四 行业内部自治规范对国家制定法的补充

从法律效力上看,作为民间性的行业协会所制定的行业内部规范主要取决于从业会员的自觉遵守,这种基于契约和组织而产生的规范力量,其效力来自于成员的认可,在此意义上,它是依赖于社会合法性而非法律合法性而存在的。特别是"章程只适用于那些通过加入社团这一自愿行为接受章程管辖的成员。一旦成员退出社团,自愿接受章程管辖即告终止,章程对他们就不再适用。因此,章程只是有关社团以'章程自治'为基础的规范,而不是国家的法律规范"①。鉴于它们与国家制定法的这种根本性差别,行业自治规范在本质上只是一种社会规则,不属于国家法律的范畴。尽管如此,行业协会制定的行业自治规范作为"国家立法、行业立规、社会立德"的多元化秩序建设中的重要环节之一,对国家法律有着极大的影响。

第一,行业自治规范行使着规范社会秩序的职能,它们是在实现社会目标的过程中用以补充或部分替代国家法律的有效手段。一方面,国家法律体系庞大、内容繁多,无法避免成文法一脉相承的僵化和刻板,而且法律本身所固有的滞后性和语言多义性,都使得其必然带有自身难以克服的局限性。这就迫使我们利用行业内部规范来化解因法律局限性引起的风险或者满足成长中市场的需要,及时有效地调节各种经济关系。特别是"我国目前正处在迈向现代化的社会全面转型时期,现实生活中还存在着一些无法可依、执法不严、违法难究的情况,在这个时候,作为社会控制手段的社会规范就具有格外重要的意义:法律(制定法)可能存在着是否健全、适用等多方面的问题,而作为'活法'的社会规范却不存在这样的问题"②。另一方面,国家法律的推行无疑需要更高的成本,而通过行业协会的自我规范则避免了国家的过分介入。社会团体可以在执行

---

① [德]拉伦茨:《德国民法通论》,王晓晔等译,法律出版社 2003 年版,第 11 页。

② [美]波斯纳:《法律与社会规范》,沈明译,中国政法大学出版社 2004 年版,第 13—14 页。

中消化政策，它们的专门知识、信息、经验和判断，改进了有效执行国家政策的环境，而光靠国家的直接干预是做不到这一点的。自我规范使社会团体成为推行公共政策的组织，这不仅有利于社会秩序的稳定，同时也降低了国家管理的成本。因此，行业内部规范虽然不属于国家法律体系的组成部分，但是合法的行业自治规范可以被看作是法律规范的延伸和补充，是对我国行业管理法律体系的有益拓展。①

第二，行业内部规范在立法层面对国家法进行渗透，从而成为国家法的来源。行业协会作为行业利益代表不仅参与国家立法活动，而且行业协会的自治规范还通过不同渠道被国家赋予了强制力，其中有些行业自治规范已转化为国家制定法。这种源于市场自身的行业内部规范不同于由国家机构自上而下指令性发布的法律规则，它是由市场主体在多次重复实践过程中逐步发展出来的，从而也是最为贴近实践的。它们成为国家法律体系完善和不断发展创新的源泉。也正因为如此，国家立法时越来越注意对行业内部自治规范的吸收，如国家法律常常直接采纳行业内部规范中的规定，或者将其决定建立在这些规定的基础之上，特别是当这些规定与国家法律不相违背时尤其如此。

第三，行业内部规范还会对国家法律的执行产生影响。大多数情况下，行业内部规范对国家法律的执行具有很大的协助作用。一方面，国家法律经过行业内部规范的细化具有更强的操作性；另一方面，经过协会民主机制的内化，国家法律能获得行业成员最大限度的认同而减少执行中的障碍。但是，如果行业自治规范与国家法律发生摩擦，则也有可能成为法律执行的障碍。如一些行业纷纷推出的行业自律价就明显有悖于《中华人民共和国价格法》第14条经营者不得"相互串通，操纵市场价格，损害其他经营者或者消费者的合法权益"的规定。旅游饭店业协会禁止"消费者自带酒水"的行业规定也违反了《中华人民共和国消费者权益保护法》第9条"消费者享有自主选择商品或者服务的权利"的规定，以及第26条

① 参见董玉明、孙磊《试论我国行业管理法的地位与体系》，《法商研究》2004年第1期。

第二款"经营者不得以格式条款、通知、声明、店堂告示等方式，作出排除或限制消费者权利、减轻或者免除经营者责任、加重消费者责任等对消费者不公平、不合理的规定，不得利用格式条款并借助技术手段强制交易"的规定。

五　行业内部自治规范的监督

一个行业协会无论其规模有多大，其所制定的行业自治规范都只是关注本群体利益而不可能超越其外，所以行业自治规范也存在着一些难以克服的弊端："一则行业自治立法是由在位者制定的，因此往往不利于保护新加入者的利益，从而有悖公平。二则行业自治立法有可能导致不恰当的行业保护，不利于替代行业之间的竞争与互补行业之间的协作（例如，卖方垄断或买方垄断）。三则行业自治立法缺乏刚性程序从而不利于确保规范的可预期性。四则行业自治立法有可能导致行业专制但却阻碍国家救济的正常介入。"[1] 因此，建立和健全行业内部自治规范的监督机制是保障行业协会成员（包括外部利益受影响人）权益的前提。总体来说，对于行业自治规范的监督属于对行业自治监督的一项重要内容，包括国家公权力的监督和社会监督两个方面。关于这一部分的内容，我们将在本书第五章有更为详细的论述。这里，仅从立法监督、行政监督和司法监督方面简单说明一下行业自治规范监督的特殊问题。

第一，立法监督，即通过立法对行业协会的规范运作做出限定，特别是对行业内部规范的基本框架及制定程序做出原则性规定，从立法上约束和限制行业内部规范的任意性。如《深圳经济特区行业协会条例》（2013 年）第 6 条规定："行业协会实行依法自治，民主管理，依照法律、法规和章程的规定独立开展活动和管理内部事务。鼓励行业协会制定并组织实施行规、行约和行业职业道德准则，推动行业诚信建设。"同时该《条例》还就"会员及内部治理"做专章规定，就行业协会章程的制定以及行业协会自律规范的制定等进行立法引导与监督。

---

[1]　宋功德：《论经济行政法的制度结构》，北京大学出版社 2003 年版，第 165 页。

第二，行政监督，即通过批准或备案等方式对行业内部规范进行事先审查，以确保其合法与合理（详见前文行业自治规范的制定程序）。此外，还可以通过登记管理机关的行政职能，促进对行业协会内部规范的监督与引导。例如，《深圳经济特区行业协会条例》（2013 年）第 56 条规定："登记管理机关应当制定行业协会设立指引、章程格式文本、法人治理指引、年度报告指引等，引导行业协会建立健全以章程为核心的各项内部治理结构和管理制度，完善内部制衡和约束机制。"

第三，司法监督，即通过对行业内部规范的司法审查判断其合法性。如"英国行业协会对内部成员的侵权行为早已纳入法院司法审查的范围，不仅其实施的行为，而且其制定的规章本身都要接受法院的司法审查"[①]。另外，根据德国《联邦行政法院法》第 47 条的规定，"行政法院的审查对象也包括行业协会制定的自治规章"。

从我国的现状来看，行政对行业自治的介入明显过多，甚至许多应当由行业协会通过行业内部规范来自我调整的事项，政府也越俎代庖地直接进行管理，或者要求行业协会提交自治规范草案由政府审核后发布。立法对于行业内部规范的监督不是很完善。这也是造成部分行业内部规范违背国家法律，侵犯社会公益、成员以及其他公民权益的原因之一。至于行业内部自治规范的司法监督在我国则明显不足。就目前的诉讼实践来看，有关行业协会的案件，特别是有关行业内部规范的案件还不多。我们认为，我国行业自治规范的监督应当在克制行政监督、完善立法监督的同时，加强对司法监督机制的建设。申言如下：

行政监督方式主要是通过事先的备案甚至批准进行，它是最直接、最全面介入行业自治的一种方式，这一过程对行业自治的威胁也是最大的。通过政府的干预手段（如批准、批复等）能够使行业自治规范获得更大的法律效力，也会增强其执行过程的威慑力。但是，从权力博弈的角度讲，国家在赋予行业规范合法性的同时也在一定程度上削弱了行业协会的自主权，行业协会在行规制定、执行

[①]　［英］丹宁：《法律的训诫》，杨百揆等译，法律出版社 1999 年版，第 165 页。

上的自主权力有所弱化。这时，行业内部规范最终体现的可能是国家意志而非团体成员意志，可以说这种"国家设立的社团的治理，其实就是国家权力作用形式的变化而已，根本无自治可言"①。因此，行政监督方式除非极其必要（如行业内部规范可能明显侵犯公共利益），否则应当慎用。

较之于行政监督，立法监督由于其行为特征上的间接性、抽象性，对自治的威胁和破坏相对较小。通过相关立法明确行业内部规范的制定原则，从而为行业内部规范提供更坚实的合法性基础。当然，立法对行业自治规范的约束也不宜涉及具体的自治事务，否则也会构成对自治的不当干预。因此，通过相关立法，一方面是规定必要的制度框架以保证行业自治规范在法治范畴内产生；另一方面则是通过立法界定行业自治与国家治理的边界，从而为拓展行业协会的自治空间提供制度保障。

与立法权与行政权相比，司法权因其被动和消极的特性而被称为危险性最小的权力。由于司法启动程序交由利益相关人自决，且司法权运作的程序最为公正和公开，② 所以，通过司法审查实现对行业内部规范的有效监督是最大限度地体现了国家公权力对行业自治的尊重：一方面，应当赋予当事人对行业协会内部规范提起诉讼的权利；另一方面，也应当建立司法审查必须遵循的原则，如穷尽内部救济原则、重要性原则、程序性而非实体性审查原则、合法性而非合理性审查原则、谦抑的而非能动的审查原则等。

第二节　行业内部日常管理权

所谓徒法不足以自行，"内部管理权是规则制定权于权力运行的具体化，再详细、周密的规则设计必须付诸实践施行"③。任何组

---

① 参见罗豪才主编《行政法论丛》第 8 卷，法律出版社 2005 年版，第 113 页。
② 参见罗豪才主编《行政法论丛》第 7 卷，法律出版社 2004 年版，第 151 页。
③ 徐靖：《诉讼视角下的中国社会公权力法律规制研究》，法律出版社 2014 年版，第 36 页。

织的日常管理一般都围绕着组织的人、财、物和信息四大基本事项而展开，行业协会也概莫能外。行业协会的日常管理权也相应地表现为对行业协会的人、财、物和信息加以管理的权力，例如《深圳经济特区行业协会条例》（2013 年）第 4 条规定："行业协会应当为会员提供服务，反映会员诉求，规范会员行为，维护会员、行业的合法权益和社会公共利益，沟通、协调会员与政府、社会之间的关系，促进行业和企业公平竞争和有序发展。"以及第 6 条："行业协会实行依法自治，民主管理，依照法律、法规和章程的规定独立开展活动和管理内部事务。"再如《深圳市科技服务行业诚信公约》第 3 条规定："推动企业界自我约束、自我监督、行业自律，营造企业和谐的发展环境，维护农机使用者、企业的合法权益和国家利益。协调、统一缔约成员的行动，以诚信打造和争创企业品牌、商品品牌、服务品牌，树立科技企业和经营者诚信经营的整体形象。"等等，便是对行业内部管理权高度概括化的规定。根据目的或作用的不同，我们将上述内部管理权的诸多表现形式概括为基本组织和人事管理、向会员提供服务、制订和执行行业规划与计划、调查和发布行业相关信息、实施行业认证、设定和实施行业许可等事项。

一　基本组织和人事管理

与对会员的管理不同，行业协会的基本组织和人事管理主要是指行业协会内部组织机构的设置、领导班子建设和行业协会对内部专职工作人员的管理。具体包括：

（1）依照章程的相关规定选举会长、副会长、理事、监事等并按章程规定定期换届，选举或聘任秘书长，并对秘书长进行年度绩效考核；

（2）聘用专职工作人员，并为之建立完善的薪酬管理；

（3）与所有专职工作人员签订劳动合同，按合同约定缴纳社会保险和住房公积金；

（4）财务人员岗位设置合理、职责分工明确，会计、出纳分设，并由不同人员担任，财务人员发生变动时办理齐全的交接手续；

（5）设置健全合理，能满足业务活动需要的办事机构；

（6）设置健全合理，能满足业务活动需要的分支机构或代表机构；

（7）对有党员的行业协会来说，还要组建党组织或者在党员数量不足三人的情况下，将现有党员纳入相关党组织进行管理；

（8）国家法律、政策和章程规定的其他人事和组织管理权。

二　向会员提供服务

向会员提供服务是行业协会成立的重要目标，也是行业协会日常管理的重要事项之一，其具体内容包括：

（1）帮助会员改善经营管理；

（2）协助会员制定、实施企业标准；

（3）开展会员培训，提供咨询服务；

（4）推动行业技术进步和技术创新；

（5）组织会员间的交流活动；

（6）开展市场评估，收集、发布行业信息，推广行业产品或者服务；

（7）组织行业会展、招商，开展国内外经济技术合作交流；

（8）代表本行业会员提出涉及本行业利益的意见和建议；

（9）代表本行业会员依法提起反倾销、反补贴、反垄断调查或者采取保障措施申请，协助市、区政府及有关部门开展反倾销、反补贴、反垄断调查，参与反倾销应诉活动；

（10）依照章程规定和业务开展的需要设立咨询、代理、评估、培训、信息、检测、认证、展览、标准化等服务性组织；

（11）依法参与集体协商，签订行业性、区域性集体合同；

（12）代表本行业会员提出涉及本行业利益的意见和建议；

（13）在价格行政管理部门的指导下，监督行业内产品或者服务定价，协调会员之间的价格争议，维护公平竞争；

（14）国家法律、政策和章程规定的其他服务。

例 1　深圳市集装箱拖车运输协会行业服务经典案例

1. 规范"打单费"收费模式

自 2000 年起，各船务公司在深圳先后开始向道路集装箱运输企业收取"打单费"，打单费是中国港口集装箱运输的"另类"收费。在国外和中国台湾、中国香港的港口，并无打单这一说法，打单是具有"中国特色"的物流环节。企业收到客户的订舱单或 S/O 时，船务公司会要求客户凭订舱单或 S/O 到其港口所设的办事处或其指定的办公地点打单，即换取"提柜单"。在 2000 年前，这个打单环节是不收取任何费用的。2000 年后，有部分船务公司开始以每份提柜单 10—20 元不等的价格，向道路集装箱运输企业收取所谓的"打单费"。这项收费是船务公司在没有法律依据，也未经政府相关部门许可，更未与道路集装箱运输行业达成协议，或未通知道路集装箱运输企业的情况下，利用其市场支配地位，强行收取的行业性"霸王"费用。道路集装箱运输企业如果不交"打单费"，船务公司就不给提柜单。一方面是船务公司掠取的高额额外利润，另一方面是道路集装箱运输企业因不断上涨的高额经营成本引发的企业经营困难，这种情况下，势必引发双方的矛盾。

2006 年 11 月 23 日，深圳市铁力集装箱运输有限公司代表行业诉马士基打单费不当得利一案开庭审理，全国 14 家同业协会及数百家会员单位自发到达海事法院声援铁力，协会律师顾问林冰代表行业据理申诉，该案被国内媒体称为"中国物流运输行业理性维权第一案"。

2012 年 6 月 12 日，协会再次协调相关船公司规范打单费收费模式，马士基于 7 月 1 日向协会宣布率先改变打单费收费模式，停止向拖车企业收取打单费。

2014 年 4 月 1 日，深圳市交委为规范"打单费"收费模式，要求各收费窗口关闭，并希望航运企业参照马士基打单费收费模式，逐步实现向"用箱人"收费模式的转变。协会依照协会理事大会制定的理性抵制"打单费"工作原则，向相关航运企业与船代公司累计发送工作联系函 292 份，向行业主管部门和航运协会累计发函 37 份，协会代表数十次协同协会理事以上单位多次走访协调了深圳地区所有的航运和货代企业。通过不懈的工作努力，在协会会员和理事以上单位的参与和带动下，协调伊朗国航等相关船务公司至2015年1月31日前向协会递交承诺书，数家船务公司全部履行规范收费模式的承诺。在协会领导团体参与和带动下，经全体会员的共同努力，全行业约2.8万台疏港运输车辆每年约节约"打单费"3亿元。协会始终坚持解决"打单费"问题、务必保持全行业合理诉求理性表达的方针，最终达到了行业叫好、行业主管部门基本满意的工作目标。

2. 建议取消不合理的公路收费

位于盐田区梧桐山脉的盐田坳隧道，是盐田区通往横岗、龙岗区、惠州和汕头的交通要道，隧道原定的收费年限至2021年11月。协会了解到运荣等大型港口外堆场及金龙翔等大型停车场均设在安良地区，每天通过该隧道进出盐田港区的物流车辆约九千车次，然而，单程30元，往返60元的盐田坳隧道收费问题严重影响了疏港运输和盐田区物流经济的发展。

2012年以来，协会考虑到多个企业反映的情况，秘书处协同耿博会长代表行业多次向市委、市政府、市人大等有关部门递交情况反映和建议，与有关政府部门共同推动问题的解决。在社会各方的共同努力下，盐田坳收费站于2015年2月正式取消收费，此项措施每年有效降低了行业的营运成本数千万元。

3. 为增加节能减排补贴积极奔走

2015年3月10日起，秘书处受会长会、理事会的委托，重点协调市政府、市交委、市财委、市人居委、市信访局等相关领导，就营运车龄不满10年的黄标车加大补贴和10年以上车辆追加补贴政策出台及落实事宜进行多次情况反映与呼吁。2015年3月17日下午，深圳市常务副市长吕锐锋组织召集深圳市人居委、市财委、市交委和市交警局召开关于对未满十年营运黄标车辆加大政策性补贴幅度的专项会议，会上决定，将对协会提交的建议给予正式通过，并决定对未满十年黄标车给予5万—7万元的财政补贴，以此帮助弱势车主群体具备车辆置换的基本条件。

2015年3月25—29日，为推广使用新能源车辆，应广西玉柴机器股份有限公司、东风柳州汽车有限公司邀请，协会与深圳车之彩汽车销售服务有限公司联合举办走进"玉柴""柳汽"集团采购新能源车型的访问活动，现场认购节能减排车辆645台。

截至2015年11月30日，秘书处共为会员开具车辆报废证明16449份，协会为会员企业增加废钢铁补贴4523余万元，协助会员领取国家对老旧车辆的补贴近2亿元，帮助全行业成功领取市财政补贴近8亿元，其中5483台不满十年的黄标车辆已享受特殊政策补贴近3亿元。

据会员企业普遍向秘书处反映，企业于2013年至2014年向相关部门申请领取国家对老旧车辆提前淘汰的补贴款项迟迟未能按期支付，会员企业普遍面临巨大的资金压力。耿博会长及时向市人大反映了情况，经秘书处协调国家财政部加快款项审批，督促协调市财委先行垫付数亿元向企业支付，确保各会员单位于2015年7月至10月间全部收到补贴款。

4. 促进和谐劳动关系

通过政企交流与互信，协会与盐田区劳动仲裁机构于2015年3月30日首次合作开展了巡回法庭下基层试点工作，并在协会秘书处会议室开庭，现场氛围公正透明，成功调解了司机林忠玉与深圳市东方希嘉物流有限公司的劳动争议案，促成了当事者双方主动握手和解，为盐田区人资局政务改革巡回法庭下基层工作的深入开展夯实了基础。

协会为推动行业和谐用工，防止用工矛盾与争议，还动员共38家会员企业积极报名加入盐田区和谐劳动关系促进协会。2015年5月7日由广东省人力资源和社会保障厅副厅长谢树兴，深圳市人力资源和社会保障局副局长李滔，盐田区委副书记、区长杜玲、副区长王守睿以及协会首届会长耿博共同为协会揭牌。

5. 参与交通治理

2015年4月25日至5月2日，协会受盐田区政府、区政法委、区公安分局、市交警局委托，组织100家理事以上单位代表与盐田交警大队、市机训大队、盐田派出所联合组建了"道路交通秩序疏导巡查工作队"，24小时分班轮流上路开展巡查和疏导工作，维护盐田范围营运车辆停放秩序，有效防控了部分拖车司机被个别不法人员操纵而发生不稳定事件。此举受到了相关政府部门和盐田居民的一致好评，达到了弘扬协会正能量的社会效应。

6. 打破执业许可的地方限制

2015 年 4 月 29 日，经协会与同行业协会联名向市人大法工委反映情况，在市交委和港货局协助下，市第五届人民代表大会常务委员会第三十九次会议于 2015 年 4 月 29 日通过了《关于修改〈深圳经济特区道路交通安全管理条例〉的决定》，将第四十八条改为第四十九条，修改为："驾驶营运车辆的人员从事营运活动时，应当持有交通运输管理部门核发的从业资格证。"修改内容解读为：驾驶员持交通部统一颁发的从业资格证可在深从事营运工作。至此，解决了必须换领或持有深圳市交通运输管理部门核发的从业资格证才可在深从事营运活动的行业困扰难题。

7. 其他行业服务活动

2015 年 6 月 26 日，协会党总支组织带领秘书处全员，配合盐田区政府，组织会员企业参与第二届盐田区总商会暨物流行业才艺大赛并取得圆满成功，获得"最佳贡献奖"。

2015 年 8 月，秘书处在开展会员走访联系活动中，就会员反映盐田窗口办事人员行政效率低下的问题积极协调上级部门予以内部整改，并就提升整体行政工作效率进行了必要的协调，得到相关领导的高度重视，为 2016 年即将实施的电子业务审批系统创造了一定的基础。

（上述案例源自深圳市集装箱拖车运输协会提交的年度报告材料）

例 2　深圳市二手车流通协会 2015 年度行业服务经验

长期以来，深圳市二手车流通行业面临一些亟待解决的困难，突出表现在：一是受限购限迁等因素影响，交易量、交易额等部分经济指标增长缓慢；二是市场服务功能健全不够，经济抗风险能力不强；三是企业外销渠道不宽，外销量增长少，经营压力较大；四是二手车流通行业的便民利民措施有待加强。2015 年深圳市二手车流通协会（以下简称为"协会"）坚持以服务会员为宗旨，主动适应行业发展新常态，面对限购限迁的困难经营环境，充分发挥桥梁和纽带作用，扎实做好限购限迁后面对的各项工作，为保持深圳市二手车流通行业平稳、健康发展做出了应有的贡献。

1. 延长存量二手车备案时间

由协会提出《关于延长存量二手车备案时间意见》报市经信委转送市政府，要求延长存量二手车备案时间。后得到市政府的批复，同意存量二手车备案时间延长至 2015 年 1 月 6 日。

2. 完成存量二手车备案工作

协会建议政府根据实际情况延长备案时间完成存量二手车备案工作，据全市统计，2015 年 1 月 1 日至 2015 年 1 月 6 日期间完成的存量二手车备案车辆为 38560 辆。全市完成存量二手车备案车辆共 74884 辆，延长时间完成备案数量占备案总量的 51%。由于延长的时间充足，各企业递交的存量车辆资料齐全，公证处出具公证书时，前端数据和公证数据吻合，第一批出具的存量二手车备案公证书绝大部分都是在延长的时间内完成备案的存量二手车。由于协会积极主动的作为，协会为二手车流通企业挽回了巨大的经济损失。

3. 协作完成存量二手车公证工作

深圳市存量二手车公证情况比较复杂，可分为 2014 年 12 月 29 日 18 时封场核准的存量车辆、2015 年 1 月 1 日至 2015 年 1 月 6 日补录的存量车辆、只交公证材料不做存量备案的车辆、2014 年 12 月 29 日 18 时已拍卖成交的公车。经过长时间的艰苦努力工作，完成了 2078 辆只交公证材料不做存量备案车辆的公证、883 辆新车的二次公证、153 辆公车拍卖的存量二手车公证，以上三类公证的车辆占全市备案总量的 4%。

4. 主动和政府业务主管部门沟通协调处理企业诉求

为解决企业的经营困难问题，协会需要政府的理解及支持。协会以积极主动的态度和政府主管部门沟通协调，反映行业合理合法诉求，反映的方式为书面报告诉求及座谈诉求。2015 年，协会向政府业务主管部门提交的报告、建议及意见共 23 份；分别与政府业务主管部门座谈共 25 次。取得的主要工作成绩包括：一是如前所述完成存量二手车备案车辆 74884 辆，出具公证书的车辆 74534 辆，出具公证书车辆占备案车辆的 99.5%；二是争取到国Ⅳ排放标准车辆迁入时间初步延长至 2015 年 12 月 31 日；三是促进周转指标的出台实施。

5. 积极参与政府业务主管部门的行业调研、规划活动

协会受市经贸信息委的委托，撰写了《2014 年度深圳市二手车流通行业发展报告》，该报告阐述了深圳市二手车流通行业发展基本状况、存在问题及原因、发展趋势和主要对策及政策建议，已被市经贸信息委列入《深圳市商贸流通行业发展报告汇编》。

6. 推动行业诚信建设

主要工作有：

出台了两个经营标准。结合了澳康达多年的从业经验，出台了行业经营的"两个标准"，即《二手车交易市场经营管理标准》和《二手车经销企业经营管理标准》，引导行业在车辆车况、价格、质保以及消费者权益（先赔后调）等方面给予信用信息披露，推动整个行业信用信息建设。这是全国第一个由行业协会出台的标准，也是堪称"史上最严格"的二手车交易标准，它们在社会上反响很好。

积极倡导和推动专业从事二手车鉴定、认证的第三方独立机构——深圳市在用机动车鉴定认证中心，对二手车的事故、泡水、性能检测，出具权威的认证证书，提供 30 倍误检补偿。

成立了两个监督机构。在市场监管局的指导下，协会以重点成员单位为主体，成立深圳市二手车行业的诚信联盟（第一批联盟成员 56 家），自觉实行更高要求的信用信息披露，并且在内部建立黑名单通报制度，对信用信息进行监督和管理。同时，在市消委会的领导下，设立消费者权益服务站，在协调权益纠纷问题的同时，监督和获取重要的信用信息。

通过上述工作，协会有效地获取了企业的经营信息，并加工成企业的信用报告、信用评级评分等信息产品，倒逼企业的诚信经营。事实上，协会在这方面也得到甜头，整个行业经营日益诚信化，从二手车"蒙着卖"变为车辆检测报告、价格透明化、消费者纠纷投诉不断变为二手车消费满意率的大幅提升。

7. 听取会员意见，积极"限迁"，诉求行业权益

限购限迁后行业面临着一系列实际问题和巨大的挑战，为让政府了解我行业的现实情况并给予帮助，把限购、限迁造成不利于行业发展的影响降到最低，集合大家的意见、建议，及时向政府业务主管部门提供准确真实的相关数据，反映行业权益诉求，协会召开了一次会员大会、一次会员扩大会议、二次理事会议、一次会长办公会议和五次"五个行业代表"会议，其目的和作用就是征集企业意见建议，反映行业诉求，争取政府切实解决困难。

8. 切实解决企业实际问题

2015 年深圳市已基本完成存量二手车的备案工作，各区公证机构已开展相关公证工作，7 万多辆的存量备案二手车要在规定的时间出具公证书，工作任务繁重，协会抓紧时间和政府相关单位沟通协调，一是和市市场监管局，各区市场监管局、市公证处、各区公证机构沟通协调，协助企业及时纠正了车辆备案的错误数据；二是和各区公证机构协商，按协会提供的各备案市场的存量二手车数量的情况，共同制定特殊的解决方案，为企业提供高效的公证服务；三是统计全市各二手车企业关于只交公证资料的车辆、采购新车入户再销售的车辆、拍卖竞得公车再销售和异地入深上牌的车辆的数据和企业名单，及时报送市经贸信息委和调控联合领导小组。

（上述案例源自深圳市二手车流通协会提交的年度报告材料）

三 编写和执行行业协会计划、规划

"凡事豫则立，不豫则废"，编写计划、规划与执行计划、规划是行业协会进行内部日常管理的重要手段。例如，制定行业协会的中长期发展规划，为行业协会的发展设定月度、季度、年度甚至更长时期的发展目标，并在一定的时间节点总结其落实情况；又如理事会拟定行业协会的年度财务预算，为当年行业协会的运作合理配置活动经费，而年终再编写当年的财务决算以考查年度预算的执行情况并作为下一年度的财务预算；再如，行业协会为其重大业务活动制定相关活动方案，以保证活动有条不紊地开展等。

四 收取会费、获取资助等财务管理

财务管理是行业协会日常内部管理的重要事项。行业协会顺利开展各项活动，离不开一定的经费支持与保障，通常来说行业协会的活动经费主要来自会员交纳会费、政府财政资助和社会资助三个渠道。同时，行业协会可以依照章程规定和业务开展的需要设立咨询、代理、评估、培训、信息、检测、认证、展览、标准化等服务性组织，所取得的收入应当依照章程的规定用于符合本协会宗旨的业务活动，不得在会员中分配。行业协会的财务管理权主要体现为以下内容：

（1）在会费收取方面，会员管理部门与财务部门就会员数量、会费收取和管理建立互相监督和沟通机制，并建立数据库进行会员及会费管理，有各年会费收取统计表（明细表和汇总表）；

（2）设立独立的财务和银行账户，按《民间非营利组织会计制度》的要求设置会计科目，编制全部会计报表，内容完整、数字真实、准确，并接受财政部门监督；

（3）按照国家规定保管行业协会的会计凭证、会计账簿、会计报表和其他会计资料，并接受财政、税务部门的相关指导，依法使用财政票据或者税务票据；

（4）实行电算化会计核算、使用民间组织财务管理软件，会计档案管理制度健全且内容有效落实；

（5）按照政策法规和章程规定获取经费和使用资金，财务各项支出审批符合规定的程序，依法进行税务登记，按期进行纳税申报；

（6）年度财务报告向理事会报告，确保上年末净资产不低于国家有关规定的最低标准，并主动接受监督；

（7）按规定进行法定代表人离任或换届审计。

同时，为了保障会员的合法权益，行业协会在进行会费收缴方面时不得从事下列行为：（1）强制入会或者在会员之间实施歧视性待遇，限制会员加入其他行业协会；（2）违反法律、法规和章程规定，向会员收费或者摊派；（3）通过设立企业或者向会员投资等方

式从事与会员业务相同或者近似，构成或者可能构成与会员直接或者间接的竞争关系的经营活动；（4）通过举办评比、表彰活动向会员收取费用或者变相收取费用；（5）法律、法规及章程禁止的其他行为。①

五　调查、统计和发布行业相关信息

调查、统计和发布行业相关信息也是行业协会日常管理的重要手段，如 2013 年深圳市奶业协会启动乳制品安全工程实施方案，设立投诉热线，建立网络系统，定期发布有关单位的产品质量信息，并且深入实施乳制品安全管理，如检测相关产品是否具备相应证件，包装、标识是否完整，以及是否符合行业标准等，并就检测情况及时向社会公布。行业协会通过调查和统计，了解各种市场信息、行业信息和会员信息，如市场需求情况、企业产品的质量情况、会员的生产经营情况等，具有多方面意义：

第一，行业协会根据调查统计获得信息制定行业政策，采取市场应对措施，明确行业协会的发展走向；第二，行业协会直接面向会员收集和公布有关的行业信息、推广行业产品或者服务，使会员能根据有关信息合理安排自己的生产计划、改进产品质量和服务质量；第三，行业协会公布会员有关违法、违规及不良的产品和服务信息，对于违法、违规的会员构成一种间接的制裁，迫使其改善其产品和服务；第四，开展行业统计、调查，并将这些信息反馈给政府及有关部门，向政府及有关部门反映涉及行业利益的事项，参与涉及行业发展的行政管理决策的论证，提出相关立法以及有关技术规范、行业发展规划制定等方面的意见和建议，也是行业协会提供服务、反映行业诉求的重要体现。

需要注意的是，行业协会收集、获取、保管、处理和发布会员的信息有可能涉及会员的商业秘密，因此，行业协会在运用这项管理权时必须严格遵守法律法规的规定，以避免对会员合法权益的侵害。

---

① 参见《深圳经济特区行业协会条例》第48条。

六　设定和实施行业认证

行业认证是行业协会对本行业产品的产地、质量规格、生产工艺等进行认定与鉴别的活动。作为行业协会内部治理的一种重要手段，行业认证已经得到相关立法和政策的支持和肯定。例如上海市质量技术监督局自由贸易试验区分局关于转发上海市名牌推荐委员会办公室《关于做好二〇一五年度上海名牌推荐申报及初审工作的通知》中明确行业协会作为企业申报名牌的归口部门之一，并遴选出服装行业协会、家用电器行业协会、中药行业协会、医药行业协会以及仪器仪表行业协会等加入名牌评审专业组，参与行业名牌的评审工作。再如，2000 年国家轻工局发布《行业协会管理的暂行办法》，其中规定："行业协会配合相关部门对本行业的产品质量开展行检、行评和产品认证以及质量管理、监督工作，发布行业产品质量信息，扩大优质名牌产品的宣传，向国内外用户推荐优质产品和新产品。"现行《深圳经济特区行业协会条例》也规定："行业协会可以根据行政机关委托开展企业信用证明、地理标志证明商标、行业准入资质审查""行业协会可以依照章程规定和业务开展的需要设立检测、认证服务性组织"①。

通过行业认证，可以建立全方位的行业标准检测，促进行业产品与服务质量的提升、规范行业协会内部成员间的竞争、建立社会以及消费者对行业产品的信心。以食品安全领域为例，"HACCP"食品安全认证体系，在国际上发挥着重要作用。② 如加拿大政府历来重视行业协会在推行 HACCP 体系的过程中的纽带作用。行业协会根据市场需求、政府管理动态和企业反映，组织对本行业实施

---

① 《深圳经济特区行业协会条例》第 46 条、第 47 条。
② 国际标准 CAC/RCP-1《食品卫生通则 1997 修订 3 版》对 HACCP 的定义为：鉴别、评价和控制对食品安全至关重要的危害的一种体系。在 HACCP 中，有七条原则作为体系的实施基础，它们分别是：（1）进行危害分析和提出预防措施（Conduct Hazard Analysis and Preventive Measures）；（2）确定关键控制点（Identify Critical Control Point）；（3）建立关键界限（Establish Critical Limits）；（4）关键控制点的监控（CCP Monitoring）；（5）纠正措施（Corrective Actions）；（6）记录保持程序（Record-keeping Procedures）；（7）验证程序（Verification Procedures）。

HACCP 管理体系的调研，行业协会委托相关科研机构进行研发，期间行业协会始终参与并组织企业进行试点，成为加强食品安全生产，并且实现社会效益与消费者权益保障的有效途径。再如，在美国的食品安全体系中，HACCP 是建立在 GMPs（"生产质量管理规范"或"良好作业规范""优良制造标准"）和 SSOPs（卫生标准操作程序）基础之上的，并与之构成一个完备的食品安全体系。HACCP 更重视食品企业经营活动的各个环节的分析和控制，使之与食品安全相关联。例如从经营活动之初的原料采购、运输到原料产品的储藏，到生产加工与返工和再加工、包装、仓库储放，到最后产成品的交货和运输，整个经营过程中的每个环节都要经过物理、化学和生物三个方面的危害分析（Hazard Analysis），并制定关键控制点（Critical Control Points）。危害分析与关键点控制，涉及企业生产活动的各个方面，如采购与销售、仓储运输、生产、质量检验等，为的是在经营活动可能产生的各个环节保障食品的安全。另外 HACCP 还要求企业有一套召回机制，由企业的管理层组成一个小组，必须要有相关人员担任总协调员（HACCP Coordinator）对可能的问题产品实施紧急召回，最大限度保护消费者的利益。

一般认为，通过"HACCP"认证具有如下益处：（1）改善内部过程；（2）通过定期审核来维持体系运行，防止系统崩溃；（3）通过对相关法规的实施，提高声誉，避免认证企业违反相关法规；（4）认证能作为公司的敬业依据，降低负债倾向；（5）当市场把认证作为准入要求时，能增加出口和进入市场的机会；（6）提高消费者的信心；（7）减少顾客审核的频度；（8）与非认证的企业相比，有更大的竞争优势；（9）改善公司形象等。近年来，我国食品类行业协会在食品安全监管方面的作用也日益凸显，并逐渐成为 HACCP 体系的拥有者。如 2003 年 3 月 8 日，中国食品工业协会、中国水产品流通与加工协会、北京新世纪认证有限公司联合举办了 HACCP 国际专题研讨活动，专题研讨了 HACCP 与中国食品及水产品的发展问题。中国饮料工业协会于 2003 年末成立了 HACCP 推进委员会，致力于推动饮料企业的 HACCP 认证工作。①

我们认为，行业协会认证是一个系统性工程。就行业内部规范而言，欲建立行业协会认证体系，需要制定一系列的规范性文件就相关问题，诸如认证主体、认证标准、认证的例行检查以及相关责任等进行规定。同时，政府在相关层面也应发挥积极推动与服务的职能，诸如建立行业认证标准的宣传平台，行业协会认证信息的公示平台等，共同促进市场环境的改善与行业发展。

七　设定和实施行业许可

在我国，行业协会实施行业许可是"去行政化"改革和政府简政放权的产物。在行政法意义上，行业许可权属于有权行政主体。在"去行政化"以及政府职能转移的背景下，原本以"控制型管理作为政府管理社会组织主要模式"② 的境况在发生深刻变化，以职能、机构、人员和财务分类为主要内容的"去行政化"改革成为我国政府与社会组织关系调整的重要内容。在此过程中，政府逐渐向社会组织还权、放权：一是放开对社会组织不必要的管控，取消部分行政审批，还给社会组织应有的发展空间；二是改变直接向社会组织供给资源的做法，让社会组织以及行业协会真正回归其行业性与自治性。同时，"去行政化"还要求社会组织资源与政府的分离，在组织过程中实现政府分权与社会组织参与。

基于此背景，一些行政许可审批项目逐步下放给行业协会。例如 2001 年，我国启动了以大幅度削减行政审批事项为主要内容的行政审批体制改革，国务院已分两批废止了 1195 项行政审批项目，另有 82 项行政审批项目被移交给行业协会或社会中介机构管理。"建议将这些审批项目改变管理方式，交由有关行业协会和社会中介机构进行相应的协调和管理。这样，有利于政府转变职能，也有利于培育和完善行业协会和社会中介机构。"再如深圳市于 2004 年7 月 5 日发布的《关于发布深圳市行政审批事项清理结果的决定》

---

① 冷连波：《我国推行 HACCP 体系的政府管理及宏观政策的探讨》，《检验检疫科学》2005 年第 4 期。

② 周俊：《社会组织管理》，中国人民大学出版社 2015 年版，第 80 页。

（深圳市人民政府令第 134 号）中决定"改变管理方式，由行业协会或中介机构自律管理"的项目。①

　　行业许可权可以在《行政许可法》中找到依据。《行政许可法》第 13 条规定："通过下列方式能够予以规范的，可以不设行政许可：……（三）行业组织或者中介机构能够自律管理的。……"这一规定确立了一个分工原则，即在政府管理与社会自律的关系上，确立了社会自律优先的原则，对于行业协会或者中介机构能够自律管理的事项，可以不设行政许可。行业自律与行政监管相比有许多优势，比如，行政监管大多针对结果，行业自律则关注过程、贴近市场，更具敏感性、针对性、及时性和灵活性，能够解决正在出现的问题，更有效率且成本较低。按照西方经济学的说法，就是行业协会的委托、代理链短，监督距离近；政府部门则恰恰相反。因此，这一原则的确立，有利于防止公共权力对社会经济生活和公民个人生活的过度干预，并有助于培育社会自治能力和自律机制，这也是现代社会管理的一种有效方式。

　　不设定行政许可而由行业协会进行自律管理的前提是，这些事项虽然不宜再由政府采取许可方式管理，但是完全交由市场自发运行也是不行的，而必须由社会组织承接，才能保障秩序。一般来讲，适合由行业协会通过行业许可实施自律管理的事项为：涉及行业局部公共利益而非重大公共利益的；涉及专业、技术较强的事项和涉及资格资质的认定问题。如《关于国务院部门拟第二批取消审批项目和改变管理方式审批项目的说明》中指出："这些拟改变管理方式的审批项目主要涉及一般性的资格、资质认可，专业技术类的评审、评奖，企业及其他社会组织资质等级评定，新产品、新技

---

　　① 包括：贸易工业局：专业旧机动车评估机构设立；新产品新技术认定；科技和信息局：核发技术经纪人资格证书；数据库、网络服务资质；深圳市计算机信息系统集成资质认证；科技成果鉴定；高新技术项目认定。司法局：律师市内转所。规划局：施工图文件审查。国土资源和房产管理局：企业改制土地估价报告。交通局：从事出租小汽车驾驶资格；营业性道路运输驾驶员从业资格认定。文化局：社会艺术水平考级；环境保护局：固体废物处理专业培训上岗证；危险废物处理人员考核。工商行政管理局：经纪从业人员资格核准。质量技术监督局：社会公正计量行（站）资格认可；锅炉定期检查。旅游局：旅游饭店星级评定。民防委员会办公室：工程建设项目抗震设防；重要工程场地地震安全性评价报告核准。气象局：施放气球作业人员资格。

术的认证及推广等事项。"在国外，许多涉及资格资质的事项一般是由行业协会通过自律实施的。如在许多国家，大量的许可批准权力已经逐步下放给行业协会来行使。在日本，彩电业、冰箱业、VCD 等行业的项目审批都是由行业协会来进行的，因而它们在控制技术改造项目、防止重复建设方面堪称卓有成效。

"行业协会之所以享有许可证发放权，按 Priest 的介绍：其理论基础有：一是消费者与职业者之间信息与技能之间的不对称，由于消费者高度依赖职业者，这便导致消费者与职业者之间的另一种特征：代理关系，顾客必须相信职业者，双方之间应是一种高度信任和依赖关系，为达到其目的，实行一定的许可证制度便是其自然的要求；第二个理论基础则是对第三人的保护或外部性的限制，如果没有特别的保护，那么公共利益是很难令人满意的，因此必须通过许可证来保障产品和服务的最低要求和基本水准。"①

尽管《行政许可法》已有相应规定，有些地方也出台文件明确将一些原有的政府许可项目转移给行业协会管理。但是这种转移基本处于停滞状态。② 究其原因主要有几个方面：

一是《行政许可法》中的相关规定不配套。如前所述，可由行业协会进行自律管理的事项一般是涉及资格资质的事项，但是《行政许可法》第 15 条规定了"地方性法规和省、自治区、直辖市人民政府规章，不得设定应当由国家统一确定的公民、法人或者其他组织的资格、资质的行政许可"。而对于何为"由国家统一确定的"这一限定并没有任何标准，这就导致有关资格资质的许可如何转移到行业协会陷入困境，特别是在地方性改革中，这一难题无法解决。如深圳市尽管已经出台相关规定，将部分资格资质的认定权赋予行业协会，但是，因无法突破上述行政许可法的规定而无法实

---

① Margot Priest, "The Privatization of Regulation : Five Models of self-regulation", 29 Ottwaa L. Rev. 233（II）. 转引自鲁篱《行业协会经济自治权研究》，法律出版社 2003 年版，第 191 页。

② 2004 年初，深圳曾把包括"高新技术项目认定""从事出租小汽车驾驶资格"等在内的 23 项行政许可项目移交相关行业协会管理，但记者了解到的情况是，其实政府并没有完全退出，更多的还只是一种设想，即使有的退出了，政府"还在遥控"。贾林男：《深圳：协会"民间化"破题》，《中华工商时报》2005 年 9 月 21 日。

施。另外，如果由地方性的行业协会来予以确认的资格、资质是否在全国具有效力也是一个疑问。

二是当前行业协会的承接能力明显不足，并且无法确定承接的行业协会的标准。有学者指出，"当行业协会能力普遍不足以及行业协会地位普遍不独立的情形下，将职能下放是一件危险的事情"①。应该看到，在传统计划经济体制下，政府无所不包，几乎垄断了所有的社会公共权力，行业协会缺乏生存的土壤与发展的空间。

三是缺乏行业许可权行使的规则约束。由于行业许可会对本协会成员的权益带来影响，所以，行业协会如何设定行业许可的事项，以及如何行使行业许可权力，都必须有一定的规则约束，否则不仅无法实现自律以确保行业利益的实现，反而会对成员的行动自由带来不利限制。故而，在设定行业许可时，首先在设定事项和设定权限上应有一定的约束。一般来讲，能够设定行业许可的应当是行业协会制定的行规行约，而这种行规行约必须经协会成员的民主同意。其内容应当全面，如关于收费问题、关于操作程序问题等。②其次，行业协会实施行业许可的程序要合理。对行业协会活动程序的要求以前没有得到足够重视，但是在行业协会越来越多行使公共性权力的今天，对其程序的规范日益重要。最后，对行业协会设定行业许可和实施行业许可的行为都应当建立一定的责任机制，以防止侵犯成员利益并为成员提供必要的救济。

四是行业许可与行业协会去行政化之间如何平衡很难把握。行业协会得以享有行业许可权，第一是行业协会在信息以及技术等方面的权威性以及在行业发展中的中枢作用，第二是通过行业准入许可，对成员单位的技术条件以及经营状况等进行基本规定，有助于维护行业内部的整体利益，与行业协会互益性的性质相一致。但是，行业许可的存在，确实造成了行业协会行政化的不良倾向，在现实中，如何平衡行业协会与成员单位之间的地位以及促进行业准

---

① 王名：《社会组织论纲》，社会科学文献出版社 2013 年版，第 282 页。

② 如国务院《关于搞好行政审批项目审核和处理工作的意见》、国务院《关于搞好已调整行政审批项目后续工作的意见》都指出，对改变管理方式的审批项目，要制定由行业协会进行自律和社会中介机构承办的原则和操作程序。

入与企业发展之间的协调，还有待于进一步探究。

第三节　行业协会内部惩戒权

　　行业协会有权对本协会内部的优秀成员、行为和事迹予以表彰奖励，也有权对在实施行业管理过程中发现的违法、违规行为予以惩戒和处罚。行业奖励具有授益性，内容较为简单，因此本节只重点讨论行业惩戒权。必要的惩戒机制是确保行业协会内部规范得以有效实施和行业协会职能正常运作的保证。"如果任何行动者不服从规范，必须对其施行惩罚，只有这样，规范方能行之有效。"① 本书选取了61份行业自律公约作为分析样本，② 从公法视角就行业惩戒措施、惩戒程序、权利救济以及行业惩戒与法律责任之衔接等方面抛砖引玉，以供商榷。

一　行业惩戒权的功能

　　凯尔森曾指出："法律责任是与法律义务相关的概念。一个人在法律上要对一定行为负责，或者他为此承担法律责任，意思就是，他作相反行为时，他应受制裁。"③ 尽管行业协会章程以及自律公约等所规定的义务并非法律义务，要求行业协会成员接受必要的业内制裁也非法律责任，但二者之间在因果关系上相较于法律义务与法律责任，并无二致。换言之，如果说遵守行约行规是行业协会成员对所在协会应当履行的义务，则接受必要的惩戒则是其在违反上述义务后应当在行业内部承担的否定性评价或其他不利后果。因

---

　　① ［美］科尔曼：《社会理论的基础》，邓方译，社会科学文献出版社1999年版，第314页。

　　② 取样说明：深圳市社会组织管理局自2013年起引导全市行业协会建立行业自律体系，为总结经验、向全市社会组织推广示范，深圳市社管局和深圳大学法学院于2015年8月—2016年3月合作编写了《深圳市行业协会商会诚信自律公约汇编》（自刊，执行主编：周卫），其中，收录了61家深圳市相对成熟完善的行业协会诚信自律公约作为示范。该61个示范公约即是本文的分析样本。

　　③ ［奥］凯尔森：《法与国家的一般理论》，沈宗灵译，商务印书馆2013年版，第73页。

此，行业惩戒权不仅可以强制性地迫使成员单位遵守行约行规，而且在行业内部治理中也发挥着不容忽视的作用，具体而言：

（一）平抑与补损

《老子》云："天之道，损有余而补不足。人之道，则不然，损不足，以奉有余。"惩戒权的功能便是强令违反行业协会规定而给协会造成不利后果的成员单位承担基于其行为的不利后果。如《深圳市物联网智能技术应用协会自律惩戒制度》第3条规定，不履行协会章程和行业自律公约，影响行业声誉和发展，并给行业带来严重后果的单位将受到惩处。可见，惩戒权的功能一方面在于责令成员单位履行行业内义务，另一方面在于责令对其违规行为而产生的损失进行补缺，由此维护秩序的良好运作与利益协调。

（二）自治与自律

惩戒权的存在，使得行业协会内部治理形成完整的系统，有效且有益地实现系统内部的运转与自我完善。同时有效节约了基于行业协会的行政管理而产生的资源浪费，也有利于自治能力与自决精神的提升与培育，将对个体化的市民社会产生机制层面的促进作用。自律是自治含义的必要组成部分，也是自治能力与程序建设的重要方面。以惩戒权的存续及其运行为主要手段的行业自律会促进行业协会这一自治体自身的自我管理与自我完善，在更加广泛而深刻的层面实现利益的伸张与价值的实现。如《深圳市物联网智能技术应用协会自律惩戒制度》开篇便说明：为了规范深圳市物联网智能技术应用协会的自律管理，加强深圳市物联网智能技术应用协会的自律监管，促进行业健康稳定发展，特制定本制度。

（三）互益与稳定

行业协会具有互益性，且是一种基于契约与合意的关系网络。通过行业协会的组建与运作，成员之间的利益与主张得到平等的表达。在此平台之上，互助与共赢具有现实的可能性。惩戒权之于自治权的保障性作用及其之于行业协会正常运作的作用，共同指向了行业协会的互益性目的，而这种目的是建立行业协会的原始动力之一。同时，行业协会惩戒之于法律惩戒的专业性与针对性优势，使得行业惩戒的存在具有效率与秩序的双重必要性，它们共同发挥作用而促进行业内部以及社会秩序的稳定与良善。

二　行业内部惩戒权的构成

我们认为，应当从惩戒主体、惩戒对象、惩戒种类等来全面认识行业内部惩戒权。

（一）惩戒主体

行业协会内部惩戒权的实施主体是依据行业内部规范的规定享有惩戒权的行业内部组织机构。不同行业协会内部惩戒权的实施主体完全取决于行业自治，并没有统一的惩戒主体。例如根据《深圳市集装箱堆场行业公约》第16条，协会理事工作会和会长办公会作为处罚措施的实施机构，负责处罚事项的受理、调查、处罚、执行和监督工作；而根据《深圳市暖通净化行业协会会员自律公约》第24条，发生会员违反本公约的违规行为，根据具体情况和情节的轻重，深圳市暖通净化行业协会理事会讨论后，分别给予相应惩罚。

（二）惩戒对象

惩戒对象即违反行业协会内部规范以及法律法规，根据行业内部规范应该对其违法违规行为承担相应不利后果的协会成员以及相关从业人员。一般而言，惩戒对象为违反内部规范的协会会员。如《深圳市住宅产业协会会员惩戒与申诉制度》第2条规定，会员如有违反法律法规、行约行规以及严重违反本协会章程的行为，经理事会表决通过，予以惩戒。除此之外，从业人员也可成为惩戒对象。如《深圳市工程监理行业自律公约》第3条规定，在深圳市从事工程监理活动的工程监理企业及从业人员都应遵守本公约。该公约第40条规定，对于违反公约的企业及从业人员，应加之于相应的惩戒措施。

（三）惩戒种类

从法理上讲，行为人承担不利后果的方式主要有四种类型：损毁名誉、限制行为、剥夺财产和禁锢自由，即声誉惩戒、行为惩戒、财产惩戒和自由惩戒。例如，行政处罚中的警告属于声誉惩戒，责令停产停业、暂扣或者吊销许可证或者执照属于行为惩戒，罚款、没收违法所得和非法财物属于财产惩戒，而行政拘留则属于人身惩戒。再如，刑罚中的罚金和没收财产属于财产惩戒，剥夺政治权利属于行为惩戒，而管制、拘役和徒刑等属于人身惩戒。2014年民政部等八部委《关于推进行业协会商会诚信自律建设工作的意见》指出，行业协会商会要加强自律规约的执行与监督，对违反自律规约的，按照情节轻重，实行警告、行业内通报批评、公开谴责、取消会员资格、向有关部门通报等惩戒措施。这是国家对行业协会内部惩戒权在政策层面提供的支持。其中，除"取消会员资格"属于行为惩戒外，其他几项均属于声誉惩戒。我们从 10 个直接以"自律惩戒"或"自律公约"为名称的行业协会规范的分析样本看，这也是行业内部惩戒的两种基本形式（详见表 4—1）。"八部委意见"作为行政指导性文件，为什么没有提倡财产惩戒和自由惩戒？笔者认为，财产权和人身权皆属于宪法基本权利事项，属于法律保留的适用范围。基于法律保留原则，行业自律惩戒规则不得对会员的财产权和人身权利以及宪法规定和保障的其他权利和自由施加限制。

表 4—1   行业惩戒措施一览表

行业协会自律规范	相关条文
《深圳市种子同业商会会员自律惩戒制度》	第 8 条：可通过以下方式实行惩戒：（一）内部告诫；（二）责令改正并书面检讨；（三）行业内通报批评；（四）取消会员资格
《深圳市印刷行业协会行业自律管理奖惩办法》	第 11 条：协会对不履行行业自律规定，影响行业声誉和行业发展的惩处为：（一）内部训诫；（二）通报批评；（三）通过协会网站、内刊公开曝光；（四）取消会员资格
《深圳市建设项目管理协会会员自律公约》	第 24 条：凡发生违反本公约的违法行为，根据具体情况和情节的轻重，经深圳市建设项目管理协会理事会讨论后，分别给予以下惩戒：（一）警告；（二）协会内部通报批评或公开登报（互联网上公告）批评；（三）责成书面检查；（四）履约保证金全部扣除；（五）记录不良行为；（六）取消公约成员资格并在媒体上公告

续表

行业协会自律规范	相关条文
《深圳市住宅协会会员惩戒与申诉制度》	第8条：协会理事会（或常务理事会）可以对违规的会员作出以下惩戒决定：（一）警告；（二）通报批评；（三）公开谴责；（四）劝退；（五）除名；（六）其他惩戒措施
《深圳市物业管理行业制裁规则》	第8条：市物业管理协会对物业服务企业、物业服务从业人员违反法律、法规和行业规范的行为，有权作出如下种类的制裁：（一）警告；（二）业内通报批评；（三）公开谴责；（四）市物业管理协会享有的其他行业制裁
《深圳市软件行业自律惩戒制度》	第6条：软件行业协会根据会员单位的违法违规行为的情节轻重、以及行业和社会影响程度，分别给予不同级别的惩戒：（一）轻微：提醒。（二）一般：警告。记入会员单位信誉档案，在企业信用等级评定中予以扣分。（三）严重：取消当年或最近一次的市级软件企业评先、个人评优资格。（四）特别严重：暂停软件企业会员单位资格6个月或12个月，并解除相应的协会职务；暂停该企业参与软件行业协会举办会员单位的一切活动。 对第二次发生"特别严重"违规的企业，取消软件协会会员单位资格，并在协会期刊、相关网站予以公告，整改不到位不予受理再次入会申请。同时，向相应建设主管部门通报，并提请给予相应的行政处罚
《深圳市进出口行业自律惩戒制度》	第4条：本会对进出口企业的从业资格、职业道德和从业质量进行检查。对不符合从业资格、违反职业道德规范和从业准则的进出口会员企业，给予以下惩戒并载入诚信档案：（一）训诫；（二）责令改正并书面检讨；（三）责令书面道歉；（四）行业内通报批评；（五）公开谴责；（六）取消企业会员资格
《深圳市道路集装箱运输行业自律惩戒申诉制度》	第10条：市拖车协会视情节轻重，可对行业从业者做出以下处罚：（一）警告；（二）通报批评；（三）建议并实施行政整改，取消会员资格
《深圳市环境保护协会自律惩戒制度》	第6条：违反本自律制度，有下列行为之一的，深圳市环境保护产业协会可视情节轻重给予警告或者通报批评的惩罚。严重者，取消其会员单位资格，并且在两年内不予重新办理……
《深圳市物联网智能技术应用协会自律惩戒制度》	第4条：可通过以下方式实行惩戒：（一）内部告诫；（二）责令改正并书面检讨；（三）行业内通报批评；（四）记入电子档案；（五）协会官网上公示；（六）取消会员资格

　　后文笔者将根据考察结果，结合法律保留原则对各种行业惩戒措施做如下分析。

　　1. 声誉惩戒

　　声誉惩戒或称精神惩戒，是指行业协会通过一定的方式方法使得违反行业自律的会员在行业内部或者社会公众面前损坏名誉、荣誉、信誉或者形象，从而使其不再重犯，以达到维护行业秩序和树立行业权威的目的。从考察样本看，声誉惩戒是行业协会最为常用的惩戒措施，不同行业协会所采用的声誉惩戒具体方式也不拘一格，包括但不限于以下几种：（1）提醒；（2）内部训诫（或称内部告诫、警告）；（3）责令改正并书面检讨（责令书面检查、责令书面道歉）；（4）行业内通报批评；（5）公开谴责（通过协会网站、内刊公开曝光）；（6）记录不良行为并载入诚信档案（记入电子档案）。

　　互联网时代信息传播的快速性和广泛性使得声誉败坏给会员带来的负面效应远远超出了纸媒时代，甚至让会员陷入"一处失信、处处碰壁"的生存绝境。因此，行业协会在选择不同方式对会员施加声誉惩戒时，并非随心所欲任意而为的，而是要遵循"必要性和合理性相结合的原则"以及"制裁的轻重与违法违规行为的社会危害程度相适应的原则"。一般而言，提醒、警告或责令书面检查等适用于尚未造成社会危害，或社会危害轻微，尚未对本行业形象产生不良影响的违法违规行为；业内通报批评适用于已经造成社会危害，可能或正在对本行业形象产生不良影响的违法违规行为；公开谴责则适用于已经造成严重社会危害，并且已经对本行业形象产生严重不良影响的违法违规行为。①

　　2. 行为惩戒

　　行为惩戒或称能力惩戒、资格惩戒，是指行业协会通过一定的方式方法限制或剥夺违反行业自律的会员从事特定行为的能力或资格，从而使其不再重犯，以达到维护行业秩序和树立行业权威的目的。行为惩戒一般适用于会员严重违反行业自律规范，对

---

① 参见《深圳市物业管理行业制裁规则》第7—11条。

行业形象造成严重恶劣影响的违法违规行为。根据会员的违法违规行为对行业和社会影响程度等情节轻重，可采取如下几种惩戒方式：

（1）取消评奖评优资格。例如，根据《深圳市软件行业自律惩戒制度》第6条第1款第（3）项，会员严重违法违规或违反行业规范，并且给本协会的声誉造成恶劣影响的，由软件行业协会取消其当年或最近一次的市级软件企业优先、个人评优资格。

（2）暂停会员资格。例如，根据《深圳市软件行业自律惩戒制度》第6条第1款第（4）项，会员的违法违规行为特别严重，并且给本协会的声誉造成严重恶劣影响的，由软件行业协会暂停软件企业会员资格6个月或12个月，并解除相应的协会职务；暂停该企业参与软件行业协会举办的一切活动。

（3）取消会员资格（劝退或除名）。例如，根据《深圳市软件行业自律惩戒制度》第6条第2款，对第二次发生"特别严重"违规的企业，取消软件协会会员单位资格，并在协会期刊、相关网站予以公告，整改不到位不予受理再次入会申请。有的行业协会则是明确规定一定期限内不再重新办理入会，例如《深圳市环境保护协会自律惩戒制度》第6条规定："违反本自律制度……严重者，取消其会员单位资格，并且在两年内不予重新办理。"

3. 财产惩戒和自由惩戒

在考察样本中，都没有规定自由惩戒，而《深圳市建设项目管理协会会员自律公约》规定了财产惩戒。根据该公约第22条和第24条，本协会建立履约保证金制度，凡签约的建设项目管理企业按资质级别须交纳不同金额履约保证金。当签约企业因一次违约受到惩戒，根据具体情况和情节的轻重，经深圳市建设项目管理协会理事会讨论后，可将其"履约保证金全部扣除"，同时违约企业应按上述金额及时足额补足。尽管该公约明确规定"履约保证金作为行业发展基金和奖励基金，专款专用"，但履约保证金制度和扣除保证金以做惩戒显然不合法。其一，根据《社会团体登记管理条例》以及各地专门针对行业协会的地方立法，行业协会的经费来源只能有收取会费、接受捐赠、开展服务三种基本途径，如需通过其他方式筹措活动经费，则必须经过法律、法规和规章的授权。① 就笔者所搜集到的材料来看，该协会的履约保证金制度并未获得授权，属于《深圳经济特区行业协会条例》第 48 条明确禁止的"违反法律、法规和章程规定，向会员收费或者摊派"的行为。其二，扣除会员的履约保证金显然构成对会员财产权的侵害，违反了法律保留原则。

三　行业内部惩戒的正当程序

正当程序是法律的基本原则，它是指在"支配—服从"的不平等关系中，支配者在对任何人拟做出不利处分的决定之前，应当说明做出该不利决定的事实和规范依据，同时听取被处分人的陈述和申辩。大多数行业协会的自律惩戒制度都侧重于对实体的规范，而疏于对程序的设计。在 10 个考察样本中，只有《深圳市物业管理行业制裁规则》和《深圳市住宅产业协会会员惩戒与申诉制度》规定了相对完整的惩戒实施程序（见表 4—2）。程序对个人尊严的重要价值和行业惩戒对会员的极度不利影响要求行业惩戒行为必须遵循严格的程序制度，以确保惩戒公平、公正：一方面，与传统法治观念仅仅将公正、中立的程序制度看作实现实体正义的手段不同，现代法治观则更看重程序正义本身的价值，尤其强调程序对于保障个人尊严的价值："无论我们对哪些程序属性会导致不公正的感受表述得多么模糊，我们通常总是把程序侵犯形容为在一定程度上不尊重我们的个性，不把我们作为人来认真对待。"② 另一方面，

---

① 例如，《上海市促进行业协会发展规定》第 19 条："行业协会可以通过收取会费、接受捐赠、开展服务等途径，筹措活动经费。"《无锡市促进行业协会发展条例》第 10 条："行业协会可以通过收取会费、接受捐赠、开展服务等途径，筹措活动经费。"《威海市行业协会管理办法》第 34 条："行业协会不以营利为目的，但可以通过下列途径筹集活动经费：（一）收取会费；（二）接受捐赠、资助；（三）依法开展有偿服务；（四）法律、法规和规章规定的其他合法途径。"《温州市行业协会管理办法》第 40 条："行业协会经费主要有下列来源：（一）会费；（二）捐赠、资助；（三）接受委托工作所得经费和服务收入。"《扬州市行业协会管理暂行办法》第 24 条："行业协会的经费来源：（一）会员交纳的会费；（二）从事政府及其部门委托的事务所获得的报酬；（三）在章程规定范围内开展服务的收入；（四）政府资助、社会捐赠；（五）其他合法收入。"

② ［美］杰瑞·L．马肖：《行政国的正当程序》，沈岿译，高等教育出版社 2005 年版，第 175 页。

当下社会具有信息极速传播和资源高度集中（通常是组织垄断）的特点，公开谴责或取消会员资格对会员造成的负面影响是难以估量的。笔者认为，行业惩戒的基本程序包括立案、调查、说明理由、听取陈述和申辩以及告知惩戒决定等主要环节。

表4—2　　　　　　　　　　　行业自律规范的体系架构

行业自律规范	体系架构	备注
《深圳市种子同业商会会员自律惩戒制度》	第1条——规范目的；第2条——适用范围；第3条——制度宗旨；第4条——实施主体；第5条——申诉和举报；第6条——商会职责；第7条——违规行为；第8条——惩戒措施；第9条——惩戒的从轻或减免；第10条——解释权	
《深圳市印刷行业协会行业自律管理奖惩办法》	第1章——总则；第2章——奖励的种类和适用；第3章——惩戒的种类和适用；第4章——实施程序［仅1个条文：第17条第（二）项］	第17条：奖惩意见由协会秘书处提出，报请协会理事会决定。必要时可召集协会或有关专业委员会（分会）同行评议会议。重大奖惩由常务理事会研究决定并报有关部门备案
《深圳市建设项目管理协会会员自律公约》	第1章——总则；第2章——自律守则；第3章——公约的实施、解释和修订及会员权利义务；第4章——惩戒与奖励；第5章——附则（规则的生效与解释）	
《深圳市住宅协会会员惩戒与申诉制度》	第1章——总则；第2章——惩戒种类和适用；第3章——惩戒实施机构；第4章——回避；第5章——投诉与受理；第6章——调查；第7章——惩戒实施（第35—39条）；第8章——附则（生效与解释）	第35、36条——决定主体；第37条——惩戒决定书；第38条——报登记机关备案；第39条——送达

行业自律规范	体系架构	备注
《深圳市物业管理行业制裁规则》	第1章——总则；第2章——制裁的种类；第3章——制裁的适用（应制裁的行为）；第4章——制裁实施机构；第5章——制裁程序；第6章——复查；第7章——附则（生效与解释）	第5章第1节——受理与投诉；第2节——制裁庭的组成；第3节——制裁庭合议、听证、制裁决定书和送达
《深圳市软件行业自律惩戒制度》	第1条——规范目的；第2条——适用范围；第3条——不自律行为；第4条——秘书处职责；第5条——不自律行为的认定程序；第6条——惩戒种类；第7条——惩戒种类的适用；第8条——解释；第9条——生效	第5条：秘书处负责组织监督检查机构开展调查取证；秘书处依据调查取证结果提出惩戒意见，并提交理事长会议审议和认定；秘书处书面告知被惩戒会员单位
《深圳市进出口行业自律惩戒制度》	第1章——总则；第2章——惩戒种类和程序（第5—8条）；第3章——应惩戒行为；第4章——附则（救济、生效与解释）	第5条——自律委员会调查；第6条——理事会提出惩戒建议；第7条——会员大会决定；第8条——报有关部门备案
《深圳市道路集装箱运输行业自律惩戒申诉制度》	第1章——总则；第2章——行业价格准则；第3章——罚则（处罚种类、处罚程序——第14条救济、生效）	第14条：理事会决定开展调查后，组织协会秘书处、协会法律顾问和相关行业专家进行调查、取证，并将调查结果书面报告理事会和监事会。理事会做出处罚决定
《深圳市环境保护协会自律惩戒制度》	第1条——规范目的；第2条——制度宗旨；第3条——实施主体；第4条——申诉和举报；第5条——协会对公约的职责；第6条——可惩戒行为和惩戒措施；第7条——适用范围	
《深圳市物联网智能技术应用协会自律惩戒制度》	第1条——规范目的；第2条——适用范围；第3条——不自律行为和惩戒程序；第4条——惩戒措施种类；第5条——惩戒的从轻或减免；第6条——制定主体；第7条——解释权；第8条——生效	第3条：由理事会根据调查结果作出惩戒决定，理事会闭幕期间，由理事长办公会议作出决定，并制作书面文件送达当事人

（一）立案

立案的前提是违规事实的获取。根据深圳市各行业协会诚信自律公约或规范的相关规定，违规事实的获取一般有两种途径，即行业协会主动获取与有关人员或组织的举报或投诉，而后者则是违规事实获取的主要渠道。一般而言，行业协会的秘书处作为日常管理机构负责受理相关投诉，并对投诉进行初步审查。例如，《深圳市集装箱拖车运输业行业公约》第12条规定："行业从业人员有义务对违反价格准则的行为向协会秘书处进行举报、投诉。举报、投诉应以书面形式进行，并提供相关证据或证据线索。"再如《深圳市住宅产业协会会员惩戒与申诉制度》第17条规定："投诉人可以采用信函或直接来访投诉，也可以书面形式委托他人代为投诉。"同时，第19条规定："协会秘书处通过公共媒体、匿名举报等渠道知悉会员涉嫌有违规行为信息的，可以依职权直接立案受理启动调查程序，无需投诉人举报。"

收到投诉人的举报后，秘书处应当在七个工作日进行初步审查，并做出相应处理：①

1. 不予受理

这主要是针对以下情形：（1）虽有涉嫌违法、违纪的事实，但不属于本协会处理范围的；（2）投诉人未能提供被投诉人的姓名，或者投诉材料线索模糊、事实不清，又不能提供基本证据材料的；（3）投诉人的投诉事项本协会已经处理，无新的事实又再次投诉的；（4）证据材料或者被投诉人的身份无法核实，导致相关事实无法查清的。对于不予受理的投诉，应当在做出不予受理决定后的10个工作日内向投诉人答复并说明理由，但匿名投诉的除外。

2. 要求被投诉人提交书面申辩

秘书处应在收到投诉后七个工作日内书面通知被投诉会员，要求其在十个工作日内提交书面申辩、回答质询和说明情况；被投诉会员在限定的期限内提出书面申辩或者申辩期限届满后，协会秘书

---

① 参见《深圳市住宅产业协会会员惩戒与申诉制度》第20—23条。

处应当于十个工作日内决定是否立案查处。

3. 移交行政或司法机关

投诉的案件涉及违反法律、法规或者规章的规定，可能构成违法犯罪或对社会有重大影响的，应及时报告相关主管部门或者移交司法机关处理。

（二）调查

行业协会在收到投诉或者主动获取违规事实后，应当成立专门组织就违规事实进行调查，并在事实查明的基础上就相关投诉进行反馈与回应。例如，《深圳市住宅产业协会会员惩戒与申诉制度》第 23 条规定："决定立案的会员违规案件，秘书处应当在立案后 5 个工作日组成调查组，对案件进行调查评审。调查组成员由秘书处工作人员、理事会（或常务理事会）成员组成。"调查的方式有询问；听取有关会员的陈述和申辩；向有关会员调取、查阅和复制有关材料；对有关会员的业务工作情况进行检查；向有关组织和个人进行调查等。调查终结后，调查组应写出调查报告，并提出初步处理意见。例如《深圳市道路集装箱运输行业自律惩戒申诉制度》第 14 条第（2）项载明，市拖车协会理事会决定开展调查后，组织市拖车协会秘书处、市拖车协会法律顾问和相关行业专家进行调查、取证，并将调查结果书面报告市拖车协会理事会和监事会。

调查是惩戒决定做出的前提，也是惩戒程序的核心流程，为了确保证据的收集和汇总是全面、客观、公正的，调查人员应当由与本案无关人员担任；若与本案有利害关系可能影响到案件公正处理的，则应自觉回避。例如，《深圳市住宅产业协会会员惩戒与申诉制度》第 14 条至第 16 条详细规定调查人员回避制度。具体而言，调查人员有下列情形之一的，应当回避：（1）是投诉人、被投诉人近亲属的；（2）与投诉人、被投诉人现在或曾经在同一单位，或现虽不在同一单位，但被投诉事项涉及在原同一单位期间的；（3）与本案有利害关系的；（4）其他有可能影响公正处理的。上述所列人员的回避，当事人、本人均可提出回避申请，由秘书长决定；本人、当事人未提出回避申请的，秘书长有权决定其回避；秘书长的回避，由会长或者理事长决定。秘书长在收到回避申请后，应当及时审查，并在 10 日内做出准予与否的决定，并通知有关当事人。在回避申请未获批准前，不停止对案件的调查处理。

（三）拟定惩戒决定和说明理由

行业协会查明相关违规事实后，根据相应情节，确定惩戒措施，做出惩戒决定。如《深圳市道路集装箱运输行业自律惩戒申诉制度》第 14 条第（3）项规定，市拖车协会理事会对调查结果进行讨论，根据情节做出相应的处罚决定；第 15 条规定，协会在做出自律惩戒决定之前，应当告知当事人拟做出惩戒决定的事实、理由及依据。

拟做出的惩戒决定应当与被惩戒会员违法违规行为的主观恶意、情节以及业内影响力或者社会影响力相一致，符合过罚相当的原则。对于下列情形的违规行为，可以从轻或者免予惩戒：（1）初次违规且情节显著轻微或轻微，未造成后果的；（2）因疏忽大意导致违规的；（3）承认违规并做出诚恳书面反省，配合调查的；（4）违规行为发生后主动采取补救措施，未发生严重后果或减轻不良后果，客观上避免或者减轻财产和道义上的损失的。[1] 对于下列情形的违规行为，则从重惩戒：（1）两次（含）以上违规的；（2）故意乃至恶意违规的；（3）违规行为造成严重后果，或不良社会影响的；（4）对投诉人、证人、行业协会工作人员打击报复或对其进行诋毁的；（5）有提供虚假情况、材料、说谎及不诚实言行，或者隐匿证据等不诚实行为的；（6）阻挠、妨碍、逃避调查，或者以其他方式不配合调查的；（7）有其他严重情节的。[2]

（四）听取陈述和申辩

陈述，是指当事人对行业协会拟做出的决定陈述自己的不同意见；申辩，是指当事人对行业协会做出的决定所主张的事实、理由和依据进行申诉和解释说明。在行业协会行使其内部惩戒权时，应当参照《行政处罚法》的相关规定，必须给予当事人陈述和申辩的机会：当事人提出的事实、理由或者证据成立的，行业协会应当采纳，并且不得因当事人申辩而加重惩戒。同时，如果行业协会在做

---

① 参见《深圳市住宅产业协会会员惩戒与申诉制度》第 15 条。

② 同上，第 40—41 条。

出行业惩戒决定之前，不向当事人告知给予惩戒的事实、理由和依据，或者拒绝听取当事人的陈述、申辩，则其惩戒决定无效。①

如果行业协会拟做出的惩戒决定是影响当事人重大利益的，如公开谴责决定或除名等，还应当告知当事人有听证的权利。例如，《深圳市道路集装箱运输行业自律惩戒申诉制度》第 15 条第 2 款规定："协会在作出公开谴责自律惩戒决定前，应当告知当事人自接到自律惩戒告知之日起十五日内有要求听证的权利。"再如，《深圳市物业管理行业制裁规则》第 70 条规定："制裁庭拟作出公开谴责决定前，应当告知被投诉人有权要求听证。被投诉人要求听证的，应当在制裁庭告知后的七个工作日以书面形式提出申请。制裁庭应当在收到听证申请后的三十日内组织听证。"随后，第 71 条就听证程序做出了详细的规定。遗憾的是，《深圳市物业管理行业制裁规则》所规定的听证并没有规定主持人中立和回避，也没有确立只能依据听证笔录做决定的案卷排他制度，而是规定"听证后，制裁庭依照本规则相关规定作出决定"，极大地削弱了听证的价值。②

（五）送达惩戒决定书

送达惩戒决定书是正当程序的重要制度，也是惩戒决定对当事人产生效力的前提。在行政法上，行政决定不经送达不能对当事人产生效力。在田永诉北京科技大学案中，法院以司法权威确立了"送达"对于正当程序的重大意义，即"从充分保障当事人权益的原则出发，做出处理决定的单位应当将该处理决定直接向被处理人

---

① 参见《行政处罚法》第 32 条："当事人有权进行陈述和申辩。行政机关必须充分听取当事人的意见，对当事人提出的事实、理由和证据，应当进行复核；当事人提出的事实、理由或者证据成立的，行政机关应当采纳。行政机关不得因当事人申辩而加重处罚。"同时，第 41 条："行政机关及其执法人员在作出行政处罚决定之前，不依照本法第三十一条、第三十二条的规定向当事人告知给予行政处罚的事实、理由和依据，或者拒绝听取当事人的陈述、申辩，行政处罚决定不能成立；当事人放弃陈述或者申辩权利的除外。"

② 《深圳市物业管理行业制裁规则》第 71 条："听证依照以下程序进行：（1）制裁庭决定举行听证，应当在听证会前的 7 个工作日通知被投诉人听证的时间、地点；（2）听证时，由自律督察委员会的调查人员提出被投诉人违规、违纪的事实、证据和制裁建议；被投诉人进行申辩，双方进行质证；（3）听证应当制作笔录；笔录交由被投诉人审核无误后签字或者盖章；（4）听证后，制裁庭依照本规则相关规定作出决定。"

本人宣布、送达"①。同理，行业协会对成员单位的惩戒，须以送达被惩戒当事人为成立要件。一般而言，惩戒决定书应包括如下内容：（1）当事人的姓名或者名称、地址；（2）违规行为的事实和依据；（3）自律惩戒的方式和依据；（4）自律惩戒的履行方法和期限；（5）当事人不服自律惩戒决定时申诉的途径和期限；（6）协会的名称、印章和做出决定的日期；（7）如有附件，应当说明附件的名称和数量。② 在送达方式上，可以参照《民事诉讼法》对于送达的规定，以直接送达为原则，当直接送达确有困难时，再结合具体情况选择留置送达、委托送达、邮寄送达、转交送达或者公告送达作为送达方式。

四　行业内部惩戒权的救济

法谚有云，"无救济则无权利"。当下社会，互联网的发达造就了信息的快速传播，而市场化则带来资源的高度集中。行业协会对于会员的惩戒，无论是声誉上的损害还是行动上的限制，即便没有国家机器做后盾，其对会员的权益损害也不亚于国家公权力所课加的财产削减或自由剥夺。因此，必须寻找适当的途径为受到行业惩戒的会员提供必要救济，这也是限制行业自治权滥用的重要手段，有助于行业自治的完善。在 10 个分析样本中，有 8 个规定了会员不服惩戒的救济方式，其中，内部申诉或复查出现 7 次、向政府反映或者行政申诉出现 2 次，仲裁出现 1 次、诉讼出现 1 次。（详见表

---

① 《田永诉北京科技大学拒绝颁发毕业证、学位证行政诉讼案》，《最高人民法院公报》1999 年第 4 期。该案基本案情如下：北京科技大学九四级学生田永于 1996 年 2 月 29 日在参加电磁学课程补考过程中，因中途去厕所掉出随身携带写有电磁学公式的纸条，被监考老师发现并停止其考试。北京科技大学依据其"068 号通知"认定田永系考试作弊，决定对田永按退学处理，并填发了学籍变动通知。但是，北京科技大学没有直接向田永宣布处分决定和送达变更学籍通知，也未给田永办理退学手续。田永继续以在校大学生的身份参加学校组织的活动，并完成了学校制订的教学计划，学习成绩和毕业论文均已达到高等学校毕业生水平。1998 年 6 月临近毕业时，学校有关部门以田永不具有学籍为由，拒绝为其颁发毕业证、学位证。田永一纸诉状将北京科技大学诉至海淀区人民法院。本案是我国首例在《最高人民法院公报》上登载的以高等学校作为行政诉讼被告的案件。

② 参见《深圳市道路集装箱运输行业自律惩戒申诉制度》第 16 条。

4—3）根据受理主体是否为行业协会本身，我们将上述救济方式分为内部救济和外部救济。

表4—3   **会员权利救济方式一览表**

行业协会自律规范	相关条文	备注
《深圳市种子同业商会会员自律惩戒制度》	第5条：会员单位和个人在执行本自律制度时发生纠纷，可以向商会提出申诉。	内部申诉
《深圳市印刷行业协会行业自律管理奖惩办法》	第17条第（2）项：会员单位对行业自律奖惩决定有异议可以向协会反映或向有关部门反映，也可提出仲裁。	内部申诉 求助政府 仲裁
《深圳市建设项目管理协会会员自律公约》	—	—
《深圳市住宅协会会员惩戒与申诉制度》	第5条：被惩戒的会员对惩戒决定不服的，可以向协会监事会提出申诉。	内部申诉
《深圳市物业管理行业制裁规则》	第6条：企业或个人对市物业管理协会所给予的行业制裁不服的，有权要求复查。	内部申诉
《深圳市软件行业自律惩戒制度》	第5条第（3）项被惩戒会员单位如有异议的，应当在被告知之日起7日内，向秘书处提交书面复议申请。逾期视为无异议并接受惩戒。	内部申诉
《深圳市进出口行业自律惩戒制度》	第10条：被惩戒对象对本会作出的惩戒决定不服的，可向政府主管部门申诉或者向人民法院起诉。	行政申诉 诉讼
《深圳市道路集装箱运输行业自律惩戒申诉制度》	第17条：当事人对自律惩戒决定不服的，可以在收到自律惩戒决定书之日起15个工作日内向协会提出书面申诉。	内部申诉
《深圳市环境保护协会自律惩戒制度》	第4条：会员单位和个人在执行本自律制度时发生纠纷，可以向协会提出申诉。	内部申诉
《深圳市物联网智能技术应用协会自律惩戒制度》	—	—

（一）内部救济

国家—社会的权力分工要求"国家无正当理由、无迫切需要不得干预社会自治领域"，行业协会"相对于其外部机关或者组织，更熟悉自身运作规则，长期沿袭的组织章程与制度能在最大程度上体现组织和成员利益"[1]。因此，被惩戒的会员认为其受到行业协会的不公正对待时，依照行业自治规范向行业协会提出申诉并请求行业协会对其行为进行复查，应是其寻求救济的首选方式。于行业协会，这是其纠纷裁决权的体现，是行业自治的重要内容；于国家，这有利于缓解司法、行政在裁决纠纷方面的压力；于被惩戒会员，行业协会利用专业优势行使优先判断权更有利于其利益保护。因此，许多国家的立法对待自治组织内部的纠纷都以"穷尽内部救济"为基本原则。[2]

就分析样本看，我国行业内申诉制度的现状并不乐观。理论上讲，完整的行业内申诉制度应当包括三方面主要内容：（1）申诉时限——何时有权提出申诉；（2）受理主体——哪个机构具体负责申诉的受理；（3）复查程序——受理申诉后应如何及何时做出复查决定。从规定了内部申诉或复查制度的样本看，这三个方面的具体规定几乎处于空白状态（详见表4—4）。这种完全没有可操作性的行业内申诉制度可谓不值一文，完全丧失了其应有的价值。

表4—4　　　　　　　　各行业内部救济制度建构现状

行业协会自律规范	申诉时限	受理主体	复查程序
《深圳市种子同业商会会员自律惩戒制度》	—	协会	—

---

① 参见徐靖《诉讼视角下中国社会公权力法律规制研究》，法律出版社2014年版，第128页。

② 穷尽行业组织的内部救济不是绝对的，存在如下例外：（1）行业组织内部因救济机制缺失而不能提供适当救济，如章程本身没有规定救济途径或者当事人所提诉求超越了行业组织的管辖权；（2）适用内部救济不符合实质正义，一味地遵循内部救济程序会给当事人造成重大且不可避免的损害；（3）当事人的诉求涉及基本权利事项、内部章程的合法性等宪法问题和法律解释问题。参见徐靖《诉讼视角下中国社会公权力法律规制研究》，法律出版社2014年版，第129—131页。

续表

行业协会自律规范	申诉时限	受理主体	复查程序
《深圳市印刷行业协会行业自律管理奖惩办法》	—	协会	—
《深圳市住宅协会会员惩戒与申诉制度》	—	协会监事会	—
《深圳市物业管理行业制裁规则》	收到决定书的30个工作日内	自律督察委员会复查庭	15日内做出复查决定
《深圳市软件行业自律惩戒制度》	被告知之日起7日内	秘书处	秘书处收到复议申请后15日内提交理事长会议认定
《深圳市道路集装箱运输行业自律惩戒申诉制度》	收到决定书的15个工作日内	协会	受理后60个工作日内做出复议决定
《深圳市环境保护协会自律惩戒制度》	—	协会	

　　笔者认为，建立健全内部申诉制度是行业协会在政社脱钩之后完善其内部治理的重要任务。政府可以本着"扶上马、送一程"的原则以立法或者政策的形式给予相应的指引。第一，申诉时限的确定要保证申诉人有充足的时间准备申诉材料，该时限不能过短，至少要自收到决定书起15个工作日（因不可抗力耽误的除外）；同时，根据法律安定原则，为确保社会秩序的稳定，宜设定一个最长申诉时限。第二，受理主体应是明确的、具体的、专门的，该机构可以是常设的也可以是非常设的，但必须具有中立性和专业性，建议成立由法律工作者、行业内专业人员及同业人员组成的申诉与复

查委员会。① 第三，复查程序的设计必须是公平公正的，宜书面审查为主，必要的时候可以要求双方当事人对质，为避免"迟来的正义为非正义"，还应为复查决定的做出设定期限。

还有一个值得注意的问题，行业协会可否通过其内部规范规定其纠纷处理结果具有最终效力，以此排斥会员寻求外部救济？例如，《深圳市工艺礼品行业协会行约行规》第 21 条："被调查单位对调查结果有争议，可向协会常务理事会申请复议。但是，以监审委员会和常务理事会合议裁决为最终裁定后，签约企业应无条件履行。"再如，《深圳市软件行业自律惩戒制度》第 5 条第 4 项规定："秘书处收到复议申请后 15 日内对申诉材料进行核实，并提交理事长会议认定。复议申请经理事长会议审核认定后，该认定结果为最终结果。"学理上亦有学者指出："自治组织拥有内部自治法律关系纠纷的排他性权力，即内部自治法律关系争议一般由自治组织系统内部解决而不诉诸于国家司法机关。"② 笔者认为，无论是司法和仲裁制度，还是获得救济的宪法基本权利，都属于法律保留的范畴，行业协会的自治规则无权做出限制，排除外部救济的内部规则当属无效。

（二）外部救济

外部救济是指会员在穷尽行业内救济后，仍对救济结果不满或者行业协会根本无法为其提供有效的内部救济时，转而希望从其他社会力量或者国家公权力那里获得权利补救，主要方式有调解、仲裁、向行政机关申诉和司法审查。

1. 调解

调解是指被惩戒会员和行业协会在自愿基础上请求行政机关或者其他社会组织，依据国家法律、法规和政策以及社会公德、业内公认的行为准则，对双方进行疏导、劝说，促使双方相互谅解，进行协商，自愿达成协议，从而解决纠纷的方式。由于调解协议不具

---

① 《深圳市物业管理行业制裁规则》规定的自律督察委员会复查庭是专门处理复杂工作的机构，但该规则仅规定了复查庭的产生方式，却没有规定其成员的构成，也没有就复查程序做出具体规定，还有待于进一步完善。

② 王圣涌：《中国自治法研究》，中国法制出版社 2003 年版，第 19 页。

有强制执行力，为了防止一方事后反悔，对方当事人可以根据《民事诉讼法》和《调解法》的相关规定提请法院确认调解协议的效力。人民法院经审查认为符合法律规定的，裁定调解协议有效，一方当事人拒绝履行或者未全部履行的，对方当事人可以向人民法院申请执行。① 调解虽未在分析样本中出现，但作为一种常用的低成本、高效率的替代性纠纷解决手段，会员可自愿选择调解来寻求救济是不言自明的。

2. 仲裁

仲裁是指被惩戒的会员和行业协会在自愿基础上达成协议，将纠纷提交给非司法机构的第三方审理，并由第三方做出对争议各方均有约束力的裁决。《仲裁法》第2条规定："平等主体的公民、法人和其他组织之间发生的合同纠纷和其他财产权益纠纷，可以仲裁。"有些行业协会在其内部规范中规定如有纠纷可以申请仲裁，例如，《深圳市印刷行业协会行业自律管理奖惩办法》第17条第（2）项规定："会员单位对行业自律奖惩决定有异议可以向协会反映或向有关部门反映，也可提出仲裁。"

3. 行政申诉

从考察样本看，《深圳市进出口行业自律惩戒制度》第10条规定了"被惩戒对象对本会作出的惩戒决定不服的，可向政府主管部门申诉"，《深圳市印刷行业协会行业自律管理奖惩办法》第17条第（2）项则使用了含义更为广泛的"向有关部门反映"。那么，会员单位对行业协会的惩戒不服能否向行政机关申诉？

---

① 《民事诉讼法》第194条："申请司法确认调解协议，由双方当事人依照人民调解法等法律，自调解协议生效之日起三十日内，共同向调解组织所在地基层人民法院提出。"第195条："人民法院受理申请后，经审查，符合法律规定的，裁定调解协议有效，一方当事人拒绝履行或者未全部履行的，对方当事人可以向人民法院申请执行；不符合法律规定的，裁定驳回申请，当事人可以通过调解方式变更原调解协议或者达成新的调解协议，也可以向人民法院提起诉讼。"《调解法》第33条："经人民调解委员会调解达成调解协议后，双方当事人认为有必要的，可以自调解协议生效之日起三十日内共同向人民法院申请司法确认，人民法院应当及时对调解协议进行审查，依法确认调解协议的效力。人民法院依法确认调解协议有效，一方当事人拒绝履行或者未全部履行的，对方当事人可以向人民法院申请强制执行。"

在教育领域,《普通高等学校学生管理规定》(教育部41号令)赋予了学生"向学校所在地省级教育行政部门提出书面申诉"的权利[1],《教师法》也赋予了教师向教育行政部门申诉的权利[2]。这种做法可否在行业协会领域复制推广？笔者认为,虽然行业协会管理体制改革取消了业务主管部门,然而此举目的是不再让行政部门直接干预行业协会的业务,而不是撤销其所在行业的行政主管部门建制。同时,实践中,会员单位不服行业协会惩戒而向行业主管机关反映情况的现象十分普遍。因此,笔者建议将其"向主管机关申诉"制度法定化。

4. 司法审查

司法审查作为权利救济的最后一道屏障,将在本书第五章有更为详尽的阐述。

五　行业惩戒权与行政处罚、刑罚的衔接

行政处罚是行政主体依据法定程序和权限,对违反行政法律规范而尚未构成犯罪的行政相对方所实施惩戒的行为,具有主体特定性、对象特定性,针对行为的特定性、依据法律制裁等特征：就主体特定性而言,根据我国《行政处罚法》第15条以及第17条的规定,行政处罚的主体是国家行政机关以及经法律法规授权的组织；就对象特定性而言,行政处罚的对象是从事违法行为但尚未构成犯罪的行政相对人；行政处罚的种类包括警告、罚款、没收违法所得和非法财物、责令停产停业、暂扣或者吊销许可证或者执照、行政拘留、法律和行政法规规定的其他行政处罚。

刑罚是司法机关依据法定程序和权限,对违反法律规定而构成犯罪的自然人、法人或者其他组织施以的惩戒,其实施与行政处罚一样,皆是以国家机器为后盾。刑罚的主体是司法机关,刑罚的对

---

① 根据《普通高等学校学生管理规定》(教育部41号令),学生对学校的惩戒决定不服,可以向学校申诉委员会申请复议,如果"学生对复查决定有异议的,在接到学校复查决定书之日起15个工作日内,可以向学校所在地省级教育行政部门提出书面申诉"(第62条)。

② 《教师法》第39条："教师对学校或者其他教育机构侵犯其合法权益的,或者对学校或者其他教育机构作出的处理不服的,可以向教育行政部门提出申诉。"

象是构成犯罪的主体。根据《刑法》的规定，我国刑罚种类有主刑和附加刑之分：主刑是指只能独立适用的主要刑罚方法；附加刑是补充主刑适用的刑罚方法，也可以单独使用。其中主刑有管制、拘役、有期徒刑、无期徒刑、死刑五种；附加刑有罚金、剥夺政治权利和没收财产三种。此外，《刑法》还规定了专门针对外国人的驱逐出境。

"八部委意见"指出，要"推动行业协会商会建立的行业性约束和惩戒机制与政府、市场、社会形成的约束和惩戒机制相衔接，形成联动效应"。从笔者搜集到的样本看，大多规定了行业惩戒与行政处罚、刑罚（统称为国家惩戒）的衔接制度。（详见表4—5）

表4—5   行业惩戒与国家公权力惩戒的衔接一览表

行业协会自律规范	相关条文	衔接关系
《深圳市种子同业商会会员自律惩戒制度》	第8条：可通过以下方式实行惩戒：……（五）涉嫌违法的，报告政府有关部门和司法机关依法处理。	行业惩戒在先
《深圳市印刷行业协会行业自律管理奖惩办法》	第11条：协会对不履行行业自律规定，影响行业声誉和行业发展的：……（五）向政府行政执法部门建议停业整顿、吊销证照等或移交司法部门处理。	行业惩戒在先
《深圳市建设项目管理协会会员自律公约》	第25条：行业惩戒无效的或已构成行政处罚条件的，建议政府相关部门给予相应处罚、与相关部门联合禁止政府投资项目的参与。构成犯罪的，移交司法部门依法追究其刑事责任。	行业惩戒在先
《深圳市住宅协会会员惩戒与申诉制度》	第7条：会员因违规行为受到行政处罚或者刑事处罚的，协会可以直接依据已生效的法律文书所认定的事实直接做出惩戒决定，本制度制定的程序不再适用。	国家惩戒在先

续表

行业协会自律规范	相关条文	衔接关系
《深圳市物业管理行业制裁规则》	第32条：物业服务企业……受到区主管部门警告以上行政处罚的，给予业内通报批评。	国家惩戒在先
《深圳市软件行业自律惩戒制度》	第7条第3款：因违反相关法律法规、技术规范标准等，已受到建设主管部门相应行政处罚或承担相应法律责任的，不再进行相应的惩戒。	国家惩戒在先
《深圳市进出口行业自律惩戒制度》	无相关规定	—
《深圳市道路集装箱运输行业自律惩戒申诉制度》	第13条：行业从业者有下列行为之一的，市拖车协会理事会除予以处罚外，有权向相关政府部门提出行政处罚建议：……	行业惩戒在先
《深圳市环境保护协会自律惩戒制度》	第6条：违反本自律制度……构成犯罪的，由司法部门依法追究刑事责任。	行业惩戒在先
《深圳市物联网智能技术应用协会自律惩戒制度》	第4条：可通过以下方式实行惩戒：……（七）涉嫌违法的，报告政府有关部门和司法机关依法处理。	行业惩戒在先

根据上述表格，我们将这种衔接关系分为三种类型：

第一，从业人员的行为仅违反行规行约，并没有违反国家法律法规或者规章。此时，只有行业惩戒机制发挥作用，无须对从业人员进行行政处罚，更没有刑罚的作用空间。

第二，从业人员的行为不仅违反行规行约，而且违反国家法律法规或者规章，既要受到行业惩戒，又要受到行政处罚或者刑罚。例如，《深圳市住宅产业协会会员惩戒与申诉制度》第6条规定："协会应当将惩戒决定和申诉处理结果报送登记机关备案。"《深圳市集装箱拖车运输业行业公约》第 18 条规定："行业从业者有下列行为之一的，协会除予以处罚外，有权向相关部门提出处罚建议：（1）违反行业行为准则；（2）违反行业价格准则，情节严重，造成严重后果的；（3）拒不执行协会处罚的；（4）因违法、违纪而受到行政、刑事处罚的。处罚建议包括：（1）建议暂不办理或不予办理企业年审；（2）建议不予发放《驻点运输许可证》；（3）建议不予办理企业立项、增项；（4）建议不予办理车辆增加事项；（5）建议不予参加企业资质评定；（6）建议停业整顿或注销经营资格。"再如，《深圳市环境保护产业协会会员自律公约》第 25 条规定，"相关行为违反《刑法》的规定构成犯罪的，移交司法部门依法追究其刑事责任"。此时，行业协会的惩戒行为成为行政机关或司法机关获取违法犯罪行为的线索。

第三，从业人员的行为因构成违法或者犯罪而首先受到了行政处罚或者刑罚，此时行政处罚决定或者刑罚决定成为行业协会处分从业人员的直接依据。例如，《深圳市住宅产业协会会员惩戒与申诉制度》第 7 条："会员因违规行为受到行政处罚或者刑事处罚的，协会可以直接依据已生效的法律文书所认定的事实直接做出惩戒决定。"

第四节　行业协会的争端裁决权

行业协会的争端裁决权是行业协会解决内部会员之间或者会员与协会之间、甚至会员与协会以外的其他主体之间的纠纷的权力，是行业自治的必然要求。有学者指出："自治组织拥有内部自治法律关系纠纷的排他性权力，即内部自治法律关系争议一般由自治组织系统内部解决而不诉诸于国家司法机关。"[1] 这种观点虽过于绝对，但其背后蕴含的是自治组织对于解决内部纠纷的专业性。也正因为如此，法律通常赋予行业协会对于内部纠纷的优先判断权，即

---

[1]　王圣涌：《中国自治法研究》，中国法制出版社 2003 年版，第 19 页。

成员必须穷尽一切内部救济手段之后，方可提起行政诉讼。①

一　行业协会争端裁决权的适用对象

行业协会的争端裁决权主要适用于行业协会会员之间的争端，行业协会会员与协会之间的争端，行业协会与其所代表的协会会员与行业协会之外的组织或个人之间的争端。

第一，行业协会会员之间的争端。行业协会会员基于利益追寻与风险共担而自愿组成自治统一体，在根本利益上的一致并不妨碍具体问题上利益冲突的存在。然而，现在社会利益多元化的事实，决定了行业协会会员单位之间的利益冲突与纠纷是必然存在的。行业协会作为会员公共利益的代表，有必要以行业协会的整体利益为目标对会员之间的纠纷进行居中调停，其争端解决的实效又将反过来影响行业协会的发展。

例如，《深圳市道路运输协会诚信自律公约》第 19 条规定："公约成员单位之间发生争议时，争议各方应本着实事求是、团结友好的原则，采取协商的方式解决争议，也可以请求公约执行机构进行调解，自觉维护行业团结，维护行业整体利益。"《深圳市集装箱堆场行业公约》第 20 条规定："公约成员单位之间发生争议时，争议各方应本着互谅互让的原则争取以协商的方式解决争议，也可以请求公约执行机构进行调解，自觉维护行业团结，维护行业整体利益。"可见，在实践中，行业协会一般规定了行业协会争端解决的基本原则与精神，"实事求是""互谅互让"等具有鲜明中国伦理特色的语汇得到彰显。但是，就现实的境况而言，行业协会对争端的真实解决收效甚微，只有不断丰富争端解决的制度与规则基础，形成争端解决的基本规范与行动指南，方可将概括抽象的规定细化为可执行的具体规则，从而实现真正的矛盾化解与秩序稳定。

第二，行业协会会员与协会之间的争端。作为行业协会成员通过让渡权力而形成的自治性组织，尽管行业协会的活动与权限须受到行业协会会员的认可，但会员与协会利益并非总是高度一致，当

---

① 参见徐靖《诉讼视角下中国社会公权力法律规制研究》，法律出版社 2014 年版，第 37 页。

会员利益与协会利益产生分歧时，会员与协会之间纠纷就在所难免。例如，《深圳市手机行业协会行规行约》第13条规定："会员单位之间对执行本规约发生纠纷，以及会员单位与协会就执行本公约发生纠纷，可向协会秘书处提出申诉，由协会会同有关会员单位进行调查和协调处理。"就争端解决的一般理论而言，中立的第三方介入是纠纷公正解决的基础条件，行业协会与会员之间的纠纷理应通过中立的第三方进行调解或者仲裁，方具备程序上的合理性并进而保障结果的公正。就此而言，行业协会本身既作为运动员又作为裁判员来调解行业协会成员与其之间的争端，不符合程序正义的要求。如果纠纷是会员不服行业协会施加的惩戒所引起的，则行业协会通过受理会员单位的申诉来为其提供救济则是行使行业优先判断权的体现。

第三，行业协会会员与行业协会之外的组织或个人的纠纷。例如，《深圳市物联网智能技术应用协会会员自律公约》第21条规定："协会会员企业与消费者因服务质量和价格引起的争议和纠纷，经双方协商无效，可向本协会或消费者协会请求调解。"再如，深圳市保险同业公会通过完善公会保险消费者权益服务总站、建立健全公会保险合同纠纷调解委员会工作机制，致力于调解会员企业之间、会员企业与被保险人之间的矛盾纠纷，取得了一定的成效。行业协会基于中间性与专业性，作为协会会员与协会外组织或个人，特别是与消费者纠纷的调解机构，具有技术优势。但如何在调解过程中，避免行业协会对会员单位的偏袒，使得争端优化解决，则需要更深入与全面的制度与规则思考。

二　行业协会争端裁决权与诉讼、仲裁的衔接

深圳市近年来探索中的"诉前联调＋司法确认"模式，对于探索行业协会争端解决的司法接洽具有重大借鉴意义。

如2012年12月12日，深圳保监局与深圳市中级人民法院正式签署了《深圳市中级人民法院与深圳保监局关于共同推进联调机制建设的合作框架》，确定以深圳市保险消费者权益保护服务总站为平台，承接两级法院立案前的引导调解、立案后委托调解和应邀协

助调解保险纠纷案件，积极引导当事人进行司法确认，低成本快速处理当事人的合理诉求。保险消费者权益保护服务总站积极介入并调解保险合同纠纷，如果调解不成功，在确认当事人双方同意裁决的前提下，根据涉案金额大小从"保险合同纠纷调解委员会"中随机抽取3—5名专家组成裁决小组进行裁决，其裁决对服务总站会员公司有约束力，会员公司并无上诉权；但是如果裁决小组裁定投诉不成立，赞同保险公司拒绝赔偿的决定，则消费者仍有权诉诸法律途径，裁决小组的裁决不会影响消费者的法律权益。据统计，该服务总站迄今共调解各类投诉案件、咨询事项和法院委托案件1454起，其中立案投诉528起、咨询事项881起、各法院转办45起。其中，立案投诉案件结案率为95%，消费者满意度高达85%。另外15%为消费者诉求不合理，服务总站通过合理引导、解释说明等途径，均给予了消费者清晰、合理的答复，取得良好的社会效果。

又如，2014年3月13日深圳市中院与深圳证监局签署了《关于共同推进联调机制建设的合作框架协议》。该协议以《最高人民法院关于建立健全诉讼与非诉讼相衔接的矛盾纠纷解决机制的若干意见》和《国务院办公厅关于进一步加强资本市场中小投资者合法权益保护工作的意见》的精神为指导，遵循自愿、合法、高效、保密和独立原则，对因深圳证监局辖区资本市场业务产生，且依法属于深圳中院及各基层人民法院管辖的证券类纠纷，在深圳市中院与深圳证监局协调指导下，建立以深圳证券期货业纠纷调解中心为工作平台的诉讼和调解对接机制。根据上述协议，深圳市凡是因上述纠纷起诉到人民法院的中小投资者，在自愿的前提下，可以通过该机制进行诉前调解、委托调解、协助调解，而且在调解中不收取费用。对于调解成功的，人民法院审查后依法进行司法确认或出具民事调解书。该机制的建立，为及时高效解决深圳证券类纠纷、切实保障当事人的合法权益、提高深圳证券类纠纷处理的专业化水平将起到一定的促进作用。

但总体而言，我国目前并未规定直接承认民间仲裁与调解协议的效力。调解效力的承认与有效落实取决于当事人的合意和司法机关依申请确认。如前文所述，行业协会的规范制定、惩戒机制等具有相当的社会合法性与正当性，行业协会在纠纷解决与社会稳定层面也发挥着相当的作用。因而，深圳市的"诉前联调＋司法确认"制度一旦向成熟度高的行业协会推广，行业内纠纷经过法院和行业协会的协调指导调解成功，在当事人达成调解协议的情况下，引导各方当事人基于自愿申请人民法院确认调解协议的效力（即时履行的除外）的尝试，对于促进司法资源的集约，促进社会矛盾化解的便捷，颇具裨益。

就行业争端解决与仲裁的衔接而言，比较典型的事例是深圳市外商投资企业协会与华南国际经济贸易仲裁委员会联合设立的深圳外商投资企业协会商事调解委员会（下称"调解委员会"）。调解委员会于 2009 年 5 月揭牌成立，作为独立、公正的帮助外商投资企业以及其他市场主体解决商事争议的常设调解机构，调解委员会的宗旨是：通过调解与仲裁相结合的方式，快速有效地解决国内外商事争议，为深圳建设国际化城市打造和谐的营商环境。可提交调解的争议类型包括（但不限于）贸易、投资、银行、证券、保险、物流、运输、房地产、建筑工程、高新科技、知识产权等各种商事争议。调解委员会的设立是我国商事纠纷解决机制的创新，有机地结合了协会的民间性、中立性和仲裁的专业性、权威性，结合了商事调解的自愿性、保密性和国际经济贸易仲裁委员会仲裁裁决的终局性、约束力，不仅使外商投资企业以及其他市场主体解决商事争议更加省事、省心、省时、省钱，也因调解与仲裁相结合机制的导入，可赋予调解结果以仲裁裁决的强制效力。根据联合国《承认及执行外国仲裁裁决公约》，调解委员会的调解结果在全球 149 个国家和地区获得承认和执行，在我国是一种全新的、高效的"自治救济"方式，将有利于节省行政和司法资源，有利于和谐地解决商事纠纷和化解社会矛盾。

三　行业内部争端裁决权的扩张

2012 年深圳市委、市政府《关于进一步推进社会组织改革发展的意见》指出，引导社会组织深入了解群众呼声，敏锐把握社会脉搏，及时传递社会动态，通过平等的对话、沟通、协商、协调等办法参与调处社会矛盾，缓解社会纠纷，增强社会弹性，促进社会融合。发挥社会组织精神抚慰、人文关怀的功能，积极加强社会心理疏导，落实心理民生。推广"行政调解、人民调解、行业调解＋司法确认"的联调模式，完善社会组织调解与行政手段、司法裁决之间的衔接机制。行业协会在内部争端调解之余，还参与到社会纠纷调解的过程中来，这无疑有助于秩序稳定与矛盾化解。

在实践中，深圳市物业管理协会协助相关部门对月亮湾事件、民生银行大厦事件、新城市花园业主投诉、桂都大厦业主投诉等数十起事件纠纷进行了现场调处，取得了良好的社会效益，有效管控了分歧，实现了秩序稳定。但是，行业协会争端裁决权的扩张有无限度？其扩张应该如何实现内部与外部协调？如何避免行业协会为了获得政府资助或出于其他目的在对内部纠纷自顾不暇的情况下仍将主要精力投放在协助政府解决社会矛盾上？等等，都有赖于进一步探索与思考。

本章小结

我国行业自治权主要包括规范制定权、内部管理权、行业惩戒权和纠纷裁决权。行业内部规范是行业自治的依据，为行业协会提供最基本的行为准则，一般情况下仅具有内部效力，但在法律有特别规定或为法律所认可时也可能在特定条件下产生一定的外部效力。行业协会的内部管理权旨在对行业协会内部成员的行为是否合规进行必要的日常指导、检查和矫正。行业惩戒权是确保行业协会内部规范得到遵守的一种必要措施，受制于惩戒权的产生基础和实施主体，在种类和形式各方面都受到法律的制约，即不得剥夺个人或组织的人身权利或财产权利，也不得超越《行政处罚法》和《刑法》所覆盖的范围，仅能对违规者的行为自由，或者从行业协会获得或可能获得的某种利益进行适度的限制，或者通过对违规者及其违规行为进行披露形成一种伦理或道德上的压力而起到惩戒作用。纠纷解决权则是行业协会解决社会纠纷、维护行业和社会公共秩序的重要权力，既是行业自治的体现，也是缓解国家司法、行政压力的有效举措。① 如何促进行业协会在裁决纠纷过程中发挥其专业性优势，获得较好的裁决效果，是需要进一步探索和研究的问题。

①　参见徐靖《诉讼视角下中国社会公权力法律规制研究》，法律出版社 2014 年版，第 37 页。

第五章

行业自治的外部监管机制

　　"在市场经济逐步发育成熟、改革开放逐步深入和社会转型全面展开的进程中，包括行业协会在内的社会组织经历了曲折发展逐步走向新高潮的过程。"[①] 特别是近几年来，随着党和政府对行业协会认识的不断深入，无论是中央还是地方，针对行业协会规范管理和支持发展的政策环境得到了不断改善。[②] 行业协会的数量在此背景下呈井喷式增长。据相关数据显示，截至2014年底，全国依法登记的社会组织有60万个、社会团体30.7万个，其中行业协会近7万，比"十一五"初期（2006年约6万）增长了近一万，会员有2000多万家，工作人员100多万人。其中，约800家全国性行业协会拥有会员企业427.9万家，协会工作人员1.6万多人。[③] 各地各类的行业协会积极开展活动，在社会治理中发挥了不容忽视的积极作用。

　　与此同时，人们也越来越关注到，伴随着行业协会的日益发展壮大，其负面影响也日益突出。行业协会对社会资源的广泛占有（有时甚至是垄断性的占有）以及由此附带产生的权威性、强制性犹如"甜蜜的毒药"，通过权力的实然运作逐步渗入权力行使者的躯体与灵魂。"为善"抑或是"作恶"通常只是在权力行使者的一

---

　　① 王名：《中国民间组织30年——走向公民社会（1978—2008）》，社会科学文献出版社2008年版，第21页。

　　② 景朝阳编：《中国行业协会商会发展报告（2014）》，社会科学文献出版社2015年版，第22页。

　　③ 龚维斌：《中国社会体制改革报告 No.2》，社会科学文献出版社2014年版，第148页。

念之间。① 现实中行业协会违背宗旨从事营利行为，借各种名目滥收费用；限制正当竞争，协会自愿被作为实现垄断的手段；借官方地位行使"二政府"权力；自身治理机制缺失等②皆在向公众发出警示：行业自治不能是绝对的自治，需要来自国家公权力和社会公众的外部监督。

第一节　行业协会的立法监督

2012 年底，党的十八大提出"加快形成政社分开、权责明确、依法自治的现代社会组织体制"。随后，2013 年 3 月，第十二届全国人民代表大会第一次会议批准通过的《国务院机构改革和职能转变方案》重申"改革社会组织管理制度。加快形成政社分开、权责明确、依法自治的现代社会组织体制"。同年 11 月，中共十八届三中全会通过《中共中央关于全面深化改革若干重大问题的决定》再次明确未来社会组织改革的基本方向是"激发社会组织活力，正确处理政府和社会关系，加快实施政社分开，推进社会组织明确权责、依法自治、发挥作用"。2014 年十八届四中全会通过的《中共中央关于全面推进依法治国若干重大问题的决定》，把加快社会组织立法，推进行业依法治理、依法自律纳入了依法治国总体布局。2015 年《脱钩方案》提出，积极稳妥推进行业协会商会与行政机关脱钩，但明确提出脱钩并不是脱管，"将行业协会从体制内摘除，拿掉行业协会的'二政府'帽子，不是脱钩的最终目的。……还要加快推进行业协会商会立法工作，需要配套一系列支持和监管政策，以加强行业协会商会自身的制度建设"。

值得期待的是，行业协会商会法已列入十二届全国人大常委会立法规划，"全国人大财经委将和全国工商联共同组建起草组，积极推进行业协会商会法草案起草，对管理体制、财税、价格、登记

---

① 参见徐靖《诉讼视角下的中国社会公权力法律规制研究》，法律出版社 2014 年版，第 48 页。

② 参见黎军《行业自治与国家监督》，法律出版社 2006 年版，第 101—108 页。

设立、退出、产权、治理结构等各方面进行规范"。① 由此可见，制定专门的《行业协会法》成为大势所趋。需要探讨的是，《行业协会法》应采取什么样的立法体例？是行业协会限制法还是促进法？应主要规范什么内容？应如何处理《行业协会法》与其他单行法之间的关系？

一　现行行业协会立法体系

宪法有关结社自由的规定是行业协会存在的合宪性基础。在此基础上，有关行业协会的立法散见于行政法规和一些地方性立法之中。

（一）宪法规范中的行业自治

结社自由是公民的基本权利，对结社自由的有效保护是民主社会的重要标志。《中华人民共和国宪法》第35条规定："中华人民共和国公民有言论、出版、集会、结社、游行、示威的自由。"托克维尔说过："在现代国家里，结社的科学乃科学之母；其他一切的进步实系于这门科学的发展。"因此，世界各国的宪法都规定了公民的结社自由权。但是从另一方面看，结社自由又是一种特殊的权利，只有谨慎合理地运用才能促进民主政治和社会发展，否则将导致政治动荡及其他严重后果。即使是将结社自由奉为圭臬的托克维尔也这样警告人们："即使说结社自由没有使人民陷入无政府状态，也可以说它每时每刻都在使人民接近这种状态。"② 因此，许多国家在保障结社自由的同时也规定了一些限制性、监督性的条文。

总体而言，结社自由权表明组建行业协会、参与行业协会以及不参与行业协会都有宪法上的依据。同时，行业协会自治权的有效行使，有赖于社团内事务免受国家干预。

（二）法律、行政法规与行业协会自治

国家有关社会团体的法律规定，如《社会团体登记管理条例》

---

① 陈磊：《行业协会商会脱钩改革亟需立法保障》，《法制日报》2015年12月1日。

② ［法］托克维尔：《论美国的民主》上卷，董果良译，商务印书馆1991年版，第217页。

等为行业协会自治提供了法律保障。它们对包括行业协会在内的所有社会团体进行统一规范。在域外立法例中，有关行业协会以及商会的专门法律规范，如《法国商会法》、"台湾商业团体法"等，对行业协会进行全面调整和规范，是行业协会以及商会自治的法律准则。除此之外，有关特定行业协会的法律规范也保证了行业协会自治，如在其他法律中以专门章节或条款对某一领域的行业协会进行特别规定，如《证券法》的内容涉及证券业协会的性质地位、协会设置、协会成员的加入、协会章程以及协会的具体职责等。

（三）地方性法规与行业协会自治

除了国家法律对行业协会有所规范外，我国地方机关也对行业协会进行了规范。在地方立法中采取的形式是多种多样的，有的以地方性法规形式加以规范，如深圳市人大常委会制定的《深圳经济特区行业协会条例》；有的则以地方政府规章的形式加以规范，如上海市政府出台的《上海市行业协会暂行办法》、温州市政府制定的《温州市行业协会管理办法》；还有的则仅以政府规范性文件形式规范，如四川省经贸委制定的《四川省经贸委工商领域协会管理办法》。

综上所述，在中央层面，我国行业协会领域的"专门"立法，只有现行的《社会团体登记管理条例》。然而，"《社会团体登记管理条例》并没有在法律上对行业类社团与其他类社团区别定位，也没有对其组织原则、职能作用和社会地位给予明确的界定，相应配套实施细则至今尚未出台。总体上讲，目前我国有关行业协会的立法还很不健全，缺少一部综合性、层次较高的行业协会法，必须加快行业协会立法步伐，制定专门的行业协会法"[1]。

二 《行业协会法》的立法体例

行业自治必然要求有序自治，这决定了行业协会所在的场域不是"无需法律的秩序"，而是"社会规范——非正式控制"与"法律——正式控制"相结合的场域，而后者"法律——正式控制"扮

---

[1] 魏哲哲：《规范行业协会立法需加快步伐（对话）——访中国政法大学教授李东方》，《人民日报》2015 年 10 月 21 日第 17 版。

演着不可或缺的权力规制角色。① 就世界范围内看，20 世纪以来，很多地区和国家，根据经济发展形势的需要，都相继制定了与本国国情相适应的行业协会法律与制度。各国因在政治、经济、历史文化传统及法律渊源方面不尽相同，故行业协会法律制度存在很大差异。就立法体系而言，存在无专门的行业协会立法和有专门的行业协会立法，前者以美国为代表，后者以德国为代表。

（一）美国的行业协会立法

美国的行业协会制度以自由、竞争为主要特征，国家层面无专门的行业协会法，行业协会的设置与管理皆参照非营利组织等条款，其主要依据是《非营利法人示范法》。行业协会的设置和管理完全是私人行为，不受"一地一业一会"限制，成员自愿加入与退出；协会与成员间是服务与被服务的关系；协会自筹经费，主要源于成员会费、有偿服务费、承办政府事项委托费。

美国的《非营利法人示范法》共十七章，大致内容如下：第一章"一般规定"共八节，相当于我国法律中的总则，其中主要规定了相关概念、非营利法人备案、司法救济等；第二、三、四章规定了非营利法人的设立条件、权利及权力范围、名称及其限制；第五章规定了非营利法人如何设立办事处及代理人；第六章规定了非营利法人成员的接收与退出及成员的权利；第七、八章规定了非营利组织的成员大会及投票选举事项、董事与执行官选举及议事规则；第九、十章规定了非营利法人的章程的制定与修改；第十一章规定了非营利法人的合并；第十二、十三章规定了非营利法人的财产出售与分配；第十四章规定了非营利法人的解散事由及程序；第十五章规定了对外国非营利法人的设立、授权及撤回；第十六章规定了非营利法人的档案保存及报告；第十七章规定了一些特别事项，相当于我国法律中的附则。

可以看出，美国关于非营利法人的规定是非常细致的。这部示范法几乎与我国《公司法》相当，不仅在框架设置上与公司法的框架大致相同，许多的制度也与《公司法》相似，这一方面是因为商

---

① 参见徐靖《诉讼视角下的中国社会公权力法律规制研究》，法律出版社 2014 年版，第 54 页。

会等中间组织与公司除了营利性的区别外，均属于由各方成员通过明示和默示的自愿缔结契约达成的机构。①

（二）德国的行业协会立法

与美国无专门的行业协会立法不同，德国植根于其深厚的大陆法系传统，十分注重对行业协会进行统一的立法规范。德国针对行业协会等社团的立法比较完整，表现为多层次的立法框架，是世界上行业协会体系相对成熟的国家之一。申言之：

《基本法》和《民法典》有关公民结社自由的规定是德国行业协会设立的基础规范依据，另外三部主要法律规范分别为《德国工商会法》《社团法》和《手工业条例》。《德国工商会法》于1994年1月1日生效，系由德国于1956年12月颁布的《关于商会法的暂行规定法》多次修订而成，这是包括德国工商大会、手工业协会和农业协会等在内的公法性的行业协会的主要法律依据；对私法性的行业协会，1964年8月德国颁布了《社团法》，私法性的行业协会是私人经济组织自愿联合形成的，其主要职能是在协会自治框架内代表其经济利益；手工业协会则由1953年9月通过的《手工业条例》进行调整。德国的《民法典》，以及《德国工商会法》和《社团法》，在章程，会员大会，董事会，其他机关，社团财产的归属，会员的权利和义务，会员资格的得丧变更，社团罚，行业协会权利能力的丧失和解散，无权利能力行业协会等条款上都有详细明确的规定。②

具体而言，《德国工商会法》由15条组成，第1条规定了商会的职能；第2条规定了强制入会及入会后的义务；第3条规定了商会的性质及会费缴纳与管理；第4、5、6、7、8条分别规定了会员代表大会、选举权、主席团、总经理和委员会等商会治理制度；第9条规定了商会的数据档案适用与管理；第10条已取消；第11条规定了商会的监督；第12条授权州法律对商会建立及辖区、税收等方面作出补充规定；第13条规定了商会的名称；第14条规定了赋

————————

① 参见刘会玲《我国行业协会商会立法研究》，2016年8月2日（http://www.chinanpo.gov.cn/700105/92392/newswjindex.html）。

② 参见孔寒玉《国外行业协会立法模式概览》，《改革与开放》2012年第9期。

予商会监管部门对商会会费标准批准权；第 15 条规定了立法的生效时间。

　　由于德国的行业协会一般都是半行政性的，其运作在很大程度上参照政府运作方式，因而行业协会立法仅对其特殊的部分做出规定，如商会的性质、职能、财政等，条文相对简单。在这种政府主导模式下，商会在章程、会费等方面需要经过批准才能生效，但同时协会仍享有高度自治，表现为人事自选、财产独立及事务自理。换言之，在这种模式下，有限的行业协会可以得到国家的认可，并被授权成为绝对权威的代表，承担政府的部分职能，即在自身所在领域处垄断性的代表地位，但在需求表达、领袖选举等方面受到相对控制。[①]

　　（三）我国行业协会立法模式的选择

　　美国的行业协会没有专门的行业协会法依据，只有结社法、非营利组织法或社团法等程序性法律。这种模式下的行业协会具有完全的独立性，其活动不受政府干预，协会可以独立自主地确定自己的活动内容和范围，具有很大的活动空间；加上存在行业协会之间的竞争、会员有参加和退出协会的自由，这都有利于提高行业协会的工作效率。其主要弊端是：由于不受一业一地一会的限制，在某些地区协会重复组建、过度竞争；会员"搭便车"现象普遍；因无授权业务的服务收入，从而使行业协会的收入不稳定。

　　与美国相反，德国为其行业协会的发展建立了多层次的立法体系，不仅有《结社法》《非营利组织法》等对各种社会团体普适的规范，而且制定了专门的《行业协会法》。其有利方面是：专门的立法使得行业协会受法律保护程度较高；作为公共机构，行业协会与政府之间有正式的对话、协商制度，从制度上提供了协会参与公共管理的正式渠道；由于法律规定"一地一业一会"，便于为各类企业提供平等的服务；根据法律，行业协会被授予某些政府职能，能与私营部门保持密切的联系，特别是有利于为中小企业提供各种服务。其主要弊端是：行业协会的活动范围受到法律的限制，缺乏

---

　　① 参见刘会玲《我国行业协会商会立法研究》，2016 年 8 月 2 日（http://www.chinanpo.gov.cn/700105/92392/newswjindex.html）。

不断满足会员单位服务需求的内在动力，在维护会员的利益时往往难以表达明确的立场，同时协会内部缺乏竞争的激励机制，很容易造成效率不高。

两种模式各有利弊，鉴于我国行业协会的发展现状和成文法传统，我们认为目前行业协会立法宜借鉴大陆法系模式：首先，政府主导模式符合我国行业协会发展的现实；其次，从法律制度看，我国行业协会治理具有多层次立法的基础，除宪法规定的结社自由外，我国亦有《社会团体登记管理暂行条例》以及各地专门的行业协会立法；再次，从行业协会自身的生存状况看，由于我国行业协会长期在政府的庇护下发展，脱钩之后，仍希望政府能够践行"扶上马，送一程"，而不是彻底放手；最后，尽管行业协会在中国发展迅猛，但它仍处于幼稚期，完全脱离政府的指导会走很多弯路。因此，在政府的放与管之间必须取一个适当的平衡点。

需要指出的是，专门立法模式更适合我国国情并不代表我们要完全移植德国的制度，而应该根据自身国情做出调整，充分借鉴多种模式的优点。

三　行业协会立法的重点内容

当前我国行业协会发展不成熟，诸多的行业协会因公信力低、管理能力弱、生存能力差、乱评比、乱收费等问题难以获得长足有效发展，而且行业协会滥用其公共管理权力侵害公民、法人或者其他组织合法权益的现象也多有发生，为此，适当的监管是十分必要的。然而，行业协会充分自治，既是对行业协会进行监管的重要前提，也是对行业协会进行监管的基本目标。在此意义上，行业协会监管的实质是在对行业协会放松规制基础上的合理再规制，引导和规范行业协会依法自主活动，并充分发挥其在经济社会发展中的积极作用，避免行业协会发展陷入"一放就乱、一管就死"的恶性循环。

就根本目标而言，实施对行业协会的监管并不是实现对行业协会的全面管制，恰恰是为了更好地向行业协会"放权"和"松绑"，使其能够拥有更多的自主活动能力，以便培育真正成熟、自治的行业协会，从而更好地发挥行业协会在社会公共治理中的优势。各国实践表明，健康、充满活力的行业协会，不仅能够切实地减轻政府社会公共管理方面的负担，而且还能基于其灵活性、自由性和专业性更有效率地实现本行业领域内的公共管理目标。如果对行业协会管得过严、过死，则不仅导致其在经济社会发展中的积极作用大打折扣，也有悖于当前国家顶层设计对行业协会的基本政策。因此，行业协会立法在整体制度设计上就必须以充分尊重行业自主为基本理念。

从整体上说，作为专门的行业协会立法，《行业协会法》不仅应明确行业协会的性质、权力的限定以及义务的承担等基本内容，还要对行业协会的成立、变更、注销，组织机构的设立、具体职能，经费的来源和财务管理等有关行业协会规范运行的主要事项进行法律监管，并由此形成一套系统的完善的行业协会法律制度。①但就从充分尊重行业自治权的角度，我们建议《行业协会法》重点规定如下内容：

（一）厘定立法定位：促进法而非限制法

2015年《脱钩方案》指出："行业协会商会是我国经济建设和社会发展的重要力量。改革开放以来，随着社会主义市场经济体制的建立和完善，行业协会商会发展迅速，在为政府提供咨询、服务企业发展、优化资源配置、加强行业自律、创新社会治理、履行社会责任等方面发挥了积极作用。"因此，脱钩的目的不是限制行业协会的发展，而是"促进行业协会商会成为依法设立、自主办会、服务为本、治理规范、行为自律的社会组织"，"激发内在活力和发展动力，提升行业服务功能，充分发挥行业协会商会在经济发展新常态中的独特优势和应有作用"。因此，拟制定的《行业协会法》应是一部行业协会促进法，而非限制法。欲实现促进行业协会发展的目的，立法应明确以下事项：

1. 行业协会的法律地位

"行业协会商会成为依法设立、自主办会、服务为本、治理规

①　参见魏哲哲《规范行业协会立法需加快步伐（对话）——访中国政法大学教授李东方》，《人民日报》2015年10月21日第17版。

范、行为自律的社会组织"的前提是必须承认行业协会的独立法人地位。根据我国《民法总则》的规定，行业协会的法律性质应当是社会团体法人。同时，行业协会以"为会员提供服务，反映会员诉求，规范会员行为，维护会员、行业的合法权益和社会公共利益"为目标，具有非营利性。所以行业协会是非营利的社会团体法人。作为独立的社会团体法人，行业协会有权以自己名义从事经济行为并独立承担法律责任。因此，行业协会的发展应当遵循政会分开，实行依法自治，民主管理，依照法律、法规和章程的规定独立开展活动和管理内部事务。行业协会的机构、人事和财务应当与国家机关、事业单位和本协会会员分开，不得与国家机关、事业单位和本协会会员合署办公。

2. 行业协会的职能

依职能来源的不同，行业协会职能可以分为约定职能、法定职能和委托职能三类：

约定职能主要规定在行业协会章程之中，是会员通过协商一致以类似于委托代理合同的形式赋予行业协会的职能，其内容主要是提供某些服务产品，例如帮助会员改善经营管理；协助会员制定、实施企业标准；开展会员培训，提供咨询服务；推动行业技术进步和技术创新；组织会员间的交流活动；开展市场评估，收集、发布行业信息，推广行业产品或者服务；组织行业会展、招商，开展国内外经济技术合作交流等。约定职能属于行业协会成员意思自治的范畴，立法只能做出指导性规定而不能做出强制性规定。立法的重点在于对约定职能的产生和变更程序做出规定，保证行业协会的内部民主。

法定职能是立法机关将行业协会普遍具有的职能抽象出来，并通过条文将其固定。这些职能包括代表职能、参政议政职能、管理职能、自律职能、服务职能等。法定职能具有"类型化"意义，可视为国家对行业协会服务产品和生产能力的一种资格认定。如果说约定职能是《行业协会法》允许行业协会章程规定的任意性事项，则法定职能是行业协会章程必须规定的强制性事项。换言之，法定职能是行业协会应履行的法定义务，行业协会如不具有法定职能的能力，则应承担法律责任，例如被责令改正、停业整顿等。

委托职能是政府将本应由自己履行的一些职能通过授权合同或委托合同赋予行业协会执行，主要是行业准入条件评估、行业标准认定、行业竞争秩序协调、行业规范制定等。① 对于委托职能，立法需要明确的是：政府可以委托行业协会履行哪些政府职能？受委托的行业协会应当具备什么样的资格？政府可以在什么情况下进行委托？委托应采取什么样的程序？应该建立怎样的监督机制和法律责任机制确保委托职能的有效履行？等等。

3. 政府的义务

培育和扶持行业协会发展一直是国家顶层设计的重要目标。国务院办公厅 2007 年颁发的《关于加快行业协会商会改革和发展的若干意见》提出了落实社会保障制度、完善税收政策、建立健全法律法规体系、加强和改进工作指导等若干促进行业协会发展的政策措施。同时，借鉴《深圳经济特区行业协会条例》的相关规定，我们认为，拟制定的《行业协会法》应当将政府的如下法定义务固定下来：

（1）简政放权，职能转移

政府应当推进职能转变，将适宜由行业协会承接的行业管理与协调、社会事务服务与管理、技术和市场服务等职能或者事项转移或者委托给具备条件的行业协会。在购买公共服务方面，政府应当编制向行业协会等社会组织购买公共服务的目录，明确政府购买服务的种类、性质和内容，向社会公布，并适时调整。同时，购买公共服务应当遵循公平、公开、公正原则，可以采用委托、承包、采购等方式，并应当支付相应费用。

（2）建立与行业协会日常联系机制

市、区政府及有关单位应当建立与行业协会日常联系机制，要

---

① 例如，《深圳经济特区行业协会条例》第 46 条规定，行业协会可以接受政府委托开展下列活动：（1）开展企业信用证明、地理标志证明商标、行业准入资质审查；（2）开展本行业从业人员技能培训、资质考核和技术职称评审工作；（3）对行业生产经营许可、进出口许可和行业重大技术改造、技术引进项目进行评估论证；（4）对本行业企业经营许可证年审提出意见；（5）行政机关委托的其他事项。

积极采取措施，指导行业协会开展行业服务、自律、协调等工作。制定、修改或者废止涉及行业、产业利益的法规、规章、规范性文件、技术标准、行业发展规划时，应当征询相关行业协会的意见。行业协会可以就涉及本行业、产业利益的事项向市、区政府及有关单位提出建议和意见，市、区政府及有关单位应当予以答复。

（3）提供优质服务

市、区人力资源和社会保障部门应当会同登记管理机关及相关部门开展行业协会专职工作人员的教育培训、职业资格评定、社会保障等工作。行业协会应当同与其建立劳动关系的工作人员签订劳动合同，行业协会工作人员有权按照国家有关规定和属地管理原则，参加当地养老、医疗、失业、工伤和生育等社会保险，履行缴费义务，享受相应的社会保障待遇。

（4）完善税收政策和专项奖励

财政等部门要根据税制和行业协会改革进展情况，适时研究制定税收优惠政策，鼓励、支持协会加快发展。行业协会从事推动相关产业技术改造、产业升级等工作的，市、区政府应当依据有关产业政策规定，使用产业专项资金给予财政奖励。行业协会起草的行业标准、产业规划和产业政策等被国家、省和市、区政府及相关部门采纳的，市、区政府或者采纳草案的部门可以根据标准化战略政策等相关规定给予奖励。

（二）健全监管体系："宽进严管"而非"严进宽管"

现行的行业协会监管制度严重滞后，整体处于"重登记、轻监管"的状态，难以发挥实效。行业协会专门立法应当将规范行业协会日常管理行为作为重心，建立健全相关管理制度以实现由"严进宽管"向"宽进严管"的转变。根据《中共中央关于全面深化改革若干重大问题的决定》提出的"重点培育、优先发展行业协会商会类、科技类、公益慈善类、城乡社区服务类社会组织。成立这些社会组织，直接向民政部门依法申请登记，不再需要业务主管单位审查同意。民政部门要依法加强登记审查和监督管理，切实履行责任。坚持积极引导发展、严格依法管理的原则，促进社会组织健康有序发展。完善相关法律法规，建立健全统一登记、各司其职、协调配合、分级负责、依法监管的社会组织管理体制，健全社会组织管理制度，推动社会组织完善内部治理结构"这一要求，立法应力求建立健全职责明确、分工协作的行政监管机制，厘清登记管理机关和相关职能部门的职责。具体而言：

（1）明确登记管理机关是唯一的社会组织合法登记和监督管理的政府部门。登记管理机关主要负责行业协会的成立、变更和注销登记，对行业协会执行有关社团登记管理规定的行为予以指导和监督，对于行业协会违反国家有关社团登记管理规定行为予以行政处罚，建立行业协会信息披露平台，提高行业协会运作的透明度。

（2）以立法的形式确立直接登记制度，取消业务主管（指导）单位的监管职能，将其原来集中承担的监管职能归还相应的政府职权部门，即公安、财政、审计、税务、检查、法院等综合监管部门在法律、法规授权的范围内各司其职，相互配合。如公安部门应主要负责行业协会的印章刻制及收缴非法刻制的社会组织印章、查处行业协会的各类犯罪案件、协同取缔非法社会组织，承担行业协会的治安管理和消防监管责任等；财政部门负责对行业协会依法提供和管理财政票据，并对行业协会的收费行为进行监督检查；审计部门负责对资产来源于政府部门拨款或者社会捐赠、资助的行业协会进行审计监督，并对政府部门有特殊要求的行业协会进行财务审计，查处违法、违规使用资金行为；税务部门负责行业协会税务登记办理及税收征缴工作，支持行业协会税款统一代征代缴，查处行业协会的偷税、漏税行为。

（3）加强对行业协会的社会监督。长期以来，政府部门是行业协会的主要监管主体，而在社会公众监督方面，则欠缺科学、可行的监督制度。由此造成的结果是监管体系封闭不开放，监管力量也就比较单一，监管效果也相对较差。"阳光是最好的防腐剂"，政府放松对行业协会的监管之后，则须加强行业协会的社会监管。除政府监管之外，行业协会立法应强调社会监管的重要性，构建"小政府、大社会"的行业监管机制。

就社会监督而言，通过信息公示平台，将行业协会的各项活动及时暴露在公众面前，接受公众监督，以改变长期以来由政府部门作为单一监管主体造成的监管体系封闭、监管力量单一和监管效果较差的行业协会监管现状。其中，社会监管是第一顺位的、主要的，政府监管是第二顺位的、辅助性的。政府部门只承担那些社会无权承担、无力承担的监管任务。

此外，由民政部门自行组织实施行业协会等级评估改为由社会第三方组织对行业协会进行评估符合当前政府简政放权、转变职能的趋势。立法需明确社会第三方组织相对于民政部门和被评估对象的独立性，并限定对行业协会进行评估的社会第三方组织应具备的资质、技能等条件。民政部门不得干预社会第三方组织的具体评估工作，对于其评估结果原则上不予否定。

（三）丰富监管手段：柔性化而非强制化

从既有的管理方式看，目前我国各地行业监管的措施主要集中在登记管理、强制年检、等级评估（或绩效评估）、违法查处和非法取缔等方面，有极大的改进空间。一方面，既有监管措施的实施主体基本上是政府部门，囿于人力、物力的限制，政府部门通常难以监管到位，特别在一些专业技术性事项上，政府部门工作人员在专业技能上的匮乏往往使得监管流于形式。另一方面，既有的监管措施具有较浓厚的强制性色彩，属于典型的高权行政方式，不符合当下我国转变政府职能和建设服务型政府的基本趋势。因此，行业协会政府监管立法应当在依法监管的基础上，废止或改善不符合主流趋势的监管手段，探索多元化和柔性化的监管手段，由过去对行业协会直接的、微观的、全面的监管转变为间接的、宏观的、有限的引导。同时，引入社会监督，充分发挥社会舆论的监督作用，促进社会组织能力建设和诚信建设。具体而言：

1. 取消年检制，代之以年度报告公示制度

长期以来，对行业协会实施年度检查是目前行业协会日常监管的重要措施之一，但流于形式，收效甚微。对此，建议借鉴国务院于2014年2月批准实施的《注册资本登记制度改革方案》中工商登记改革的相关举措，即将年度检验制度改为年度报告公示制度。根据这一制度，行业协会应当按年度在规定的期限内，通过专门的信用信息公示系统向登记管理机关报送年度报告，并向社会公示，

任何单位和个人均可查询。行业协会年度报告应包括本协会的基本信息（如名称、住址、法定代表人、联系方式等）、遵守法律法规和国家政策的情况、按照章程开展活动的情况、人员和机构变动的情况以及财务管理的情况等。行业协会对年度报告的真实性、合法性负责，登记管理机关可以对行业协会年度报告公示内容进行抽查。经检查发现行业协会年度报告隐瞒真实情况、弄虚作假的，登记管理机关依法予以处罚，并将行业协会法定代表人、负责人等信息通报公安、财政、海关、税务等有关部门。对未按规定期限公示年度报告的行业协会，登记管理机关在专门的信用信息公示系统上将其载入经营异常名录，提醒其履行年度报告公示义务。行业协会在一定期限内履行年度报告公示义务的，可以向登记管理机关申请恢复正常记载状态；超过特定期限未履行的，登记管理机关将其永久载入经营异常名录，不得恢复正常记载状态。

与现行年度检验制度相比，年度报告公示制度将取得更有效的监管效果，这是因为：第一，充分借助信息化技术手段，采取网上申报的方式，可以节约行业协会每年年检都要跑登记管理部门的人力、物力和时间成本；第二，将未按规定报送公示年度报告的行业协会载入经营异常名录，以信用监管方式取代行政处罚方式，也有利于行业协会避免因疏忽大意未能按时年检而面临行政处罚，是服务型政府柔性执法的体现；第三，将年度报告公示作为行业协会的一项法定义务，要求其向社会公示年报信息，增强了行业协会披露信息的主动性，供社会公众查询，这会便于社会公众了解行业协会的情况，促进行业协会自律和社会共治，维护良好的市场秩序，从而增强行业协会对社会负责的意识和诚信意识。

2. 建立行业协会异常名录制度，促进行业协会诚信守法

取消年检制度之后，异常名录制度既是年度报告公开制的配套监管措施，同时也可以独立发挥监管作用。目前深圳市在行业协会监管方面，已经创新性地建立了相对完善的行业协会活动异常名录制度，值得推广。具体而言，如果行业协会有不按规定报送年度报告的、不及时公示行业协会信息或者公示虚假信息经核实的、通过登记的住所无法联系的等情形之一，则由登记管理机关载入活动异

常名录，并纳入信用监管体系。将对行业协会载入活动异常名录负有直接责任的会长、副会长、理事、监事、秘书长的信息纳入信用监管体系。行业协会被载入活动异常名录后三年内，载入活动异常名录事由消失的，可以申请移出活动异常名录；登记管理机关审查核实后，应当将其从活动异常名录中移出。载入活动异常名录满三年的或者被依法吊销登记证书的，载入活动异常永久名录，只保留其注册号，取消其名称使用权，不得再以行业协会名义开展活动。同时，为了保障行业协会的合法权益，登记管理机关在做出载入活动异常名录决定之前，应当告知行业协会做出载入活动异常名录决定的事实、理由、依据及其依法享有的权利。通过登记的住所无法联系的，应当在行业协会信息平台上公告告知。

作为年度报告公开制相配套的监管措施，完善的异常名录制度设计还要求行业协会的异常活动名录在信用信息公示平台上向社会公示，能更有效地促进行业协会诚信守法：第一，异常名录公开之后，就在行业协会监管方面引入了社会监管力量，借助社会舆论的力量对行业协会形成警戒，促进其尽快改过自新，因而在性质上是一种行政监管与社会监管相结合的监管措施；第二，将对行业协会载入活动异常名录负有直接责任的会长、副会长、理事、监事、秘书长的信息纳入信用监管体系，无形中加大了行业协会的失信成本和违法成本；第三，通过信息公开和信息共享，则在事实上建立起一种联动响应机制，对被载入经营异常名录或"黑名单"、有违法记录的行业协会及其相关责任人，各有关部门皆可以采取有针对性的信用约束措施，从而使失信违法的行业协会面临"一处违法，处处受限"的危险。

3. 建立统一的行业协会信息平台，完善行业协会信息公示

建立统一的行业协会信息平台，完善行业协会信息公示，符合党和国家提出的加强社会信用建设的要求：党的十八大提出"加强政务诚信、商务诚信、社会诚信和司法公信建设"；党的十八届三中全会提出"建立健全社会征信体系，褒扬诚信，惩戒失信"；《中共中央　国务院关于加强和创新社会管理的意见》要求"建立健全社会诚信制度"；《中华人民共和国国民经济和社会发展第十二个五

年规划纲要》（以下简称"十二五"规划纲要）要求"加快社会信用体系建设"；2014 年 6 月国务院印发的《社会信用体系建设规划纲要（2014—2020 年）》，则对社会信用体系建设提出了具体的目标和要求，即"加快推进信用信息系统建设和应用，建立自然人、法人和其他组织统一社会信用代码制度，推进行业间信用信息互联互通和地区内信用信息整合应用，形成全国范围内的信用信息交换共享机制"，"到 2020 年，实现信用基础性法律法规和标准体系基本建立，以信用信息资源共享为基础的覆盖全社会的征信系统基本建成，信用监管体制基本健全，信用服务市场体系比较完善，守信激励和失信惩戒机制全面发挥作用"。

建立统一的行业协会信息平台，完善行业协会信息公示，是在行业协会监管领域引进社会力量监督的最直接、最有效办法。在实践中，由于社会公众难以获取行业协会日常运作的相关信息，无法实际参与对行业协会的监督，难以和行政监督相衔接，也就无法达到应有的监督效果。建立统一的行业协会信息平台之后，公众可以通过信息平台获悉任何一个包括行业协会在内的社会组织的登记注册信息、年度报告信息、异常活动名录信息，以及守法和违法信息，同时可以通过信息平台对行业协会进行评议和投诉。

建立统一的行业协会信息平台，完善行业协会信息公示，是整合行业协会信息，实现各监管部门信息共享的有力途径。目前，除登记管理部门、业务主管部门之外，公安、税务、审计、检察、法院等各部门还在各自领域分别对行业协会行使相应的监管职权，以致大量有用的行业协会信息分散在各部门之间，且缺乏相应机制实现信息整合和共享。建立统一的行业协会信息平台之后，不仅行业协会要主动将年度报告等信息通过该平台予以公示，而且各监管部门也可以通过该平台公示本部门在履行监管职责过程中产生的相关信息，实现行业信息的互联共享，真正做到使失信违法的行业协会"一处违法，处处受限"。如此，既能节约监管部门的执法成本，提高监管效率，也能促使行业协会诚信守法。

4. 完善行业协会评估制度，取消原等级评估制

行业协会等级评估是由民政部门组织实施的定期对行业协会的

资格、资质、章程、登记和备案，以及遵纪守法情况予以评价和定性的制度。长期以来，等级评估是各地方民政部门对行业协会进行监管的重要手段之一，评估的结果往往被作为政府部门推动政府职能转移、授权委托事项、向社会组织购买服务，落实社会组织社会公益性捐助税前扣除政策优惠和核准社会组织开展评比、达标、表彰活动的主要评判依据。

在我国行业协会等社会组织有了初步发展的前提下，过去以等级评估等为中心的管理方式需要做新的定位：第一，由于等级评估在民政部门监管工作中所占的比重较大，且评估结果涉及本协会的信誉和能否享受政府给予的一系列优惠政策，往往致使行业协会的工作重心被过多地转移到应对评估工作上来，甚至为此提供虚假信息。第二，民政部门委托的评估委员会通常来自登记管理机关、业务主管（指导）部门和部分社会组织，评估专家的知识结构、评估经验、专业水平等堪忧。第三，各地对行业协会的等级评估通常是大规模的集中性评估，评估委员会所面对的信息难免片面、不完全甚至不真实，评估的科学性也面临疑问。第四，由民政部门组织实施等级评估不符合当前政府简政放权、强化行业协会按市场规律自主运行的趋势。而且，通过年度报告公示、异常名录制度和信用信息平台，等级评估结果作为认定行业协会信誉证明的作用已经大为减弱。

我们认为，应对现行的等级评估制度在以下几方面予以改进，作为行业协会监管的辅助性监管手段来使用：第一，在评估主体方面，民政部门不再自行组织实施等级评估，而是通过合适途径选择有能力的中立第三方主体对行业协会进行评估；第二，在评估事项上，主要评估对象应限定为行业协会对政府转移和购买公共服务的实施情况；第三，改变以往定期大规模集中评估的做法，改为不定期的抽查评估，尽可能减少行业协会为应对评估提供虚假信息的可能性；第四，社会地方组织自行聘请评估委员会成员，聘用决定仅以委员的中立性和专业技能作为要素；第五，民政部门不得干预第三方组织的评估的过程，对其评估结果原则上予以接受，仅在被评估对象提出异议时对异议结果进行核查。

5. 健全日常执法监督，对辖区内的行业协会活动不定期抽查

仅仅依靠年度报告公示、异常名录和信用信息系统难以对行业协会的内部建设、按章程开展活动情况、财务管理等事项做到切实有效等方面，特别是如果行业协会在年度报告中造假，监管部门很难在第一时间发现。因此，政府对行业协会的监管不宜完全依靠上述被动手段，还应主动对行业协会的日常活动进行执法检查。为避免行业协会造假，同时也为防止执法检查流于形式，监管部门的执法检查不宜是大规模的集中检查，而应当是不定期抽查。执法检查的形式不限于要求被检查的行业协会提供反映自身日常活动情况的有关材料，针对有特定业务的行业协会，亦可以对其活动场所进行检查。

（四）明确监管内容：重点监管而非全面监管

行业协会的外部监管并非事无巨细，应以尊重行业充分自治为前提。因此，行业协会立法应将行业协会政府监管的主要事项锁定在行业协会的人事管理、财务管理、履行公共服务的情况和特殊活动等方面。

1. 行业协会的人事管理监督

人事监督主要通过变更登记来实现，行业协会的人事变动得在必要时接受登记管理机关、业务主管机关对其进行财务审计。申言之，行业协会换届或者法定代表人、负责人发生变更的，要及时到登记管理部门变更登记，且要通过行业协会信用信息平台予以公示，并且要反映到当年的年度报告之中。必要时，须接受登记管理机关、业务主管机关对其进行财务审计。

2. 行业协会的财务监督

必要的经费是行业协会进行日常活动的前提条件。行业协会的活动经费通常有几方面的来源：第一，收取会费；第二，接受社会捐赠或资助；第三，提供有偿公共服务；第四，承办政府委托事项时政府提供的活动经费。为确保行业协会合法使用其活动经费，保护会员和社会捐资主体的合法权益，督促行业协会有效行使政府委托的职责，行业协会的财务活动状况务必透明，且接受政府部门和社会公众的监督。财务监督的主要手段是行业协会的财务活动务必

透明，不得随意处置行业协会的活动经费。行业协会财务信息透明，既是保护会员和社会捐资主体的合法权益的需要，也是督促行业协会恰当行使政府委托职责的有效办法。行业协会财务信息透明不仅要求行业协会必须定期向会员（会员代表）大会报告财务工作和财务状况并接受会员查询；而且要求其通过各种途径向社会公开重大活动情况、资产财务状况、接受与使用社会捐赠和政府资助情况、资金使用效果、收费的服务项目、收费标准等内容，接受政府和社会监督。

3. 对政府转移和购买公共服务的实施情况予以监督

政府向社会组织转移和购买公共服务已成为国际趋势，运作规范的、有特定资质的行业协会是近年来我国政府职能转移和购买公共服务的主要对象。从国际经验看，为了让行业协会有效地提供公共服务，除明确其公共服务的内容之外，还必须通过适当的监管措施促使其对政府转移给它们的公共职能切实负责，切实减轻政府负担，利于公共福祉。

4. 特殊事项报告制度

特殊活动的监督则是指行业协会若开展有重大社会影响的活动，或组团出国出境、与境外社会组织交流交往、接受境外捐款等涉外活动，则应事先向登记管理机关报告。根据政府简政放权，促进行业协会自律自主发展的理念，政府及其相关部门不得干预行业协会的机构、人事、资产、财务等日常管理事项。对于属于行业协会日常管理范围内的事项，行业协会只需向登记管理部门或业务主管部门备案即可。但是，鉴于我国行业协会整体上发展尚不成熟，若行业协会开展有重大社会影响的活动，或组团出国出境、与境外社会组织交流交往、接受境外捐款等涉外活动，则应事先向登记管理机关报告。

四　行业协会立法与其他相关法律规范

除了专门的《行业协会法》之外，仍有许多单行法律对行业协会的特殊事项，如税收、市场竞争、价格等做出规范。下面简述之。

（一）《行业协会法》与《反垄断法》

《反垄断法》直接涉及行业协会行为规范和责任追究的法律条文主要有如下三个条款，即第11条："行业协会应当加强行业自律，引导本行业的经营者依法竞争，维护市场竞争秩序"；第16条："行业协会不得组织本行业的经营者从事本章禁止的垄断行为"；第46条第3款："行业协会违反本法规定，组织本行业的经营者达成垄断协议的，反垄断执法机构可以处五十万元以下的罚款；情节严重的，社会团体登记管理机关可以依法撤销登记。"从上述法律条文看，中国《反垄断法》对行业协会行为的调整主要在于禁止行业协会组织促成本行业经营者达成垄断协议。鉴于行业协会作为同业者的交流平台无疑也潜在地为垄断协议的达成提供了便利，上述规定总体上看是非常必要的。

中国自开始社会主义市场经济为导向的改革以来，行业协会的垄断行为危害也很严重，表现最为突出的是行业协会会同政府有关部门推动的行业自律价。如1998年原国家经贸委颁布了《关于部分工业产品实行行业自律价的意见》，至1999年初，平板玻璃、水泥、轿车等21个品种实施了行业自律价。所以，对中国反垄断立法而言，也应该把行业协会组织、参与垄断协议的行为作为规制的重点。不过，规制的难点在于：行业协会在行使管理性质的职能时该不该获得反垄断法豁免，在反垄断法适用过程中，需不需要对行业协会的不同行为予以区别对待？或许美国的经验可资借鉴。

美国是反垄断法的母国，1890年谢尔曼反托拉斯法通过以后，司法部获得胜诉的第一起诉讼案件就关涉到行业协会（United States v. Trans-Missouri Freight Ass'n，1897）。根据美国学者 Hoy 和 Kelly 1934 年的研究成果，美国涉及共谋的62个反托拉斯案件中，行业协会涉入的案件有18件，占29%；研究同时显示，随着共谋人数的增加，行业协会介入的比例逐渐提高，当共谋人数超过25人时，公会介入达到100%；根据 Posner 在1970年的研究成果，1890年至1969年美国法院处理的989件涉及水平协议的案件中，有431件是同业公会所发起的，占所有案件的40%。下文仅举几个代表性案例予以说明：

在 United States v. Trans-Missouri Freight Ass'n 案中，公诉机关的诉讼请求除要求确认火车运营公司固定运费价格协议违法，还要求解散出于固定价格目的而设立的环密苏里州运输协会。法院认为，火车运输公司之间通过设立协会组织、监督运费价格同盟的行为属于非法，不过，该案中涉案行业协会实施的固定价格行为与其作为协会的管理职能并无关系。①

1975 年 Goldfard et ux v. Virginia State Bar et al. 涉及行业协会管理职能方面的争议案中，弗吉尼亚州律师协会对其成员规定了一个最低收费方案，协会声明律师们有权自由决定是否接受这个方案，但它又申明如果律师的收费低于这一方案的标准，将推定其行为不正当。联邦最高法院承认职业协会的活动是提供公众服务的社会活动，但认为在本案中该协会固定最低收费的行为与其上述服务并无关系，因而与其他企业的固定价格行为并无区别，本身是违法的。这一意见表明，行业协会的社会职责可以作为合法性判定时的考量因素。②

在 1978 年 National Society of Professional Engineers v. United States 案中，职业工程师协会禁止其成员进行竞争性报价，它认为，"工程设施的报价是不确定的，这些工程师给出的低价格，可能是欺骗性的报价。如果不能保证工程质量，将会危害公共安全和健康"。最高法院认为其违反了《谢尔曼法》第 1 条，判定协会败诉，但法院进行分析时，适用的是合理规则，而不是本身违法规则，这是考虑到协会的该项限制的确有可能产生某种有利于公共利益的积极因素。③

在 1979 年 Broadcast Music, Inc. v. Columbia Broadcasting System, Inc. 案中，最高法院对于行业协会所从事的固定价格行为也采用了合理规则，而且还认定这是协会行使管理职能所必需的，因而是合法的。④ 从这一案件以及后续的相关案件可以看到，在反托拉

---

① United States v. Trans-Missouri Freight Ass'n, 166 U. S. 290 (1897).

② Goldfarb et ux. v. Virginia State Bar et al., 421 U. S. 773 (1975).

③ National Society of Professional Engineers v. United States, 435 U. S. 679 (1978).

④ Broadcast Music, Inc. v. Columbia Broadcasting System, Inc., 441 U. S. 1 (1979).

斯诉讼中，行业协会有独立的主体资格，在其涉嫌共谋等违法行为时，不仅可能面临谢尔曼法中的罚款、刑事处罚等制裁，还可能被强制解散。

对于行业协会所参与的经济性垄断，可以在一定程度上借鉴上述美国的规制规则。不过，中国行业协会的权力来源较为复杂，有一些行业协会被立法赋予了行政职能，或者接受了行政委托授权。在前一种情况下，行业协会如果涉嫌滥用行政职权排除限制竞争的行为应该适用《反垄断法》第五章有关行政性垄断的禁止性规定；在后一种情况下，应该由委托机关承担否定性的法律评价。在不涉及行政权力行使的场合，行业协会的管理性职能的行使必须不违背反垄断法律制度的强行性规定，不能排除和损害竞争。鉴于《反垄断法》没有充分考虑行业协会在其行使管理职能时也可能与《反垄断法》的条文要求相悖，建议在《行业协会法》中增加一款规定，即"行业协会依据其管理职能实施的行业自律行为，不得实质性限制竞争"。这样，在行业协会行使其管理职能时，如果涉嫌排除、限制竞争，则适用合理原则来判定。

（二）《行业协会法》与《反不正当竞争法》

《反不正当竞争法》没有直接规范行业协会，其主要规制对象是"经营者"。然而，根据法院判例和工商行政管理部门的相关规章和批复，《反不正当竞争法》调整的"经营者"这一概念与德国、欧盟竞争法中的"企业"这一概念一样，是功能性的概念，并不限于"营利性"等局限。这样，在行业协会参与了虚假宣传等不正当竞争行为时，也应该一样受到《反不正当竞争法》的调整。中国《反不正当竞争法》对行业协会的规制，已经有一些较为成熟的判例。涉案的行业协会可能是为会员获得交易机会提供便利，也可能是直接参与了市场竞争。

例如，在艾志工业技术集团有限公司诉中国摩擦密封材料协会不正当竞争纠纷一案中，北京市海淀区人民法院在一审判决中认定：摩擦协会发出涉案声明的行为已介入市场竞争，虽然协会章程明示该协会具有非营利性，但该协会会员均系《反不正当竞争法》所规范的经营者，且多与艾志公司存在同业竞争关系，该协会作为全体会员组成的全国性行业协会，做出涉案声明的行为应适用《反不正当竞争法》规范经营者行为的相关规定进行调整。北京市第一中级人民法院在二审中认为："原审判决适用我国《反不正当竞争法》及《广告法》审理涉案声明的合法性并无不当"，并维持了一审判决。①该案对行业协会适用《反不正当竞争法》做了正面回应。

在 2006 年 2 月上海博华国际展览有限公司诉中国食品添加剂生产应用工业协会不正当竞争一案中，中国食品添加剂生产应用工业协会直接参与了市场竞争。如该协会先后两次给会员企业发文，"要求会员单位和参展商从 2006 年起不再参加亚洲食品配料及技术展览会（FIA，上海博华国际展览有限公司主办）的展出活动。对已交了费用并退出 FIA 的单位，可作适当补偿处理"；同时，"优先安排只参加 2006 年中国国际食品添加剂和配料展览会（FIC，中国食品添加剂和配料协会主办）企业的展位"。所以，上海市高级人民法院于 2007 年 11 月 23 日做出终审判决：中国食品添加剂和配料协会违反《反不正当竞争法》，行为构成不正当竞争，应承担停止侵害，消除影响等民事责任。②

我们认为，虽然行业协会不正当竞争行为目前都是通过对"经营者"定义条款（一般条款）的扩大解释来适用的，但是否需要对行业协会不正当竞争行为做专门规定，取决于行业协会不正当竞争行为是否构成新的不正当竞争行为类型。鉴于行业协会不正当竞争案件数量有限，目前在《反不正当竞争法》中还不需要做专门规定。

（三）《行业协会法》与《价格法》

《价格法》第 17 条规定："行业组织应当遵守价格法律、法规，加强价格自律，接受政府价格主管部门的工作指导。"国务院《价格违法处罚规定》（2010 年修订）第 5 条第 3 款规定："行业协会或者其他单位组织经营者相互串通，操纵市场价格的，对经营者依照前两款的规定处罚；对行业协会或者其他单位，可以处 50 万元以下的罚款，情节严重的，由登记管理机关依法撤销登记、吊销执

---

① 北京市第一中级人民法院民事判决书（2006）一中民终字第 5251 号。
② 上海市高级人民法院民事判决书（2007）沪高民三（知）终字第 102 号。

照。"同时，根据该规定第 6 条，行业协会有下列行为之一的，可以处 50 万元以下的罚款；情节严重的，由登记管理机关依法撤销登记、吊销执照：（1）捏造、散布涨价信息，扰乱市场价格秩序的；（2）除生产自用外，超出正常的存储数量或者存储周期，大量囤积市场供应紧张、价格发生异常波动的商品，经价格主管部门告诫仍继续囤积的；（3）利用其他手段哄抬价格，推动商品价格过快、过高上涨的。

从上述规定看，《价格法》第 17 条是行业协会行使价格功能的授权条款，行业协会的价格功能从学理上包括价格信息收集、提供；企业和政府间的价格沟通、建议；价格协调；价格监督；维护会员的价格权益等。但是，行业协会在行使价格功能时不得串通、操纵价格，不得提供虚假价格信息，不得诱骗消费者和妨碍价格竞争等。

《价格法》对行业协会的禁止性规定与《反垄断法》的相关规定密切相关，但是相比较而言，《价格法》的规定更为刚性。实践中，行业协会价格自律功能不仅要受到《价格法》的规范，也要受到《反不正当竞争法》和《反垄断法》的规范。由于行业协会的价格自律行为很容易触犯《反垄断法》和《价格法》，而《价格法》仅仅对行业协会的价格职能做了概括性授权，因此，行业协会价格自律职能的具体边界须结合《价格法》《反不正当竞争法》《反垄断法》等法律的禁止性规定而定。实践中行业协会的价格自律职能的适法性边界就有一定程度的不确定性，建议在《行业协会法》中对行业协会的价格职能做专门规定，可以采取概括和列举相结合的方式明确行业协会的价格职能范围，并对明显不当的价格自律行为做出禁止性规定。

（四）《行业协会法》与《产品质量法》《食品安全法》

2006 年《农产品质量安全法》第 27 条规定："农民专业合作经济组织和农产品行业协会对其成员应当及时提供生产技术服务，建立农产品质量安全管理制度，健全农产品质量安全控制体系，加强自律管理。"2015 年《食品安全法》主要针对食品行业协会做出了相关规定，涉及食品行业协会的行业自律、食品安全风险评估信息

和食品安全监督管理、不得向消费者推荐食品、食品安全的举报等
问题，主要体现在该法第9条，23条，28条第2款，32条第3款，
73条第2款，89条第2款，116条第2款和140条第4款等条
文中。

　　与《价格法》一样，《产品质量法》《食品安全法》等法律、
法规有关行业协会的规则同样有授权性规范和禁止性规范两种。根
据授权性规范，行业协会有法定的产品质量方面的行业自律职能；
根据禁止性规范，行业协会不得借助虚假广告向消费者推荐食品，
否则需要承担连带责任。对于行业协会产品质量管理其他方面的行
为，法律没有做专门规定。但对其参与的质量违法行为，应该与经
营者一体适用。

　　与《价格法》相比，现行产品质量、食品安全等法律、法规对
行业协会的质量管理职能的规定较为零散。产品质量、食品安全等
方面行业协会的质量管理职能的授权过于笼统。另外，在产品质量
管理过程中，行业协会可能通过质量评比、颁发荣誉证书等方式确
认行业内某些产品质量的品级，同时可能对行业内企业销售情况进
行统计和排序，或者，认定或证明企业或其产品、名称、包装、装
潢知名度等。类似上述行为，在产品质量、不正当竞争、知识产权
纠纷等案例中都有表现，建议对这些行为进行规范，如规定相应的
法律责任等，以避免行业协会管理职权的滥用。

　　（五）《行业协会法》与《税法》

　　现行税收法律、行政法规没有对行业协会缴纳税收做出明确规
定，明文规定行业协会的法令主要限于部门规章或者主管部委内部
通知。主要有：

　　《财政部、国家税务总局关于对社会团体收取的会费收入不征
收营业税的通知》（财税字〔1997〕63号）第1条规定："社会团
体按财政部门或民政部门规定标准收取的会费，不征收营业税"；
第3条规定："本通知所称的社会团体是指在中华人民共和国境内
经国家社团主管部门批准成立的非营利性的协会，学会，联合会，
研究会，基金会，联谊会，促进会，商会等民间群众社会组织"。
所以，从通知内容看，行业协会在国家法规、政策许可的范围内，

依照社会章程收取的会费不属于营业税的征收范围，但是，对其会费以外各种名目的收入，凡属于营业税应税范围的，应该对其征收营业税。

《国家税务总局关于印发〈事业单位、社会团体、民办非企业关于企业所得税征收管理办法〉的通知》（国税发〔1999〕65号）部分条款在2006年4月被国家税务总局废止，现行有效的条款的内容包括：原则上，事业单位、社会团体、民办非企业单位的收入，除国务院或财政部、国家税务总局规定免征企业所得税的项目外，均应计入应纳税收入总额，依法计征企业所得税（第3条）。但对以下事项做了特别规定：事业单位、社会团体、民办非企业以下收入项目免征企业所得税：财政拨款；经国务院及财政部批准设立和收取，并纳入财政预算管理或财政预算外资金专户管理的政府性基金、资金、附加收入等；经国务院、省级人民政府（不包括计划单列市）批准，并纳入财政预算管理或财政预算外资金专户管理的行政事业性收费；经财政部核准不上交财政专户管理的预算外资金；事业单位从主管部门和上级单位取得的用于事业发展的专项补助收入；事业单位从其所属独立核算经营单位的税后利润中取得的收入；社会团体取得的各级政府资助；社会团体按照省级以上民政、财政部门规定收取的会费；社会各界的捐赠收入（第3条）。事业单位、社会团体、民办非企业以下支出项目可按照规定的范围、标准扣除：事业单位、社会团体、民办非企业单位在计算应纳税所得额时，已扣除职工福利费的，不得再计算扣除医疗基金，没有计算扣除职工福利费的，可在不超过职工福利基金的标准额度内计算扣除医疗基金，对离退休人员的职工医疗基金，可按规定标准计算的额度扣除。事业单位、社会团体、民办非企业单位根据国家和省级人民政府的规定所缴纳的养老保险基金、待业保险基金、失业保险基金支出，可按税法规定扣除；事业单位、社会团体、民办非企业单位的用于公益、救济性以及文化事业的捐赠，在年度应纳税所得额3%以内的部分，准予扣除；事业单位、社会团体、民办非企业单位为取得应税收入所发生的业务招待费，以全部收入扣除免税收入后的金额，按税法规定的标准计算扣除（第8条）。

　　在行业协会有生产、经营所得或取得其他收入时，现行税收法律、法规还是能够适用到行业协会中来。如根据《税收征收管理法》第 15 条的规定："企业，企业在外地设立的分支机构和从事生产、经营的场所，个体工商户和从事生产、经营的事业单位（以下统称从事生产、经营的纳税人）自领取营业执照之日起三十日内，持有关证件，向税务机关申报办理税务登记。税务机关应当自收到申报之日起三十日内审核并发给税务登记证件。"这一条说明我国征税主体的确定并不是按照主体类型的标准（如是否为企业），而是遵循行为和收益的标准（如是否是从事生产、经营）。因此，行业协会要不要缴税，主要看它是不是从事了生产、经营，如果从事了生产、经营，就应该办理税务登记，并就其取得的收益缴税。

　　所以，从理论上看，按照我国学界的论述，征税范围的确定，要综合考虑征税对象收益性、营利性、公益性等特征来定取舍：（1）征税与否，首先取决于是否有收益，这是征税的基础；（2）如果收益主体是以营利为目的，其宗旨和活动具有突出的营利性，就应当征税；（3）如果有收益的主体不以营利为目的，且其宗旨和活动具有突出的公益性，则不应当对其征税；（4）如果公益性的组织存在着营利性的收入，则对其营利性收入的部分，是应当征税的；（5）同样，如果一个营利性的组织，其某些活动具有突出的公益性，则应当考虑对其公益性的活动予以褒奖，即应当给予一定的税收优惠。① 按照这一标准，行业协会在其有营利性收入时，也是应当纳税的。

　　实践中，行业协会对税收法律制度、征缴程序、提升纳税意识等的宣传做了大量工作；而且，从行业协会的职能看，也可以协助税务机关做好本行业的税款征收等工作，对于发挥好行业协会的积极面也很有意义。考虑到行业协会的公益性质，在对其收益征税时，如何对其做出一定的区别对待是立法者需要考虑的核心问题。有观点就认为，对于行业协会的经营收入，如果切实用于后期服务会员、发展行业，则应当在税前扣除，其余经营所得可以相对于企

---

① 参见张守文《财税法疏议》，北京大学出版社 2005 年版，第 143 页。

业所得税的征收税率有所优惠。

中国的税收实体法是按照税种来分别立法,基本上是一税一法,行业协会纳税以及税收减免,还是交由特定税种的税收立法来具体考量为好,在行业协会专门立法中不宜对行业协会缴税做出规定。这不仅考虑到税收的复杂性、专业性,也考虑到税收的灵活性。不过,由于行业协会在税务机关征税和协会会员缴税过程中可以起到桥梁和纽带的作用,如组织税务培训,提供本行业成本信息或者特定规模企业的平均盈利能力信息等,建议在行业协会专门立法中对行业协会在税务方面管理会员、提供涉税经济信息、协助税务机关进行税务稽查或者办理其他涉税事务等事项作概括性授权。

（六）《行业协会法》与《标准化法》

《中华人民共和国标准化法》及《中华人民共和国标准化法实施条例》（国务院第 53 号令）确认了行业协会在技术标准制定中的法律地位。1989 年《标准化法》第 12 条规定:"制定标准应当发挥行业协会、科学研究机构和学术团体的作用。"2017 年新修订的《标准化法》虽然取消了上述表述,但在第 18 条明确规定:"国家鼓励学会、协会、商会、联合会、产业技术联盟等社会团体协调相关市场主体共同制定满足市场和创新需要的团体标准,由本团体成员约定采用或者按照本团体的规定供社会自愿采用。"《中华人民共和国标准化法实施条例》第 19 条要求"制定国家标准、行业标准和地方标准的部门应当组织由用户、生产单位、行业协会、科学技术研究机构、学术团体及有关部门的专家组成标准化技术委员会,负责标准草拟和参加标准草案的技术审查工作。未组成标准化技术委员会的,可以由标准化技术归口单位负责标准草拟和参加标准草案的技术审查工作"。根据上述条款,可知立法部门的确在立法中考虑到了我国行业协会在技术标准制定过程中的参与必要性,但是就如何发挥行业协会的作用,并无具体规定。

早在 10 年前,国家在行业标准的制定方面已经着手以下改革:第一,以授权的方式赋予行业协会对行业标准的制定权。根据 2005 年《国家发展和改革委员会行业标准制定管理办法》第 5 条,"行业标准的制定工作由国家发展和改革委员会管理。国家发展改革委委托有关行业协会（联合会）、行业标准计划单列单位对行业标准制定过程的起草、技术审查、编号、报批、备案、出版等工作进行管理。第二，扩大行业标准的范围。例如，2006 年 10 月国家发展改革委批准《铅笔》等 445 项国家标准调整为行业标准。这一调整同时意味着行业协会的职能也得到进一步扩展。事实上，及至目前，纺织、有色冶金、物资管理、黑色冶金、轻工、石油天然气、化工、石油化工、机械、汽车、煤炭等行业的行业标准均是由行业协会制定、国家发展改革委员会审批的。

　　由此可见，当前我国在法律制度层面已经开始重视行业协会参与标准制定的问题，但这并不意味着我国行业协会参与标准制定已经获得了法律保障。目前来看，保障行业协会有效参与标准制定的程序性规定还相当缺失。有关标准制定的信息公开规定缺失。虽已有较多立法强调"征求意见"或能促进行政机关和相关利益者在一定程度上解除信息屏障，但无论是章程还是管理办法，其有关征求意见的规定并没有将行业协会列入必须告知的特定对象。由于行业协会的参与权没有得到法律确认，行业协会参与主体的范围并不明确，行政机关很可能基于私人关系的考虑、基于方便的考虑、基于时限的考虑而只通知了个别或者少数利益相关、甚至利益未必直接相关的行业协会参与。由于信息获取的不均衡，未参与群体的利益没有得到全面、公正的考虑和衡量，显失公正后果发生的概率将会很大。

　　我们建议进一步完善保障行业协会有效参与标准制定的制度设计。例如，可规定在标准制定过程中行政机关应及早主动告知具有利害关系的行业协会，告知的期限应考虑留有合理的参与准备时间给行业协会，确保其对相关问题的评论建立在深思熟虑的基础上，以实现有效参与。同时，通过说明理由制度来规范标准制定机关的信息处理义务，行业协会提出的建议或意见被否决的，行政机关应当说明理由。同时，也赋予行业协会对于显著不合理的标准请求复审的权利。为了避免标准的实施对某一行业或群体产生不成比例的影响：如行业垄断，或经济权益的重大影响（某一个人的生计影响、一群人的很大不便利），应当允许行业协会寻求救济。

（七）《行业协会法》与《行政许可法》

《中华人民共和国行政许可法》于 2004 年颁布施行，这部法律不仅对政府机关产生了重大而深远的影响，而且还为进一步促进我国行业协会发展提供一个良好的契机。《行政许可法》将政府审批权限定在必要而合理的范围之内，因而取消了许多原有的行政审批事项，从而在制度上为行业协会自治作用的发挥打开了一片新的天地。在新的许可制度下，行业协会将有更大的自主活动空间，同时也将更多地参与政府的许可管理。

《行政许可法》第 13 条规定："通过下列方式能够予以规范的，可以不设行政许可：……（三）行业组织或者中介机构能够自律管理的。……"第 54 条规定："公民特定资格的考试依法由行政机关或者行业组织实施，公开举行。行政机关或者行业组织应当事先公布资格考试的报名条件、报考办法、考试科目以及考试大纲。但是，不得组织强制的资格考试的考前培训，不得指定教材或者其他助考材料。"这些规定确立了一个分工原则，即在政府管理与社会自律的关系上，确立了社会自律优先的原则，规定行业协会或者中介机构能够自律管理的事项，可以不设行政许可。发挥行业协会、中介机构在社会生活中的作用，促进政府职能的根本性转变，为充分发挥市场机制、社会自律机制的作用提供了制度性保证，这也是扩大民主参与的一种途径和趋势。随着社会主义市场经济体制的完善，现行的许多资质资格的许可、产品质量的许可等，将退出行政许可的范围，由行业协会或者中介机构的自律管理来替代。

从市场经济发达国家的情况看，关于公民资格的许可，多数都由行业协会组织考试，并根据考试结果做出决定。例如，律师协会组织律师考试，根据成绩决定申请人是否获得律师资格，这种资格许可，从性质上看，不属于行政机关的行政许可。随着政府职能的转变和市场经济的不断发展，行政机关的这部分职能必将逐渐弱化，多数公民资格的许可必将由行业协会实施。许可法规定全国统一考试的组织可以由行业协会实施，对于促进行政机关最终将公民资格许可移交给行业协会实施具有积极意义。我们建议在拟制定的

《行业协会法》中，将协会职能与政府行政审批改革联系起来，规定行业协会在许可方面承接政府职能，将可以由行业自律管理的事项取消行政许可。同时，加强行业协会在资格、资质考试方面的职能规定。

第二节　直接登记制下的行业协会行政监管

2013 年 3 月出台的《国务院机构改革和职能转变方案》（下称 2013 年《机构改革方案》）提出了行业协会商会类、科技类、公益慈善类、城乡社区服务类社会组织"直接向民政部门依法申请登记，不再需要业务主管单位审查同意"，和"建立健全统一登记、各司其职、协调配合、分级负责、依法监管的社会组织管理体制"等改革要求。行业协会商会等社会组织为什么需要从双重管理制向直接登记制过渡？直接登记制施行过程中可能会面临哪些新的问题和挑战？在 2013 年《机构改革方案》提出明确社会组织管理体制改革目标要求的前提下，仍需要对行业协会的制度现状和制度变迁内在逻辑做深入研讨。

一　行业协会登记管理制度嬗变及其内在逻辑

改革开放以来，包括行业协会在内的中国社会组织经历了从部门管理到行业管理、双重管理到一元管理的嬗变。部门管理到行业管理，是政府职能的重大转变，政府机构不再以专业经济部门分钱、分物并直接干预微观经济为特征，而是简政放权，搞活企业，同时也给行业协会等社会组织的发展提供了契机。如 1988 年，政府机构改革提出了从部门管理到行业管理转变等目标，中央撤销了一批专业司局和行政性二级公司，相继在中央和地方建立了一批行业协会；1993 年，中国确立了社会主义市场经济体制的基本框架，提出要发挥行业协会、商会等组织的作用，国务院经贸委因此撤销了原由其管理的国家内贸局等 9 个国家局，成立了相应的中国轻工业协会联合会、中国商业联合会、中国机械工业联合会等十大工行业协会。①

在部门管理向行业管理转变的同时，我国逐步建立起双重管理制为特征的社会组织登记管理体制。如根据 1998 年《社会团体登记管理条例》的规定，国务院和县级以上的地方性人民政府民政部门是社会团体的登记管理机关，国务院和各级人民政府有关部门及其授权的组织，是有关行业、学科或者业务范围内社会团体的业务主管单位，由民政部门和业务主管单位对社会团体实行双重管理。在双重管理制下，业务主管单位从社会组织登记、活动开展、年度检查、违法行为查处等方面都深度介入到社会组织管理过程中来。

尽管双重管理制有利用业务主管单位贴近社会组织，能够在公共政策的制定和执行中较好地实现政策意图等优点，但由于业务主管单位数量众多，并分属不同的领域和部门，由业务主管单位进行社会组织管理，在一定程度上延续了部门管理的特色，客观上造成了社会组织的条块分割以及缺乏竞争，并给社会组织的成立设置了较高的门槛，从而在根本上限制了社会组织的长足发展。针对双重管理制的种种不足，各地进行了不同程度的制度创新，如 2002 年上海市成立了行业协会发展署，形成了登记管理机关、业务主管部门和行业协会发展署的三元管理模式；2004 年深圳市成立了行业协会服务署，形成了行业协会服务署和民政部门合作管理的新二元管理模式；温州、鞍山等地还试行了业务主管单位的非政府化模式。② 近年来，社会组织管理制度创新中较有特色的制度模式是无锡市的"归口管理模式"和深圳市的"直接登记制"。

归口管理是将社会组织的业务管理归口到特定的几个部门，由这些部门行使业务主管单位职责。2005 年无锡市进行了归口管理为特征的社会团体管理体制改革，把 80% 以上的社会团体按照经济类、社会科学类、自然科学类、体育类、文化艺术类分别归口到了

---

① 马伊里：《上海行业协会改革发展实录》，华东理工大学出版社 2012 年版，第 5—6 页。

② 参见黎军《行业协会自治与国家监督》，法律出版社 2006 年版，第 140—145 页。

工商联、文联、体育总会、社科联、科协五个业务主管单位，如把社会科学类社会团体归口到社科联，文化艺术类社会团体归口到文联，经济类社会团体归口到工商联，自然科学类的社会团体归口到科协，体育类社会团体归口到体育总会。无锡市民政局与五大主管单位之间建立了密切的合作关系。此外，无锡市还建立了行业协会联席会议制度，牵头单位是发展改革委员会，民政部门、编办、财政部门等为参与单位，经常开会碰头，协商解决行业问题。与双重管理制相比较，归口管理制简化了业务主管单位的数量，一定程度上减少了业务主管部门过多所造成的社会组织条块分割的局限。同时，由于归口管理部门能够代行业务主管部门的相关职责，客观上分担了登记管理机关的职责。

直接登记制是深圳市行业协会民间化改革的主要成果之一。2004 年深圳市委和市人民政府办公厅联合发布了《深圳市行业协会民间化工作实施方案》（以下简称《方案》）；2006 年深圳市实行了行业协会由民政部门直接登记的管理体制；2008 年，深圳市直接登记的范围由行业协会扩大到工商经济类、社会福利类、公益慈善类社会组织；2012 年，深圳市实现了包括工商经济类、公益慈善类、社会福利类、社会服务类、文娱类、科技类、体育类和生态环境类八类社会组织的直接登记。直接登记制将社会组织与业务主管单位彻底区隔开来，通过人员脱钩、办公场所基本分开、财务独立建账、界定行业协会资产归属、行业协会的选举和重大决策等事宜按照法律法规和协会章程自主决定、指导监督真正实现民间化的协会承接和行使政府部门转移或委托的政府职能等措施，实现了工商经济类等社会组织与原业务主管单位的有效分离。同时，通过"一业多会"等措施，进一步推动了行业协会"去行政化"和"去垄断化"。

需要说明的是，直接登记制虽然是深圳市先行先试的结果，但在制度推行过程中不乏来自中央层面的支持。如在 2009 年民政部与深圳市政府签订的《推进民政事业综合配套改革合作协议》中，民政部鼓励深圳市"探索建立社会组织直接向民政部门申请登记的制度。民政部将此作为观察点，跟踪研究"，同时"授权深圳市开展基金会、跨省区行业协会、商会登记管理试点"。

　　总体看来，双重管理制是长期以来中央政府确立的主导型社会组织管理制度，这种制度相比较部门管理而言，突出行业管理，是中国社会组织管理制度的阶段性创新成果；直接登记制是深圳等地率先进行的社会组织管理制度的重大变革，以放松行政束缚和引入竞争为目标，有很大的创新价值；归口管理制是介于双重管理制和直接登记制的一种中间状态，这种管理模式一方面解决了双重登记制下业务主管单位过多过滥、不利于集中管理的问题，另一方面也保证了业务部门能够分担社会团体的监管职责，有一定程度上的可取性。由于直接登记制改革更为彻底，最终被中央政府所确认，并通过《方案》得以在全国层面予以推广。但是，直接登记在客观上减少了业务主管部门与行业协会之间的联系，并可能使得原业务主管部门产生行业协会主要由登记管理机关一家管理的错误认识并进而可能诱发对有关事务相互推诿的倾向，需要对直接登记制在实践中可能出现的未预期问题做专门探讨。

二　直接登记制施行过程中凸显的行政监管难题

　　直接登记制契合了给社会组织放松行政束缚、扩大社会组织生存空间从而推动社会组织长足发展的社会变革趋势，不过，由于直接登记制只是社会组织登记管理方面的局部性改革，在配套性制度没有跟进的情况下，可能在一些方面面临挑战。在直接登记制改革开展比较早的一些地方，已经出现了登记管理机关与政府其他职能部门职责不明、执法力量匮乏、登记管理机关行政权力和对社会组织影响力过于膨胀等一系列问题，具体而言：

　　（一）登记管理机关与政府其他职能部门之间职责不明

　　国务院社会组织的管理目标在于建立综合监管的管理体制。如2013年《机构改革方案》设定的社会组织目标管理体制是"统一登记、各司其职、协调配合、分级负责、依法监管的社会组织管理体制"。但是，如何实现社会组织登记管理机关和政府其他职能部门之间"各司其职、协调配合"，则是要谨慎考虑的。

　　在直接登记制的改革实践中，已经有部分地区出现了登记管理机关与原业务主管单位之间职权、职责不清晰，部分原业务主管部门对行业协会消极对待，或者认为行业协会相关事宜都应该由登记管理机关处理等现象。我们在调研过程中了解到，部分民政部门的基层工作人员认为：原业务主管单位在行业协会的业务范围、准入门槛等方面具有信息优势，去掉了业务主管单位的提法之后，又没有相关的政策出台，原业务主管部门以没有参与登记管理为由，推诿有关工作职责，导致了基层民政部门在行业协会管理中的角色定位非常尴尬，工作局面难以打开。调研过程中还有不少省市民间组织管理局相关部门的负责同志认为，黑龙江海伦敬老院纵火案发生以后，不仅敬老院院长、副院长被免职，市民政局党委书记、局长都被认为负有领导和管理责任而予以免职，这种处断方式过度强化了民政部门的管理责任。

（二）登记管理机关执法力量严重不足

从管理走向看，随着直接登记制的推行，行业协会进入门槛降低，后续的日常监管压力明显增大，管理工作的重心必然要从登记管理转移到日常监管中来。目前行业协会等社会组织的工作重点是年检和登记评估，但是年检是一种事后的管理，不能代替事前和事中的管理，等级评估只是在行业协会发展初期做的引导性工作，只应该成为日常监管的补充性措施，所以日常监管应该成为登记管理机关的工作重心。要保证日常监管的质量和有效性，从人员和资金上加大投入是非常必要的。

从全国的情况看，只有北京、上海、天津等少数城市的民政部门有社会组织执法的专门队伍建制。如北京市民政局执法大队有正式编制59人，承担民政执法、监察等工作。执法大队设有办公室、政治部、情报技术处、法制室以及6个执法分队共10个部门。其中6个执法分队分别承担社会、民非、涉外和涉港澳台、基金会、殡葬以及其他领域的执法工作。上海市民政局设立了民间组织管理局监察总队，正式编制有30人。北京、上海以外的多数民间组织管理部门则往往只有几个执法人员的编制，日常执法工作很难面面俱到，亟须加强力量。在直接登记制改革全面铺开以后，日常监管很可能成为社会组织管理中最为薄弱的环节。

（三）缺乏明确的行为规范和充足的监管手段

在对民政部门调研的过程中，执法人员反映最多的问题之一是执法过程中对于违法行为的查处缺乏明确的法律依据。《社会团体登记管理条例》等现行制度的共性问题是重登记、轻监管：对于行业协会的登记主管机关、登记事项、登记程序等内容都有详细而明确的规定，对于行业协会的违法行为类型、违法行为的处罚手段、处罚程序、监管部门的职责分工等内容则规定得特别概括或者根本就没有规定。这导致对行业协会的一些不规范行为难以查处，登记管理部门和政府其他职能部门之间的职责分工也无法厘清，进而登记管理部门的职责范围可能就被夸大。

监管手段的选择在对行业协会的管理过程中也非常重要，正如国外行政法专家所言："对于像政府规制这样一种既复杂又专业的行为，正当性的主要渊源之一在于官僚制规制的各种工具。"① 《社会团体登记管理条例》尽管规定了警告、责令改正、责令撤换直接负责的主管人员、撤销登记、没收违法所得和罚款等处罚方式，但是没有规定查封、扣押、冻结等行政强制措施，罚款也仅仅针对违法经营一种情形，并且缺乏信息规制等新型监管手段的应用。实践中，由于对行业协会进行规制的手段过于单一，并且缺乏明确的程序性规定，行业协会登记管理机关在违法行为查处时，非常谨慎，能用柔性的执法方式就尽可能不用刚性的执法手段，这必然在客观上降低了执法的效果。

（四）登记管理机关职权事项过度膨胀

直接登记制改革的初衷是去行政化，但在制度施行过程中，随着行业协会与原业务主管单位的完全脱钩，登记管理机关肩负着登记管理和日常监督等多项职责。等级评估、政府购买等措施的推行，进一步强化了登记管理机关的权威性和影响力，并可能在一定程度上造成行业协会对登记管理机关的依附性。

如就行业协会评估而言，2007 年国务院办公厅和民政部分别颁布了《关于加快推进行业协会商会改革和发展的若干意见》《关于

---

① ［英］卡罗尔·哈洛、理查德·罗林斯：《法律与行政》下卷，杨伟东译，商务印书馆 2004 年版，第 588 页。

推进民间组织评估工作的指导意见》。民政部认为："做好民间组织评估工作，有利于加强民间组织的自身建设，促进民间组织的自我管理和自我完善；有利于优化政府对民间组织的监督管理，促进监管方式的科学化和规范化；有利于增加民间组织的透明度，强化社会监督，提高民间组织的社会公信力。"但是，过于依赖评估工作，特别是将评估工作主要集中在等级评估上，使得行业协会的工作重心被过多地转移到应对评估工作上来。在对行业协会做短时间内的大规模集中评估的时候，评估专家的知识结构、评估经验、专业水平等方面千差万别，评估本身所面对的信息必然是片面的、不完全甚至是不真实的，在此背景下，不仅评估的准确性面临疑问，评估制度的负面效应也更为凸显。

从行业协会的角度看，行业协会之所以愿意配合民政部门做等级评估，是因为等级评估与政府购买服务，接受政府委托事项等直接挂钩。实践中，政府采购投标资格一般由采购单位确定，如民政局采购公共服务一般将采购资格确定为社会组织或者民办非企业单位，没有涉及企业，另外当地采购的现象也比较突出。在民政部门同时负责政府采购资质确定，组织等级评估，确定采购资格等事项时，在一般性规则没有充分确立的前提下，很容易造成登记管理机关事权和实际影响力过度膨胀，并诱发行业协会事务管理中的行政化程度加深。

（五）登记管理机关设立有一定行政管理色彩的新型行业协会

在直接登记制推行的过程中，还出现了一个有趣的现象：登记管理机关事权扩大，而人员编制又没有显著增加，登记管理机关通过设立新型社会组织，委托其承担部分职能事项来管理社会组织发展过程中的相关事务。如一些地方的做法是培育社会组织服务平台，服务平台集培育扶持、公益创投、信息服务、培训交流等多种功能为一体，是衔接政府、社会组织及服务对象的枢纽性社会组织。还有一些地方的基层民政部门则通过成立社会组织总会的方式，委托社会组织总会承担政府的一些职能，如初步年审、评估、相关行业的培训、交流等。

从民政部门设立这些类型的社会组织的初衷看，都是为了更好地推进行业协会快速发展或实现行业协会的规范管理，但这些新型社会组织的出现，不是基于行业协会发展过程中的自身需要，而是基于民政部门管理的需要，其在运行过程中不同程度地依赖于政府的资金扶持而存在。如何保证这些新型社会组织不会蜕变成"二政府"，不会变成行政化的新型并更为隐蔽的形式，并且在运作过程中，能够体现契约性治理模式的特点，从而起到组织和限制自由裁量权的作用①，是需要谨慎对待的。

三　直接登记制的制度完善建议

按照行动者—系统—动力学理论，"一般说来，虽然人类行动者——个体、有组织的群体、组织和国家——在他们的行动和互动中都要屈从于制度、文化以及物质条件的限制，但同时他们具有能动性……他们有意或无意地（常常通过错误和行动的失败）改变自己行动的环境，也就是说物质和社会系统建构和影响着他们的互动。其结果是物质和制度常常不是按照行动者所决定和设想的那样发展"②。行业协会登记管理制度作为社会组织整体制度系统中的一个组成部分，在其发生变革的时候，需要考虑已变革制度与未变革制度间的协调，在人员编制、部门预算没有跟进的情况下，放松登记门槛，会给基层登记管理机关带来过大的执法压力；需要考虑主导制度变革的社会主体和被影响的社会主体之间的协调，作为政府主导的强制性制度变迁，直接登记制改革并不必然是社会组织或其会员的利益所在，并可能产生制度变迁的未预期后果。如在深圳市突破一业一会限制以后，电子行业先后成立了云计算产业协会、平板显示行业协会等在内的15家专业性协会，如此众多的行业协会是否会造成某种程度上的恶性竞争？过于碎片化的设立条件是否使得行业协会丧失了其应有的行业代表性？

所以在变革一项制度的同时，需要综合考虑制度所依存的社会

---

① ［英］卡罗尔·哈洛、理查德·罗林斯：《法律与行政》下卷，杨伟东译，商务印书馆2004年版，第278—279页。

② ［瑞典］汤姆·R. 伯恩斯等：《经济与社会变迁的结构化》，周长城等译，社会科学文献出版社2010年版，第7页。

背景和制度环境，需要在推出新制度的同时，兼顾到配套制度的完善，需要针对制度改革过程中所可能出现的未预期后果，设计相应的应对措施。对于深圳市率先推行的直接登记制改革，同样需要从制度生成的社会系统角度去丰富和完善配套制度的内容，能考虑的制度优化措施包括：

第一，明确登记管理机关和政府其他职能部门的职权、职责。

在双重管理制模式下，登记主管机关和业务主管单位的职权、职责的划分较为清晰，如《社会团体登记管理条例》规定：登记管理机关负责登记、年度检查、行政处罚；业务主管单位负责登记前的预先审查、年度检查的初审、监督指导社会组织依据章程开展活动、协助执法和指导清算事宜等。《民政部关于重新确认社会团体业务主管单位的通知》（民发〔2000〕41号）对业务主管单位的职责范围做了进一步的补充，将"负责社会团体的思想政治工作、党的建设、财务和人事管理、研讨活动、对外交往、接受境外捐赠资助"也纳入到业务主管单位的职责范围。2013年《机构改革方案》在宣示行业协会商会类、科技类、公益慈善类、城乡社区服务类社会组织采纳直接登记制的同时，要求"建立健全统一登记、各司其职、协调配合、分级负责、依法监管的社会组织管理体制"，按照方案的精神，在采纳直接登记制改革模式以后，并不排斥原业务主管单位在行政协会日常监管或业务活动中发挥应有作用。当前需要重点考虑的问题是在直接登记制下登记管理机关和政府其他职能部门到底应该履行哪些职权、职责？

对这一问题的解决有两种不同的思路，其一是借鉴工商登记的责任承担方式，工商行政部门负责企业登记并承担一定程度的监管责任，政府其他职能部门仅在有明确法律规定的情况下才参与企业行为监管，并承担相应责任；其二是考虑到原业务主管单位与本业务领域的行业协会距离最近，本领域行业协会在业务活动中离不开原业务主管单位的指导，并且借由原业务主管单位的指导可以提高行业协会的管理效率，从而更好地实现公共政策意图，所以登记管理条例中指导行业协会依据章程开展活动、协助执法等职权、职责可以考虑继续由原业务主管单位行使。考虑到中国当前行业协会的发展还处于比较初级的阶段，原业务主管单位在一定程度上参与行业协会的指导是非常必要的。当然，在考虑原业务主管单位保留部分职权、职责的时候，需要通过立法加以固化，避免出现过度行政束缚的回潮。

第二，完善行政监管中的执法程序设计。

《社会团体登记管理条例》对执法程序方面规定的内容很少，这导致登记管理机关在行政执法中往往遭遇到执法瓶颈。其表现形式之一是名存实亡或者不连续办理年检的行业协会处理的问题。这类行业协会数量较多，同时如果不及时处理，一旦卷入重大民事纠纷或者刑事案件，对社会的危害巨大。但在处理这些行业协会的时候，登记管理机关面临的选择是撤销登记，还是注销登记？撤销登记的问题在于撤销以后，该被撤销的行业协会的法律责任、资产和债权债务关系仍然存在，登记管理机关仍有必要时时关注该被撤销的行业协会的后续事项或者纠纷处理。注销登记则不会带来这些麻烦，但是注销登记的前提是当事方要比较配合，并完成清算工作之后才可以注销。实践中，各地的行业协会登记管理机关倾向性的做法是能够引导注销的就不主动撤销，这种处断方式虽然减少了纷争，但可能会影响到登记管理机关的执法效率，并可能导致行业协会处理过程的过度延长。出现这一尴尬局面的原因就是目前的《社会团体登记管理条例》对撤销情形的强制清算程序没有做任何规定。在这方面，完全可以借鉴《公司法》第184条的规定，要求当事方在被撤销、被法院要求强制解散等情形下承担清算任务，不承担清算任务的行业协会，将由公权机关组成清算组清算有关债权、债务。

在执法程序的完善方面，另一重大问题是如何避免试行直接登记管理体制的改革过程中出现的政府职能部门之间职责不清、工作相互推诿的现象。方式之一是构建各部门分工合作的良性工作机制，如可以考虑由社会工作委员会等单位牵头来建立行业协会管理联席会议制度。方式之二是建立规范的案件移送制度，一方面是登记管理机关内部的案件移送，如登记管理机关内部的登记部门发现违法行为应及时移送到执法部门；另一方面是登记管理机关和政府其他职能部门之间的案件移送，政府其他职能部门发现违法行为并且属于登记管理机关职权、职责范围内的事项，应该及时移送到登记管理机关；等等。

第三，做好行业协会违法行为的类型化。

《社会团体登记管理条例》现行规定对违法行为要么未做充分规定，要么规定过于概括，缺乏可操作性，这导致执法部门在个案处理中往往裹足不前。如对于民办非企业单位，条例对此类社会组织的定性是"从事非营利性社会服务活动"，但是什么样的活动是营利性的，什么样的活动是非营利性的？不仅条例未做解释，民政部对其界定标准也没有成文的规定或者有可以参照的标准。

在 2013 年颁布的《深圳经济特区行业协会条例》中，深圳市人大常委会已经对部分行业协会的违法行为进行类型化并做禁止性规定。如该条例第 48 条列举了谋求垄断市场、限制会员开展正当的经营活动、强制入会或者在会员之间实施歧视性待遇、限制会员加入其他行业协会、向会员乱收费或者乱摊派等违法行为类型。这是对社会组织违法行为类型化的有价值的探索。

第四，探索行业协会信息化管理方式。

在深圳市商事制度改革中，深圳市政府建立了统一的商事主体登记及许可审批信用信息公示平台，用于发布商事登记、许可审批事项及其监管信息。其中，商事登记机关公示商事主体登记、备案、年度报告提交、载入经营异常名录、监管等信息；市政府相关部门公示许可审批事项、许可审批监管等信息。通过建立信息化管理方式，实现了登记机关和政府其他职能之间的信息共享，有助于协调执法；商事主体的所有公示信息处于社会监督之下，又有效地保证了信息平台所公布信息的真实性。

在行业协会的管理中，同样可以考虑通过探索和应用信息化管理方式，减少监管成本，提升监管效率。如通过打造行业协会登记管理的信息平台，登记主管部门设定统一登记标准，行业协会登记以后需要将组织状况、业务范围等信息都发布在平台上，政府职能部门包括卫生、体育、消防等机构都可以从这个信息平台上查找行业协会的相关信息，从而进行对口监管，而不是把所有监管压力都集中到民政部门。

第五，明确行业协会法律救济措施并提升其参与治理的能力。

行业协会目前未实现有效治理，与中央、地方层面行业协会管理制度缺乏有效的责任约束机制是紧密相关的。应该实现责任承担方式、处罚力度与不法行为之间的匹配，做到当事方和执法机构都有法可依，减少法律适用中不必要的争议。同时，需要完善行业协会权利救济制度，从制度设计上保证行业协会成长为有行动能力的社会主体。

需要特别指出的是，在制度设计过程中应该认识到，行业协会不仅仅是接受管理的一方，同时也是多元化社会治理中的一极。正如有学者指出的："主体是人，是具有自主性、能动性和自为性的人。成为主体，是人的本性的内在要求，是人的价值的根本实现。人类社会发展的历史就是人类不断成为主体的历史……市场经济本质上是一种主体经济。"① 而在现代社会，"现代政体区别于传统政体的关键乃在其民众政治意识和政治介入的幅度……传统政体的制度只需要组织社会上少数人的参与，而现代政体却必须组织广大民众的参与"②。只有正确认识行业协会在经济、社会治理和法律关系中的主体性地位，才能够妥善设计好相关制度，真正发挥行业协会的自主性、能动性等作用，才能够真正契合行业协会应有社会职能的要求，才能够形塑良好的政府—社会组织关系。

第三节　司法监督介入行业自治的边界

受西方治理理论和国家—社会分权思潮的裹挟，加之高度集中的计划经济体制造成公共物品"供给不足与公众需求之间的矛盾越

---

① 邱本：《论经济法主体》，《法律评论》1997 年第 3 期。

② ［美］塞缪尔·P. 亨廷顿：《变化社会中的政治秩序》，王冠华等译，生活·读书·新知三联书店 1989 年版，第 83 页。

来越突出"①，我国自 20 世纪 80 年代中后期上演了一场"将社会创造力从国家与政府的强权和管控下解放出来"② 的社会自治运动，最直观的体现便是出现了大量自治的、自我服务的社会组织③。鉴于"社会组织的自愿性、民间性、组织性、公益性、非营利性和自治性等特性，使社会组织在社会治理方面比政府更具优势，发挥的作用更加直接，获得的效应也更好"④，鼓励行业组织有序发展则成为自中共十八大以来国家顶层设计的主旋律⑤。随着行业自治理念的不断深化和各类行业组织的发展壮大，人们逐渐认识到"越来越多的社团不再同以前一样，仅服务于社员的私人生活，而是公开参与他们所在职业的经济的和社会政策方面的利益"，"并由此对整个社会秩序发生着影响，其作用已经远远超出了私法的范围"⑥，而体现出明显的公权力特性。"与政府权力一样，这些集团的权力也能

---

① 具体说来，计划经济体制下，政府不仅包揽了所有的公共事务，而且采取政府直接生产的模式，从政策研究到技术开发，从居家养老到教育医疗，从基础设施的建设、运营与维护到水、电、气等公用事业的供给，都由政府或政府创设的各式各样的国有企业、事业单位承担供给职能。这种高度行政化的供给机制不仅运营成本很高，而且在服务质量、服务效益等方面亦难尽如人意，至于服务的针对性、丰富性、多样性、创新性、人性化、个性化等更是无从企及。王克稳：《政府业务委托外包的行政法认识》，《中国法学》2011 年第 4 期。

② 燕继荣：《中国的社会自治》，《中国治理评论》2012 年第 1 期。

③ 截至 2014 年底，全国依法登记的社会组织有 60 万个、社会团体 30.7 万个，其中行业协会近 7 万，比"十一五"初期（2006 年约 6 万）增长了近一万，会员有 2000 多万家，工作人员 100 多万人。其中，约 800 家全国性行业协会拥有会员企业 427.9 万家，协会工作人员 1.6 万多人。景朝阳等编：《中国行业协会商会发展报告（2014）》，社会科学文献出版社 2015 年版，第 35—42 页。

④ 柴振国、赵新潮：《社会治理视角下的社会组织法制建设》，《河北法学》2015 年第 4 期。

⑤ 党的十八大报告设篇专门阐述社会组织建设并明确提出要"引导社会组织健康有序发展，充分发挥群众参与社会管理的基础作用"；党的十八届三中全会决定进一步指出要"激发社会组织活力""推进社会组织明确权责、依法自治、发挥作用"；党的十八届四中全会提出要"支持行业协会商会类社会组织发挥行业自律和专业服务功能，发挥社会组织对其成员的行为导引、规则约束、权益维护作用"；党的十八届五中全会则再次强调深化"行业依法治理"。2015 年《脱钩方案》，要求"促进行业协会商会成为依法设立、自主办会、服务为本、治理规范、行为自律的社会组织"。

⑥ ［德］卡尔·拉伦茨：《德国民法通论》，王晓晔等译，法律出版社 2003 年版，第 231 页。

够被误用或者被滥用。"①

　　大量的自我服务并自我规制的行业协会层出不穷，对传统上以规范政府权力为核心目标的行政法学研究带来了巨大的挑战。行业协会无视国家法律自行制定不当规则、侵犯成员权利、与企业串谋操纵市场价格以损害公共利益、社会捐赠等资产去向不明、外部监督缺失等一系列问题不断拷问着行业协会的合法性。如何使行业自治得到法治阳光的普照？法律有限制它们滥用或者误用权力的办法吗？基于权益保障的需要，破除公私二元划分的藩篱使行业协会接受适度的公法制约不仅必要而且可行。然而，发现行业协会承担公法义务的理论支撑、寻找行业协会承担公法义务的边界、探求行业自治与公共责任的平衡点等问题仍任重道远。本节主要探讨行业自治权纳入司法审查的理论基础、进路与边界等问题。

　　一　理论基础

　　在传统的政治观念中，公法的全部努力都在于追求政府行为的合法性（legitimacy），并将政府行为与私人行为严格区分：前者须遵守所有的宪法原则和行政法上的义务，并受制于司法审查，而后者则不受宪法和行政法的调整。然而，随着"在世界范围内，许多政府仿佛都在萎缩，都在将它们的许多传统职能外包给私人主体，有时则是间接地转移给严重依赖私人主体的地方政府"②，私人亦具备了对个体自由产生威胁的权力。托克维尔提醒人们"社会由自己管理并为自己管理"虽是现代民主社会的必然，但"当没有任何障碍可以阻止或延迟此权力前进时，自由就要遭到破坏"③。为保障个体自由，行业自治必须受到必要的公法制约。

　　在我国行政法学理上，行政主体是行政法义务的承担者，其外延由行政机关和被授权组织构成。在司法实践中，判断某一行为是

---

　　①　[英]丹宁勋爵：《法律的训诫》，杨百揆、刘庸安、丁健译，法律出版社 1999 年版，第 163 页。

　　②　See Jody Freeman, "The Contracting State", *Florida State University Law Review*, Vol. 28, 2000, p. 155.

　　③　[法]托克维尔：《论美国的民主》上卷，董果良译，商务印书馆 1997 年版，第 289 页。

否应当受行政法的约束，法院往往同时强调主体因素和职权因素。具体而言：法院将首先判断该行为的主体是否为行政主体，私人主体的行为不受行政法约束；在行为主体被确认为行政主体之后，法院则判断该行为是否属于行政主体行使行政职权的行为，行政主体所行使的不含有行政职权因素的私法行为也不受行政法约束。

如前文所述，行业组织不仅可以因法律、法规的授权或政府的委托行使国家公权力，而且可以因社会自治原则和组织章程而行使社会公权力。从既有的法律制度来看，这类权力尚处于法治的真空地带。① 在我国公共行政改革不断深化的过程中，还会有越来越多的行业组织承担社会公权力，这要求行政法的适用范围必须予以扩大，将其纳入行政法的约束之下。遗憾的是，此次《行政诉讼法》之修改对此并未有所突破。

如何让行业自治暴露在法治的阳光之下？从世界范围看，以行为的权力属性为标准来判断行业组织的行为是否具有公法属性是普遍的趋势，即"如果机构的权力影响到公共利益或个人及组织的权利或实质利益，那么该机构如何行使该权力就应当接受司法审查"②。权力属性的判断标准通常指向两个方面：

其一，自治权力是否具有公共职能。英国法院经过判例积累，

---

① 以中国足协为例。2001 年 10 月，中国足协发布"处罚决定"，对广州吉利足球俱乐部及其有关人员在甲 B 足球比赛中围攻裁判的行为进行处罚。随后，全国各大媒体对此进行了报道。"吉利"于同年 12 月以"侵害名誉权"为由将足协诉至广州市天河区人民法院。2002 年 2 月，法院根据最高法院《关于审理名誉权案件若干问题的解释》第 4 条（即"国家机关、社会团体、企事业单位等部门对其管理的人员作出的结论或者处理决定，当事人以其侵害名誉权为由向法院提起诉讼的，人民法院不予受理"）裁定不予受理。同一时间，中国足协以打击"假球"为由，取消长春亚泰升入甲 A 和 2002 年、2003 年甲乙级足球联赛引进国内球员的资格，并责令其进行为期 3 个月的内部整顿，同时对教练员、球员做出停止转会资格的处罚。"亚泰"于同年 10 月和 11 月两次向中国足协提出申诉，但在法定期间内未收到答复。"亚泰"认为该决定为法律授权的行业组织做出的行政处罚行为，既无法律依据，也无事实依据，于 2002 年 1 月向北京市第二中级人民法院提起行政诉讼，请求依法撤销该处罚决定。同月，法院以"不符合法定受理条件"为由裁定不予受理。两个案件的处理结果表明，在司法判断中，中国足协与俱乐部之间因管理和处罚行为引起的争议既无法通过民事诉讼途径解决，又无法通过行政诉讼途径来裁断。

② 转引自［新西兰］迈克尔·塔格特编《行政法的范围》，金自宁译，中国人民大学出版社 2006 年版，第 48 页。

建构了许多标准以便概括公共职能的含义，例如：（1）如果这些非法定机构不存在，那么政府自己将不可避免地去管理这些活动；（2）政府是否默许或鼓励这些主体的活动，给它们的工作提供支持；（3）这些主体是否拥有广泛的和垄断性的权力；（4）受侵害者是否同意受决定者的约束。①

其二，权力的行使主体是否具有市场优势地位，这种市场优势地位使得其与成员间的利用关系具有强制性质，可通过强制手段（如罚款、开除等）迫使成员接受组织的意志。② 例如，Bosman 诉比利时俱乐部限制转会一案中，欧洲法院依据《罗马条约》第85、86 条"禁止限制竞争行为"与"禁止滥用市场优势地位"条款之规定，审查了欧洲足球市场运作中的不正当竞争等颇具公法属性的经济法律问题，即比利时俱乐部限制 Bosman 向国外俱乐部转会的行为是否构成对国外俱乐部的不正当竞争？欧足联作为欧洲职业足球运动的行业性社团组织，是否拥有并滥用市场独占地位？并依此判决被告败诉。③

二　司法审查的面向

解决了公法制约行业自治的理论基础之后，即将面临的问题是行业自治须在哪些问题上遵从公法制约。从各国司法实践看，行业自治权的行使须受到法律保留原则、平等对待原则、正当程序原则的制约。

（一）法律保留原则

"在非政府组织的民间治理过程中，民间组织章程、内部管理制定行业自治规则等等的运作和实施，孕育了一种民间自治秩序，它作为国家制定法缺位和局限的一种重要替代和补充，构成了国家法秩序的重要基础。"④ 行业自治规则作为国家法的替代和补充，同

① 戚建刚：《长春亚泰足球俱乐部诉中国足协案再评析——以公共职能为视角》，《行政法学研究》2006 年第 3 期。

② 黎军：《论司法对行业自治的介入》，《中国法学》2006 年第 4 期。

③ 参见冯之东《公私法域的交融与司法权对社会公权力的制衡——以足球协会为研究个案》，《行政法论丛》2009 年第 12 卷第 1 期，第 408 页。

④ 马长山：《NGO 的民间治理与转型期的法治秩序》，《法学研究》2005 年第 2 期。

样应当遵循法律保留原则，不得随意限制成员基本权利或剥夺成员合法利益。例如，德国联邦宪法法院在一个职业医生的案例中指出："虽然保留了实行自治的领域，但是一个基本的原则仍然是存在的，立法机关并没有全部授出它的所有立法权限……立法机关不能将它最重要的任务给予国家机关以内或者国家机关以外的其他单位自由地使用。"① 基于法律保留原则，行业自治规则不得对成员的下列权利和自由施加限制：表达自由，包括言论自由、新闻与出版自由、游行示威和集会自由、结社自由；宗教信仰自由；社会经济权利，包括财产权、社会福利、受教育权；人身权利，包括隐私权与人身自由、迁徙自由、刑事正当程序、个人隐私与信息自决权利以及宪法规定和保障的其他权利和自由。②

再以上文提到的 Bosman 案为例。该案中，比利时籍球员 Bosman 在与列日队的合同期满后，请求转会到敦刻尔克队。列日队以敦刻尔克队未能支付转会费而不允许 Bosman 转会，致使 Bosman 最终失业。Bosman 遂将列日俱乐部、比利时足协和欧足联一并告上法庭。Bosman 主张，根据 1957 年《罗马条约》第 48 条的规定，任何欧盟成员国的劳动者都有权在欧盟各国领域内自由流动、平等就业，而列日队要求支付转会费的行为限制了他自由就业的权利；另外，Bosman 认为欧足联的"3 加 2 规则"（各俱乐部最多只能拥有 5 名外籍球员，而在一场比赛中，每队最多只能同时安排 3 名外籍球员上场）在欧盟成员国公民间构成了歧视。欧洲法院最终认定，列日俱乐部的行为违反了《罗马条约》规定的"劳动者自由流动权"，由比利时足协向 Bosman 支付赔偿金 1600 万法郎；"3 加 2 规则"亦违反了《罗马条约》规定的禁止国别歧视原则。在本案中，欧洲法院并未固守"契约自由"的私法原则将原告所诉的"转会"仅视为私法问题，而是基于"劳动者自由流动权"这一宪法基本权利对被告进行了严格审查。③

---

① 于安：《德国行政法》，清华大学出版社 1999 年版，第 83—84 页。
② 参见张千帆《宪法学导论——原理与应用（第三版）》，法律出版社 2014 年版，第 539—673 页。
③ 参见郭树理《足球运动与欧盟法律》，《山东体育科技》2003 年第 2 期。

（二）平等对待原则

平等关于人的尊严，是人权的本质属性。《世界人权宣言》指出："人人生而自由，在尊严和权利上一律平等，人人有资格享受本宣言所载的一切权利和自由，不分种族、肤色、性别、语言、宗教、政治或其他见解、国籍或社会出身、财产、出生或其他身份等任何区别。"保障平等人权亦是现代民主宪政国家的基本任务，例如法国《人权宣言》第 6 条最早规定了平等原则："法律表达普遍意志。所有公民都有权亲身或者经由其代表参与法律制定。法律对所有的人施以平等的保护或者惩戒，所有的公民在法律面前都是平等的，平等地按其能力担任一切官职、公共职位和职务；区别只能基于道德和才能。"美国宪法第十四修正案规定了平等保护，禁止各州"在其管辖区域内对任何人拒绝提供法律的平等保护"。《德国基本法》第 3 条规定："法律之前人人平等。男女有平等之权利。任何人不得因性别、出身、种族、语言、籍贯、血统、信仰、宗教或政治见解而受歧视或享特权。任何人不得因其残障而受歧视。"我国《宪法》第 33 条亦规定："公民在法律面前一律平等。"

平等是公权力运作应遵守的基本规则。就行业自治而言，平等原则要求行业协会对所有成员一视同仁，不得因任何与实现行业管理目标无关的因素对成员实行差别对待。这是由行业协会的垄断地位所决定的，是普通法上的反歧视原则在公域治理中的合理运用。普通法上的反歧视原则要求，具有垄断地位的服务提供者负有以合理价格向所有顾客提供持续、公平服务的义务。[1] 具体而言，在制定组织内部规则时，应充分考虑所有会员的利益需求，并尽可能地为所有会员提供参与规则制定的途径；在从事组织内部日常管理时，应为所有会员提供同等质量的服务，允许会员平等地利用行业内资源；在涉及对会员奖惩时，应做到同等情况同等处理，赏罚分明，既能"论功行赏"又能"依罪处罚"；在处理会员之间利益纠纷时，应不偏不倚，依国家法律和行业自治规则做出公正裁决。

---

① 参见［新西兰］迈克尔·塔格特编《行政法的范围》，金自宁译，中国人民大学出版社 2006 年版，第 8 页。

（三）正当程序原则

如果说传统法治观倾向于借助公正、中立的程序制度确保实体正义的实现，现代法治观则越来越清晰地认识到程序正义本身关于人的尊严，"无论我们对哪些程序属性会导致不公正的感受表述得多么模糊，我们通常总是把程序侵犯形容为在一定程度上不尊重我们的个性，不把我们作为人来认真对待"①。为确保行业自治权的行使不偏离行业的整体利益和成员的正当利益，无论是内部规则制定、内部决策表决还是会员惩戒等，都应当对行业自治权加以制约。

内部规则制定的正当程序可以参照行政立法的一般程序。根据我国有关法律法规以及规章的有关规定，行政法规和行政规章的制定一般包括起草程序和审查程序，其中，听取意见、"开门立法"是必经环节。结合行业组织的特点，我们认为行业组织内部规则的制定应当遵守以下程序：第一，草案起草阶段要广泛听取成员的意见，确保规则的制定恰如其分地反映会员的利益诉求；第二，拟表决的草案要提前公告，并同时公布会员意见的采纳情况，对不予采纳的意见说明理由；第三，作为行业自治依据的规则要通过各种途径公布，以便成员知晓。

内部表决的正当程序要求行业协会的重大决策都要经过民主表决，确保每一位会员都享有平等表达意见的机会，在经济地位或社会地位上占优势的成员不得强加自己的意志给其他成员。具体而言，包括拟表决事项、表决时间和地点应当以适当的方式事前告知应参与表决成员，确保合理的出席率；允许委托表决，并实行无记名表决机制；表决结果公开等。

会员惩戒是行业协会依照章程或者行业自律公约对违反业内规则的会员实施的警告、通报批评、公开谴责、劝退、除名等惩戒措施。我们认为，"实体化的整体性市民社会对个人所具有的支配性就未必会亚于国家的宰制力"②，在特定行业中"丧失从事专业工作

---

① ［美］杰瑞·L.马肖：《行政国的正当程序》，沈岿译，高等教育出版社 2005 年版，第 175 页。

② 邓正来：《市民社会理论的研究》，中国政法大学出版社 2006 年版，第 4 页。

的权利或再教育的机会，可能比判刑更为痛苦"[①]。正当程序要求行业协会拟对会员做出惩戒决定前，听取会员的陈述和申辩、说明拟做出惩戒的事实理由和规则理由，并不得因会员申辩而加重其惩戒。

三　司法审查的界限

为了防止行业自治权的滥用以及狭隘的行业保护，有效维护成员个体利益和社会公共利益，司法权必须对行业自治予以必要的制约。[②] 另一方面，作为市场交易中的民事主体，行业组织的私法属性要求司法保持必要谦抑，"在缺乏深思熟虑的情况下，……应该抵制将私人主体视作行政机关加以约束的冲动"[③]。从国家—社会分离并各担其职的视角看，行业协会"得到国家的认可（如果不是由国家建立的话）并被授权给本领域内的绝对代表地位。作为交换，它们在需求表达、领袖选择、组织支持等方面，受到国家的相对控制"[④]。在司法审查中，这种相对控制主要体现在以下几个方面：

（一）程序限制：穷尽内部救济

国家—社会的权力分工要求"国家无正当理由、无迫切需要不得干预社会自治领域"，行业组织"相对于其外部机关或者组织，更熟悉自身运作规则，长期沿袭的组织章程与制度能在最大程度上体现组织和成员利益"。因此，穷尽内部救济是保障行业自治的要求。但是，穷尽行业组织的内部救济不是绝对的，存在如下例外：（1）行业组织内部因救济机制缺失而不能提供适当救济，如章程本身没有规定救济途径或者当事人所提诉求超越了行业组织的管辖权；（2）适用内部救济不符合实质正义，一味地遵循内部救济程序会给当事人造成重大且不可避免的损害；（3）当事人的诉求涉及基

---

① 沈宗灵：《现代西方法理学》，北京大学出版社 1992 年版，第 356 页。

② 参见冯之东《公私法域的交融与司法权对社会公权力的制衡——以足球协会为研究个案》，《行政法论丛》2009 年第 12 卷第 1 期，第 408 页。

③ Jody Freeman, "Private Parties, Public Functions and the New Administrative Law", *Administrative Law Review*, Vol. 52, 2000, p. 857.

④ Pilippe C. Schmitter, "Still the Century of Corporation", in P. C. Schmitter and G. Lehmbruch, eds., *Trends Toward Corporatist Intermediation*, Beverly Hills: Sage, 1979, p. 13.

本权利事项、内部章程的合法性等宪法问题和法律解释问题。①

（二）尊重行业的专业判断

专业性是从知识论的角度而言，即特定的专业知识本身就是排斥过分的外部干预、要求独立处理自身事务的正当基础。行业组织的活动通常集中在某些专门领域，因为这类组织通常以行业或专业为基础，国外公法理论以问题的专业性作为司法保持谦抑的充分条件，体现了对专业知识所普遍要求的独立性的认同与尊重。德国将其称为行政机关的"判断余地"。在判断余地范围内，"社会公共行政组织内部的活动只要与法律不相违背，就具有自治性"②，司法不宜对涉及行业自治专属领域的知识、信息、经验等事项做出裁决，从而避免以无知取代专业判断的谬误。

尊重行业内的专业判断不等于绝对禁止对行业协会的专业决定进行审查，而是允许对行业组织的专业决定进行一定程度的形式审查：（1）有无遵循必要的程序规定，尤其是对当事人做出一个关系到其切身利益的决定时，是否给予其参与、听取理由并发表意见的机会？（2）有无充分考虑相关的案件事实，是否存在恣意和专断？（3）有无遵守行业内公认的判断标准？（4）是否导致了外行的判断等。对上述事项的审查一般不会涉及司法与自治权限的争议问题，也不会对行业自治带来威胁。值得一提的是，德国联邦宪法法院对于专业科学方面的正确性审查，存在进行实质审查的倾向，即在必要时借助外部专家组成独立的中立委员会对专业判断进行全面审查，但该程序之启动比较谨慎。③

（三）非重要事项不审查

"与社会利益诉求的多样化与复杂化相比较，政府的资源、能力与信息则显得极为有限，在许多公共事项上，政府权力鞭长莫

---

① 参见徐靖《诉讼视角下中国社会公权力法律规制研究》，法律出版社 2014 年版，第 128—131 页。

② 姜明安：《公法学研究的几个问题》，《法商研究》2005 年第 3 期。

③ 参见［德］哈特穆特·毛雷尔《行政法总论》，高家伟译，法律出版社 2000 年版，第 134—141 页。

及。"① 相反，在国家权力力所不及之处，"团体自我管制的方法非
常有效，与国家进入相比，社会成员更乐意于接受团体的自我管
制。自我管制避免了国家的过分介入，它在国家和团体之间划分了
一条安全线"②。基于公权力相互尊重原则和保障行业自治对公共利
益的效用最大化，司法监督对行业自治的介入应"尽量避免干涉社
群成员的内部纠纷，除非是真正利害重大的问题"③。

　　根据行政法上的重要性保留理论，"真正利害重大的问题"有
两方面的判断标准：其一，基本权利的重要性，例如，在强制入会
的行业组织中，如果开除会籍或者取消会员资格等行为就会对其成
员基本权利产生重大影响，"即使未能达到关系其职业和经济上生
存的地步，但也涉及到其职业上的发展和社会上的安定等问题"④，
应纳入审查范围；其二，公共事务的重要性，如影响到行业整体发
展的规则性调整、行业标准的制定等可能对全体成员利益产生持久
性、重要性影响的事项等，亦可进入司法审查的范畴。需要指出的
是，行业组织的自治行为并非在任何情况下都具有公权力的特性，
只有其在行使公共管理和服务职能时，才是受法律调控的公权力行
为，因此，司法审查介入行业自治时，应首先判断行业组织的行为
是否具有"公权力"性质。

第四节　行业自治的社会监督

　　行业自治的社会监督既是公共治理主体多元化的体现，也是公
众广泛的参与的要求。公共治理主体多元化意味着政府不再是社会
治理的唯一主体，公民个人及各种社会团体也可以通过各种途径成

---

　　① 徐靖：《论法律视域下社会公权力的内涵、构成及价值》，《中国法学》2014 年
第 1 期。

　　② 张静：《法团主义》，中国社会科学出版社 1998 年版，第 122—123 页．

　　③ ［美］埃里克·A. 波斯纳：《法律与社会规范》，沈明译，中国政法大学出版社
2004 年版，第 324 页。

　　④ ［德］卡尔·拉伦茨：《德国民法通论》，王晓晔等译，法律出版社 2003 年版，
第 226 页。

为社会治理的主体；公众的广泛参与则指公众除了公民的政治参与外，还必须包括所有关心公共利益、公共事务管理的主体"试图影响公共政策和公共生活的一切活动"①。相对于单一的政府监督而言，行业自治的社会监督更为直接，监督事项也更为广泛，在特定事项上也更为专业，是与单一的政府监督并重的监督方式。从监督主体来看，行业协会的社会监督主体既有公民个人，也有社会团体；监督方式亦有多种，如要求行业协会公开其内部治理信息、通过新闻媒体发表舆论向行业协会施加压力，或者对行业协会的治理情况进行评价等，不一而足。其中，行业协会的信息公开是公众对行业自治进行监督的有效前提，而对行业协会治理的独立第三方评估制度则是近年来社会对行业自治进行监督的有力手段。本节将围绕这两项制度就行业自治的社会监督展开论述。

一　完善行业协会信息公开制度

"阳光是最好的防腐剂，灯光是最好的警察"②，公开、透明的权力运作对于确保掌权者恪守职责，防止其以权谋私极其重要。随着行业协会的不断发展壮大，社会公众对于行业协会信息公开、业务运作透明度的要求越来越高。加强行业协会的信息公开对于完善行业协会法人治理、推动行业协会发展意义重大。目前，社会公众获得行业协会信息的途径比较单一，主要是登记管理机关或者业务指导（主管）部门发布的在行业协会管理过程中所制作或者获取的与行业协会相关的登记管理信息和行政处罚信息。这些信息只是行业协会活动中的冰山一角，远不足以反映行业协会运作的全部情况。"调查显示，社会公众普遍关注的社会组织年度工作报告、筹款用途、项目效果和年度财务报告等事关组织公信力的信息，大多数社会组织尚未公开。"③

---

① 俞可平、贾西津主编：《中国公民参与——案例与模式》，社会科学文献出版社2008年版，代序第1—2页。
② Louis D. Brandeis, *Other People's Money and How the Bankers Use It*, New York Frederick A. Stokes Company Publishers, 1914, p. 92.
③ 李树海、丁渠：《论对社会组织的社会监督》，《河北法学》2013年第4期。

《政府信息公开条例》第36条仅要求"法律、法规授权的具有管理公共事务职能的组织"应依法履行信息公开义务，忽视了行业组织承担的社会公权力同样与公共利益息息相关，也需要置于公众的监督之下。《基金会管理条例》、民政部《基金会信息公布办法》和《民政部关于进一步加强社会捐助信息公示工作的指导意见》等文件也只是对基金会、公益慈善组织接收、管理、使用社会捐赠的信息公开提出要求，而对于社会团体和民办非企业单位的信息公开并没有明确规定。目前，关于行业协会信息公开的规定仅有《社会团体登记管理条例》（2016年修正版）对社会团体接受并使用政府捐赠、资助的有关情况以适当方式予以公开的规定。[①] 何谓"有关情况"？何种方式谓之适当？则语焉不详。

尽管随着地方立法的发展，行业协会的信息公开有了很大的进步，但整体而言，对于行业协会应当公布哪些信息，应当于什么时间以何种方式、何种渠道公布，公布到什么程度等问题仍然未有定论。例如，2008年汶川地震中社会捐赠去向不明就将中国红十字会推向舆论的风口浪尖。规则的缺失使得行业协会的公众监督成为空谈。为确保行业自治的社会监督，规范行业组织的行为，有必要加强行业协会的信息公开。

从公开的对象看，行业协会的信息公开可以分为对成员的公开和对不特定社会公众的公开。对成员的信息公开属于行业协会的内部治理制度；是指行业协会依据章程的规定在组织内部以方便成员获取的方式向其成员公开：（1）会费收支情况；（2）财务工作报告；（3）监事会、理事会决议、决定；（4）关联交易情况；（5）重大事件；（6）内部管理制度；（7）其他信息。本部分仅围绕行业协会信息的社会公开展开讨论。

（一）公开内容和途径

行业协会信息公开应当遵循真实、准确、完整、及时的原则，

---

① 《社会团体登记管理条例》（2016年修正版）第26条第3款："社会团体接受捐赠、资助，必须符合章程规定的宗旨和业务范围，必须根据与捐赠人、资助人约定的期限、方式和合法用途使用。社会团体应当向业务主管单位报告接受、使用捐赠、资助的有关情况，并应当将有关情况以适当方式向社会公布。"

保障捐赠人、社会公众及有关单位能够方便、完整地查阅和获取公开的信息，应坚持"公开为原则，不公开为例外"。所谓不公开的例外主要指涉及国家安全、商业秘密、个人隐私等依法不予公开的信息和捐赠人或受益人与慈善类行业协会协议约定不得公开的信息。行业协会应当积极创新信息公开方式，利用行业协会出版物（如年报、通讯等）及其官方网站、大众媒体（电视、报纸、电台、杂志等）、现场公开（如公开周、新闻发布会等）、定期邮寄或电子邮件、项目报告、年度工作报告，以及其他可行方式进行公开，提高组织公开透明程度。为方便公众核实信息的真实性，行业协会应当在公开的信息内容中注明通信地址、邮政编码、联系电话、电子邮箱等联系信息。根据信息对公众监督的重要程度不同，我们将行业协会公开的信息内容分为强制性信息公开和自愿性信息公开。

1. 强制性信息公开

强制性信息公开是指通过立法明确要求行业协会应当公开的信息。基于委托—代理关系的存在，行业协会的管理人与社会公众在对行业协会的信息掌握方面不可避免地存在不对称性。为了进一步降低信息不对称程度，防止行业协会偏离公共利益，就需要立法强制行业协会向公众公开一定信息，以增加行业协会活动的透明度。同时，为了不影响行业协会正常运作，立法应明确行业协会信息的公开标准，主管部门应当加强对行业协会信息公开的规范管理，通过制定示范文本的形式对行业协会的信息公开进行指导，使得行业协会在信息公开的内容、方式、时间以及重大事项的临时报告等方面都有规则可循。同时，鉴于建立统一的行业协会公共信息平台对于行业协会监管的重要性，我们认为，行业协会应被强制在公共信息平台上公开下列内容：（1）经核准的组织章程；（2）行业协会负责人及理事会、监事会成员名单，组织机构，人员职责及基本情况；（3）收费项目、经许可收费项目的依据和收费标准；（4）服务项目、服务方式、服务质量和服务责任；（5）开展募捐活动、接受国家拨款、接受社会捐赠、接受资助资金或接受捐赠款物的使用情况；（6）接受政府职能委托、授权、转移情况和政府购买服务事项

等；（7）年度工作报告；（8）资产保值增值情况、经审计的财务会
计报告；（9）接受奖励情况；（10）接受评比、达标、评估信息；
（11）开展国际合作信息；（12）举办重大社会活动或者发生重大生
产安全事故、重大治安灾害事故等重大信息；（13）法律、法规、
规章或规范性文件规定应当公开的其他信息。其中，行业协会公开
有关活动或项目信息，应当持续至活动或项目结束。

除应通过信息平台公开的以外，对于行业协会的下列基本信息：
（1）登记证书；（2）税务登记证书；（3）组织机构代码证书；
（4）收费许可证（正本）；（5）组织章程（或章程摘要）；（6）服
务项目和收费标准等，行业协会应根据规定在住所（或服务场所）
的醒目位置、以上墙悬挂的方式，向社会公众公开。

2. 自愿性信息公开

自愿性信息公开是指除了上述强制公开的内容以外，行业协会
可以根据自身特点和发展情况，按照章程、内部管理制度等行为规
范，自愿通过网络、媒体等媒介向社会公开本协会其他信息。行业
协会自愿公开的信息是多方面的，可以是与组织理念、长远规划有
关的战略性信息，也可以是涉及组织管理的人事任命、管理变更，
甚至可以是组织财务上的融资信息、资助信息等。行业协会自愿的
信息公开通常是出于实现组织和管理者的特定目标，如提升协会形
象、赢得良好声誉，吸引捐赠眼球等。为了实现上述目标，行业协
会就会在所公开的信息方面做出策划性的选择，因此会导致一定形
式的信息偏差，如延迟公开信息、选择性公开信息、模糊性公开信
息，甚至公开虚假信息。这就需要政府对行业协会自愿的信息公开
进行必要规范，采取事前引导和事后惩罚相结合的方式提高行业协
会自愿公开信息的质量。[1]

3. 信用信息公开

行业协会的信用信息公开是行业协会信息公开的重要内容，与
强制性信息公开、自愿性信息公开为相互交叉关系。之所以专门强
调行业协会的信用信息公开，是对当前国家顶层设计中推进行业协

---

[1]　参见张澧生《社会组织治理研究》，北京理工大学出版社2015年版，第144页。

会诚信建设的积极回应。"言不信者，行不果。""人而无信，不知其可也！"诚实信用原则是市场交易的帝王条款，是市场交易行为得以持续进行的前提。2014 年国务院《社会信用体系建设规划纲要（2014—2020 年）》明确指出"以信用信息合规应用和信用服务体系为支撑"的"社会信用体系是社会主义市场经济体制和社会治理体制的重要组成部分"。《纲要》提出社会组织诚信建设则是社会信息体系建设的重要部分，并提出了建设社会组织诚信的若干措施，包括"依托法人单位信息资源库，加快完善社会组织登记管理信息；健全社会组织信息公开制度，引导社会组织提升运作的公开性和透明度，规范社会组织信息公开行为；把诚信建设内容纳入各类社会组织章程，强化社会组织诚信自律，提高社会组织公信力"等。社会组织作为行业协会的上位概念，社会组织诚信建设的要求必然是行业协会诚信建设的守则。《纲要》强调"发挥行业协会（商会）在行业信用建设中的作用，加强会员诚信宣传教育和培训"则是明确课予了行业协会诚信建设的重要任务。

那么，何谓行业协会的信用信息？我们认为，行业协会的信用信息涵盖内容极为广泛，包括所有可用于识别行业协会基本信用状况的数据和资料，在外延上既包括强制性公开的信息内容，也包括自愿性公开的信息内容。一般而言，行业协会的信用信息主要分为基本信息、荣誉信息、经营行为信息、行政监管信息、司法裁判和仲裁裁决信息五大类（详见表 5—1）。

表 5—1　　　　　　　　　行业协会信用信息一览表

行业协会信用信息主要内容	
基本信息	基本登记信息：包括商事主体登记备案、组织机构代码登记、税务登记、海关登记、检验检疫登记、外贸经营企业备案等信息； 行政许可及审批信息； 产品、技术、服务、管理体系的资质资格认证信息； 其他基本信息

续表

行业协会信用信息主要内容	
荣誉信息	第三方评估结果信息； 信用监管等级评价信息； 荣誉称号； 其他荣誉信息
经营行为信息	协会年度报告情况； 协会人事变动情况； 协会财务管理信息； 法律、法规和规章规定的其他经营行为信息
行政监管信息	生效的行政处罚结果信息； 被载入或被永久载入经营异常名录信息； 对行业协会载入经营异常名录、严重违法等行为负有个人责任的负责人、董事、监事、高级管理人员信息； 未正常缴纳社会保险费和住房公积金的状态信息； 欠税、欠缴社会保险费、欠缴住房公积金、欠薪垫付、发生工伤事故等信息； 签发空头支票、逃废债信息； 法律、法规和规章规定的其他行政监管信息
司法裁判和仲裁裁决信息	法院生效的判决、裁定信息； 仲裁裁决信息； 民事判决、裁定和仲裁裁决执行信息

（二）公开方式和程序

与政府信息公开相似，行业协会的信息公开方式和程序也存在主动公开和依申请公开的区分。具体而言：

1. 主动公开

参照《政府信息公开条例》的相关规定，行业协会主动公开信息通常应在相关信息形成之后的15日内通过信息公开平台获取其他途径向社会发布提交，但法律、法规、规章、规范性文件另有规定的除外。如果公开的信息内容发生变更的，应当在变更后20个工作日内予以更新。其具体流程如图5—1所示。

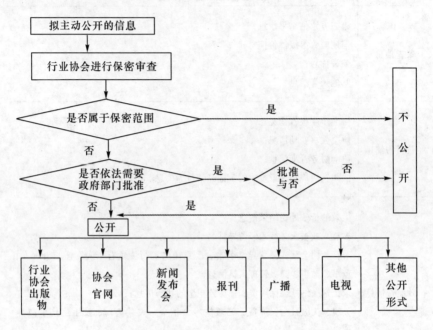

图5—1　行业协会主动公开信息流程图

2. 依申请公开

捐赠人、其他受赠主体、受益人等利益相关方向行业协会提出信息公开申请的，行业协会根据下列情况在15个工作日内分别做出答复：（1）属于公开范围的，告知申请人获取该信息的方式和途径；（2）属于不予公开范围的，告知申请人并说明理由；（3）不属于本行业协会职责范围的信息，告知申请人，对能够确定该信息的职责单位的，告知申请人该单位的名称、联系方式；（4）申请公开的信息含有不应当公开的内容但能够区分处理的，告知申请人并提供可以公开的信息内容，对不予公开的部分，应当说明理由；（5）申请内容不明确的，告知申请人做出更改、补充；（6）申请公开的信息不存在的，告知申请人；（7）根据实际情况做出其他答复。其具体流程如图5—2所示。

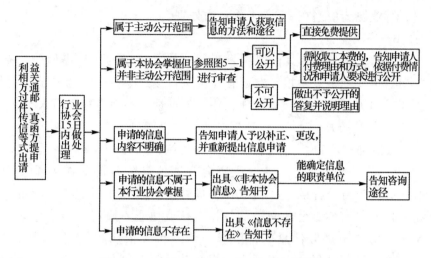

图5—2　行业协会依申请公开信息流程图

（三）监督和保障

行业协会信息公开应当符合有关规定，不得发布损害公共利益以及其他组织和公民合法权益的信息，不得发布虚假信息和误导性信息。行业协会要建立健全信息公开的内部管理制度，并指定专人负责处理信息公开的有关事务。对于已经公开的信息，建立信息公开档案，妥善保管，并对公开信息的真实性、准确性、完整性、及时性负责，接受行政监督、社会监督和舆论监督。

1. 自我监督

一方面，根据诚实信用原则，行业协会的信息一经公开，不得任意修改。反之，当行业协会发现其公示的信息不准确、不完整的，应当及时更正；信息更正后，公开相关内容及更正理由，声明原信息作废。

另一方面，行业协会对于公共媒体上出现的对行业协会造成或者可能造成不利影响的不实报道，要及时公开说明或者澄清，必要时可建立新闻发言人制度。

2. 利害相关人监督

捐赠人、受赠人、受益人或行业协会等利益相关方认为行业协会公开的信息不及时、不正确、不完整的，有权向行业协会提出异议，行业协会应当在 15 个工作日内处理。

3. 公众监督

公民、法人或者其他组织发现行业协会公示的信息虚假的，有权向登记管理机关举报，登记管理机关自接到举报材料之日起 20 个工作日内进行核查，予以处理，并将处理情况书面告知举报人。

4. 行政监督

政府部门应建立信息公开的激励机制，即在开展检查、进行评估、评选表彰时，应当将行业协会开展信息公开情况作为重要内容，并将信息公开的达标情况作为向社会募捐、获得免税、政策扶持，以及政府购买公共服务的依据。行业协会不履行法定信息公开义务或者公布虚假信息的，由登记管理机关依法将其列入异常名录，在信息公开平台予以公示，提醒其履行公开义务。拒不履行该义务的，可以予以行政处罚。

二　健全中立第三方对行业协会的评估制度

中央层面尝试建立行业协会评估制度始于 2007 年 8 月民政部发布的《民政部关于推进民间组织评估工作的指导意见》和《全国性民间组织评估实施办法》。2010 年 12 月 27 日，民政部令发布《社会组织评估管理办法》（以下简称《办法》），以部门规章的形式将社会组织评估上升为正式制度。根据《办法》第 9 条和第 10 条，各级人民政府民政部门设立相应的社会组织评估委员会（以下简称评估委员会）和社会组织评估复核委员会（以下简称复核委员会），并负责对本级评估委员会和复核委员会的组织协调和监督管理。其中，评估委员会负责社会组织评估工作，负责制定评估实施方案、组建评估专家组、组织实施评估工作、做出评估等级结论并公示结果；复核委员会负责社会组织评估的复核和对举报的裁定工作。"从 2008 年开始，北京、上海、浙江、福建、青海、山东、湖北、广东、大连、深圳等省市区陆续启动了社会组织评估工作。截至2014 年底，各省、自治区、直辖市和计划单列市已全部开始了社会组织评估工作。"①

在国际上，按照评估主体的不同，行业协会等级评估一般有三种模式，即由政府进行评估、由政府委托的民间组织进行评估、由独立的第三方评估机构评估。前两种模式本质上都是由民政部门组织实施的行业协会评估，具有较浓的行政化色彩，评估工作的独立性和专业性也存在不足。鉴于独立的第三方评估在保障评估的透明、公正性方面最具优势，该模式越来越受到各国的青睐。第三方评估机制在国外的社团监督管理工作中已经发展成为一种比较成熟的方式。②自20世纪90年代初期，"美国、英国、日本、菲律宾、印度等国家先后建立了若干半官方或民间的中介性或学术性评估机构，采取定量结合定性的指标体系，定期或不定期地对非营利组织进行包括绩效、项目、组织管理和综合能力等在内的各类评估。通过这种间接管理机制，形成了有效的社会化监督，成为了政府加强NGO监督管理的重要辅助手段"③。

民政部网站2015年5月13日发布《关于探索建立社会组织第三方评估机制的指导意见》（以下简称《意见》），明确了建立社会组织第三方评估的总体思路、基本原则、政策措施和组织领导。由民政部门自行组织的行业协会评估改为由社会独立第三方机构对行业协会进行评估，不仅可以改善行业协会评估的独立性和专业性，而且"有利于政府转变职能，淡化社会组织评估的行政色彩；有利于加强对社会组织的事中事后监管；有利于社会力量参与监督，增强社会组织评估工作公信力"④。我们认为，建立中立第三方对行业协会的评估制度关键需明确第三方机构相对于民政部门和被评估对象的独立性，并明确对行业协会进行评估的社会第三方机构应具备的资质、技能等条件以及对第三方评估结果的认可与运用。

---

① 郭士玉：《社会组织第三方评估机构迎来春天》，《公益时报》2015年5月28日。

② 王名扬：《法国行政法》，中国政法大学出版社1988年版，第528页。

③ 王春英：《浅议我国NGO管理中的第三方评估机制》，《学会》2009年第6期。

④ 詹世成：《〈民政部关于探索建立社会组织第三方评估机制的指导意见〉解读》，2016年8月4日（http://www.mca.gov.cn/article/zwgk/jd/201505/2 0150500819646.shtml）。

（一）第三方评估主体的资质和甄选

1. 第三方评估主体的资质要求

《意见》指出了社会组织第三方评估机构最基本的资质要求，即"应能够独立承担民事责任，具有相对稳定的专业评估队伍，管理规范，社会信誉良好"。我们认为，一个满足上述条件的主体能否担纲对行业协会评估的任务，仍取决于以下几个因素：（1）第三方评估主体的责任性，即第三方评估主体及其评估人员需有高度的责任感和责任心，评估人员优良的职业操守是选择第三方评估主体的首要考量因素；（2）第三方评估主体的独立性，即第三方评估主体在整个评估过程中独立于政府和被评估对象，以确保评估结果公正、无偏私；① （3）第三方评估主体的权威性，即第三方评估主体在社会中享有一定的知名度和认可度，其评估结论可信度高，说服力强，以确保评估结果能够为社会广泛接受；（4）第三方评估主体的专业性，即第三方评估主体必须是由专业人员组成的，具备专业知识和经验，以确保评估结果的针对性、科学实用和有价值。②

2. 第三方评估主体的甄选程序

"保证遴选机制的公平和评估机构制度的完备是做好社会组织第三方评估工作的基础。"③ 根据《意见》，民政部门应通过公开招标、邀请招标等方式，按照公开公平公正、竞争择优的原则选择第三方评估机构。根据《招标投标法》的相关规定，第三方评估机构的招投标甄选程序应包括三个主要环节：

---

① 《意见》指出"民政部门所属的社会组织不得作为社会组织第三方评估机构，需要作为社会组织第三方评估机构的应与民政部门脱钩"，体现了对第三方评估机构独立性的要求。在美国，美国 NGO 组织评估尤为强调第三方评估机构的独立性，其第三方评估机构多是由美国的非营利组织自愿联合而成的，如国家慈善信息局、美国基金会联合会、美国全国非营利机构董事会中心等。它们的主要功能是提供信息和咨询，组织会议，制定标准并审议，出版报告等，以增进非营利组织的公开性和透明度，保持 NGO 的健康发展。它们虽然都是独立的第三方机构，但美国的 NGO 都自愿服从其间接的管理，政府、媒体、投资人都经常使用它们的报告。参见王春英《浅议我国 NGO 管理中的第三方评估机制》，《学会》2009 年第 6 期。

② 参见邢鸿飞、李羿人《论我国立法中第三方评估主体的资质》，《江苏警官学院学报》2015 年第 6 期。

③ 詹成付：《双管齐下，合力推进社会组织第三方评估》，《中国社会组织》2015年第 10 期。

第一，拟订实施方案并公开招标，这里的实施方案包括拟评估的项目、评估内容、评估周期、评估流程以及对评估机构资格资质的要求等事项。

第二，择优甄选最合适的社会主体作为第三方评估机构。具体来说：首先，民政部门应根据招标条件对投标人进行资格审查和方案预审，推荐出符合条件的投标候选人；其次，组织专人成立评审委员会就候选人的责任心、专业性、独立性和权威性等进行评审，并经过质询和公开答辩，择优选择第三方评估机构；最后，由民政部门向社会公示评审委员会的评审结果，公示期应满足一定的时间段要求，以便利害关系人或者社会公众对评审结果提出异议。

第三，民政部门与选定的第三方评估机构签订委托协议，以明确第三方评估机构的服务内容、服务期限、双方的权利义务、违约责任、评估验收和合同兑现等事项。民政部门要依据评估项目和要求，定期检查第三方评估过程的相关资料记录，调查了解第三方评估结果的社会认可度，确保评估流程规范有序，评估过程客观公正。

（二）评估内容

依据 2007 年《民政部关于推进民间组织评估工作的指导意见》的说明，对行业协会评估的内容包括基础条件、组织建设、工作绩效（自律与诚信建设）、社会评价等方面。各地的行业协会评估指标，也通常设定基础条件、组织建设、工作绩效（自律与诚信建设）、社会评价为一级指标。从评估内容看，基础条件的评估内容主要包括行业协会的法人资格、章程的制定与核准情况、业务范围是否符合相关规定、基本信息的变更登记和备案情况、上年度检查的合格情况等事项；内部治理的评估内容主要包括行业协会是否制定中长期发展规划和落实情况，有无完整的年度工作计划和总结，重大业务活动是否制定详尽方案、组织机构是否健全并符合业务需求且依照法律和章程规定运行、会员管理、人力资源管理、领导班子建设、财务资产管理以及档案、证章的管理制度等事项；工作绩效的评估则包括行业协会向会员和行业提供服务的情况、向政府提供服务的情况、是否及时有效地反映涉及会员和行业诉求、制定内部规则实行行业自律的情况、行业的影响力、行业协会的社会宣传工作情况以及行业协会的信息公开状况等事项；社会评价则主要评估行业协会的内部评价和外部评价，前者包括员工评价、会员评价和理事评价，后者包括登记管理机关评价、业务指导单位评价、获得表彰奖励情况以及社会公众的评价等。

综合上述内容看，行业协会第三方评估的内容大体上包括两类，即合法性评估（依照法律治理的情况）和合理性评估（依章程治理的情况）。相较于国家公权力的监督而言，第三方评估的优势在于能够凭借其丰富的专业知识和经验更好地监督行业自治的合理性。比如在民政部公布的《行业性社会团体评估评分细则》中，"规范行业行为，加强行业自律"这一项目的满分分值是 20 分。那么评估机构就可以通过调查，根据行业协会实际行使权力的情况，比如协会内部规则的制定是否遵循了民主程序、内部制裁是否公正、在行业内部开展认证工作是否公平等，做出不同的评分。从 0 分到 20 分的分档设置，给了评估人员充分的评价行业协会权力行使是否合理的空间。①

（三）第三方评估的保障机制

1. 经费保障

第三方评估需要各种专业人才参与，需要收集大量的资料和数据，经历较长时间的分析研究和评估过程，充足稳定的经费保障是评估工作得以顺利有效开展的重要保证。现行《社会组织评估管理办法》第 35 条规定："社会组织评估经费从民政部门社会组织管理工作经费中列支。不得向评估对象收取评估费用。"因此，《意见》指出，应将评估工作经费纳入到社会组织管理工作经费中。一方面，政府可以将第三方评估纳入到政府购买服务目录，以保证评估经费的稳定性；另一方面，倡导社会力量对评估工作予以捐助，从而弥补评估经费的不足。但是，第三方评估机构不得向评估对象收取费用。

---

① 参见龙向洋《我国行业协会的监督机制研究》，硕士学位论文，湖南大学，2010年，第35页。

2. 公信力保障

第三方评估应公开透明，主动接受社会公众和参评协会的监督，以增强其公信力。民政部门要定期汇总社会组织第三方评估信息，及时公布社会组织评估机构、评估方案、评估标准、评估程序和评估结果，提高评估工作透明度。第三方评估机构要健全信息公开制度，既要主动公布，注意收集整理保存与评估有关的各类信息，及时将有关情况特别是资金使用情况应定期向社会公布，提高评估工作透明度；又要将单位名称、组织机构、章程、业务范围、住所、负责人、联络方式向社会公开，自觉接受评估对象和社会公众对评估工作的咨询，积极回应质疑。①

3. 评估结果的应用

如果不重视评估结果的运用，对行业协会的评估就成了为评估而评估的形式主义，不仅丧失了其本来的价值，而且是对社会资源的浪费。"作为国家治理体系的重要组成部分，第三方评估通过发现改革方案或政策在设计和执行中存在的问题，对不合理或不适当的政策目标加以修改……使整个改革方案和政策形成'制定—评估—执行—评估—完善'的良性循环。"② 因此，行业协会的评估结果应被作为行业协会接受政府转移职能、承接政府购买服务、享受税收优惠、参与民主协商、参加表彰奖励的优先条件，以及信用体系建设的重要内容，从而提高行业协会的参评积极性，由"要我评估"变为"我要评估"③。

本章小结

受西方国家公共治理主体多元化理论的影响和全球化趋势的裹

---

① 詹成付：《双管齐下，合力推进社会组织第三方评估》，《中国社会组织》2015年第10期。

② 李志军：《推动第三方评估制度化规范化程序化》，《中国经济时报》2016年6月14日第5版。

③ 詹成付：《双管齐下，合力推进社会组织第三方评估》，《中国社会组织》2015年第10期。

挟，我国自 20 世纪末 21 世纪初开始不断采取政策调整政府与社会
的关系。在政策的支持下，我国行业协会得到迅速发展，并且广泛
参与社会管理和服务，在提供服务、反映诉求、规范行为等方面发
挥了积极的作用，形成了社会管理和社会服务的合力，成为经济社
会发展的重要助力。由于法治建设滞后于行业协会的发展，导致了
行业治理过程中出现了营私、腐败等危害公共利益的行为，与行业
治理初衷背道而驰。纠正并杜绝行业协会的不良行为，加强行业协
会的自身建设对于确保行业协会的良性发展固然重要，而人性自私
论则决定了行业协会的治理也需要来自外部力量的监督。中世纪奥
古斯丁曾曰：“无论是天国还是地上之国，无论是社会还是个人，
一个共同的目标是追求和平和秩序，以获得社会和个人的心灵安
宁，法律正是维护和平秩序的必要工具。”① 为此，外部监督的首要
举措就是要加强立法，为行业协会设定行为标准和权力边界；其
次，政府部门应通过引导、劝说以及必要的强制措施对行业协会行
为加以规范；而司法作为权利的最后一道屏障，有效的司法监督对
于完善行业自治举足轻重；最后，社会公众作为公共治理的重要合
力，完善行业自治的社会监督机制，亦有助于行业协会的健康有序
发展。

---

① 转引自王哲《西方政治法律学说史》，北京大学出版社 1988 年版，第 66 页。

结　语

多元共治中的行业协会

　　我国行业协会的特殊性就在于其发展长期以来是在政府主导下进行的。1979 年，国务院提出了"按行业组织、按行业管理、按行业规划"的改革要求，并由国务院国家经贸委组织考察了国外行业协会的活动和职能。随后，经国务院批准，相继成立了中国企业管理协会、中国包装技术协会、中国食品轻工业协会等行业组织。这些组织的主要职能之一就是配合政府的改革开放政策，对相关企业的活动进行管理和引导。① 这种政府主导下发展起来的行业协会天生具有二政府的性质，虽具备共同体自治的形式要件却没有发挥共同体自治应有的活力。"就改革方向而言，使行业协会真正具有行业代表性与公益性，实现行业协会的良善自治是政府与社会组织关系发展的最终归属。"② 总体而言，无论是多元社会的时代背景，还是政府职能转移的改革趋势都为行业协会自治提供了发展土壤。同时，法治的完善则是为行业自治保驾护航的利剑。

一　多元共治中萌生的行业自治

　　当前处于社会转型非常剧烈的时期，各种社会力量日益增长，日益兴盛起来。这一转型是大家有目共睹的，而且这一转型波及范围越来越广，涉及程度越来越深，影响面越来越大。这种社会转型带来的社会力量的兴起必然产生一种多元的形态。另外，随着科技

---

　　① 参见汤蕴懿《行业协会组织与制度》，上海交通大学出版社 2009 年版，第 142—143 页。

　　② 参见廖鸿、李培晓《现代社会组织体制将怎样"炼"成——社会组织权威专家研讨落实十八大精神》，《中国社会组织》2013 年第 1 期。

的进步、互联网的发展使得主体的多元化，权力的多中心化越来越具备存在和生存的土壤。

互联网使得每一个人都掌握了自己的话语权。新媒体、自媒体等的出现打破了传统媒体一统天下的局面。我们每个人都有自己的话语体系和话语权。因此，在互联网已经深刻影响我们的工作与生活的背景之下，多元化是势不可当的。所以现在我们可以看得到，在社会层面，利益的多元化已经呈现出来。不同的群体有不同的诉求，不同的阶层有不同的关注领域。每一个行业协会都有自己关注的领域和话题。每一个个体，每一个组织所关注的，所提出的利益诉求都不相同。所以，利益的多元化是一个很明显的特征。

另外一个特征就是权力的多中心化。在以前的管理体系中，多是由政府作为管理者的主导者，甚至是唯一的管理者来操盘整个社会的运转。但随着各种社会组织的兴起，各种阶层的兴起，使得权力一体化的局面发生了很大的改变，权力的多中心化也使得我们这个社会越来越呈现多元化的趋势。这是主体的多元化。原来在很多文件中用的一个词叫作"政府治理"，现在更多使用的一个词叫"国家治理"。实际上国家治理比政府治理涵盖的面越来越广，这不仅涉及了国家层面的管理实务还涉及了社会管理的方方面面。十八大报告里面有一句话说"社会组织已经成为国家治理体系里面的重要组成部分"，这充分说明社会组织在当前整个管理治理体系里面，作为多元体系里面的一元，作用越来越明显。

市场经济必然带来民主意识和法制意识的提升，而行业自治是和民主密切相关的。社会组织的发展在一定程度上为民主提供了很好的土壤，因为不仅在国家管理的领域需要民主，在社会管理的领域中也要用民主的方式来进行。这个时候行业自治的作用就越来越凸显出来。这样的一个多元化的背景是我们讨论行业协会发展与成长的一个基础条件和背景，这是不可回避也是无法忽视的。在这种背景之下，我们对于行业协会的未来走向如何定位，是和传统的对行业协会的认识完全不一样的。因此，"多元"，这是行业协会成长和发展的一个大的背景条件。

二 放松管制下成长的行业自治

随着公民社会的发展，社团组织日益壮大，现代社会治理呈现出一种国家还权于社会的发展趋势，当社会公权力逐步恢复、渐成规模，传统的国家—公民二元结构衍变成国家—第三部门—公民这种三元结构。行业协会作为第三部门的一种重要组织形式，在与国家公权力既有对抗也有合作的过程中，对协会成员及其他非成员产生重要影响。例如，行业协会制定团体标准，对非成员产生影响；消费者协会处理消费者与销售者的矛盾，对销售者产生的影响；律师协会处理律师与其被代理人间的矛盾，对其被代理人产生的影响；等等。实践中，行业协会在管理行业事务、处理协会成员纠纷以及在行业的生存与发展等方面发挥着不容忽视的公共管理作用。若研究这一现象的成因，放松管制无疑是需要重点关注的对象之一。

在放松管制的政策驱动下，行业自治在过去的十年中取得了卓有成效的发展。得益于近十年来社会团体管理体制的改革，政府给社会组织释放了更多的自由空间，使得行业协会成长的土壤得到了极好的改造：经济类的行业协会、符合市场发展规律的新兴行业协会数量越来越多，质量也越来越好。政府的很多职能转移、取消、下放都使得行业协会的管理、自律、服务的职能越来越多，行业协会所行使的权利、承担的职能得到了极大的扩张。这是行业自治发展的重要前提，像价格自律、诚信、行业标准等都可以实现对整个行业发展的规范。再如，竞争性协会的出现打破了传统上的"一业一会"，实行"一业多会"，则为行业协会改善自身治理、谋求更好发展提供了动力。如果没有放松管制的前提，在传统的严格的行政管理体制下，行业协会谈不上发展，更谈不上自治。

既有成绩还只是行业自治发展的初级阶段，我们仍需时刻保持警醒：包括行业协会在内的社会组织，要想在目前中国这种社会土壤上生存发展起来，其实面临很大阻力。我们和西方社会的发展路径不一样，西方的行业自治和社会自治有着非常深厚的自我管理土壤，它们是在社会充分发展的基础之上再形成公共规制的。与之相

反，我们国家一直以来都是政府管制，特别是在计划经济体制之
下，社会力量相当薄弱，可以说是微不足道的。要想在这样比较强
力的管制体制下生发出社会活力，难度是非常大的。所以，我们国
家的行业协会自治可以说是"小荷才露尖尖角"，如何真正做到放
松管制，实现行业协会的充分自治，还有很多可供探索的领域和
问题。

三　法治框架下发展的行业自治

在推进行业自治的同时要防止"自治主义神话"的倾向。在行
业协会发展的初期，我们强调要放权，与此同时我们也要注意行业
协会领域里面出现了不和谐的东西。这是一个必然的趋势。因为，
对于一个组织来讲，它的权力就是它的资源，当它的资源越来越
大，它的权力也越来越大，那么它滥用权力的可能性也越来越大。
就其本质而言，社会组织基于自身资源所拥有的社会公权力并不比
国家权力更容易远离腐败。这句话的意思是说，现在的权力资源不
断地在发生转移，政府在很多领域里面的退出、下放、转移，使得
行业协会享有的社会资源转化成社会公权力，也成了一种权力资
源。那么在使用这些资源的时候有没有受到约束或者制约，有没有
在法治的框架内来行使治理权力，是当前行业协会在推进行业自治
时必须要警惕的。因为像现在出现了行业协会的营利化倾向、行业
协会通过价格串谋的垄断，甚至很多协会还承担了二政府的角色，
这种权力资源的转移使得腐败聚焦点发生转移。因此，自治，必须
是在法治框架下的自治，不能脱离了法治。法治可以说是整个社会
能有序运转的秩序约束、规则约束。行业协会的法治涉及很多问
题，我们想重点阐述三个方面：

第一，行业协会怎样通过参与立法协商来参与到我们国家的法
治进程中来。现在讲协商民主其实分为三类，一个是重点推进的，
一个是积极发展的，一个是进行探索的，社会组织的立法协商则属
于探索领域的。以《环境保护法》的修订为例，在13年《环境保
护法》的修订过程中，社会组织对于环境公益诉讼制度的建立发挥
了非常重要的作用。具体而言：第一稿的时候还在争论环境公益诉

讼是有还是无；在第二稿的时候就已经进入到提起公益诉讼的社会组织是从枢纽型的社会组织拓展到普通型的社会组织这样的问题；到了第三稿，就把第二稿中由全国性的社会组织提起改成了地方性的社会组织也可以提起。在这一过程中，绿色环保组织积极参与立法进程，积极发表自己的观点，从而改变立法决策者的选择。虽然没有达到最终理想（最后新环保法中的规定是设区的市以上的从事环保工作的社会组织可以提起公益诉讼），但已经很明显地反映了社会组织对国家法治进程的影响。

第二，法治与"政社关系"。在2016年政协会议上，习近平总书记提到了政商关系，他用了两个字"亲"与"清"。套用这两个词，政社关系也是"亲"和"清"的关系。首先是"亲"。政府和行业协会之间要形成合作的伙伴关系，而这种伙伴关系必须靠平时的关心、指导，怎么样形成合力来共同治理社会，在政府和行业协会之间要保持这种紧密的关联性和合作性。另外一个是"清"。这种清，就是大家要分得清清楚楚。人员、机构、经费分离，职能的边界要清晰，在这个基础之上如何发展新型的政社关系？那就需要政府和行业协会之间的交流一定是在一个公共的平台上，做公共性、公开性的交流。比如说，利益游说。西方的立法当中经常会出现利益组织、利益集团的游说，被称之为走廊议会。行业协会通过公开的渠道影响立法的进程，本质上就是利益游说，是符合法治理念的。换言之，把行业协会的利益诉求通过公开渠道，影响到国家的决策、立法的内容，这是行业协会自治和法治非常好的契合点。

第三，防止自治神话的同时也要防止法治的万能主义。我们现在提起法治越来越多，那么在每一个领域的立法可能会越来越细。这种法治建设也带来一种隐忧，如果在不同的领域中，立法越来越细致，实际上留给社会自治的空间会越来越小。所以在行业自治的领域中，我们认为对于行业的管理，国家的立法管大的框架，基础方向，对于具体的细节性的东西，立法不需要太深入行业管理的内部。法治的建设一定要给社会自治预留一定的空间，让社会有自我管理的空间和余地。如何处理好法治与自治的关系也是笔者一直在关注的问题。自治对法治的推动是极其有意义的，社会自治做得越来越好，法治的基础和土壤就会越来越好，自治进而可以参与到法治的进程中来，反过来法治能保证自治生存的空间和发展。二者各有各的优势，各有各的边界，这两者要保持适度的合理的平衡关系，才能使得在法治框架下的自治得到迅速的发展。

费孝通先生曾有一句十六字箴言，叫作"各美其美，美人之美，美美与共，天下大同"。意思是，人们要懂得各自欣赏自己创造的美，也要包容地欣赏别人创造的美，这两种美结合在一起就会形成大同之美。回到多元共治来讲，我们的政府、社会包括公民都要"各美其美"，在各自的领域之内发挥各自的长处，实现各自的目标；也要"美人之美"，也就是多元主体之间要相互理解配合，共同形成合力，共同治理，然后才能"美美与共"，形成良好统一的"天下大同"的社会。这就是多元共治的理想目标，也是共同追求的目标。

参考文献

一 著作

1. 毕蓝武:《社团革命——中国社团发展的经济学分析》,山东人民出版社 2003 年版。

2. 陈新民:《公法学札记(增订新版)》,法律出版社 2010 年版。

3. 邓正来:《市民社会理论的研究》,中国政法大学出版社 2006 年版。

4. 邓正来主编:《布莱克维尔政治学百科全书(中译本)》,中国政法大学出版社 2011 年版。

5. 高鸿钧、赵晓力主编:《新编西方法律思想史·古代、中世纪、近代部分》,清华大学出版社 2015 年版。

6. 高兆明:《制度公正论——变革时期道德失范研究》,上海文艺出版社 2001 年版。

7. 高其才:《法理学》,清华大学出版社 2011 年版。

8. 郭道晖:《社会权力与公民社会》,译林出版社 2010 年版。

9. 国务院发展研究中心社会发展研究部课题组:《社会组织建设现实、挑战与前景》,中国发展出版社 2011 年版。

10. 龚维斌:《中国社会体制改革报告 No. 2》,社会科学文献出版社 2014 年版。

11. 姜明安主编:《行政法与行政诉讼法》,北京大学出版社、高等教育出版社 2015 年版。

12. 金锦萍:《非营利法人治理结构研究》,北京大学出版社 2005 年版。

13. 景朝阳、李勇：《中国行业协会商会发展报告（2014）》，社会科学文献出版社 2015 年版。

14. 黎军：《行业组织的行政法问题研究》，北京大学出版社 2002 年版。

15. 黎军：《行业自治与国家监督——行业协会实证研究》，法律出版社 2006 年版。

16. 刘培峰：《社团管理制度的比较分析：从中国的许可登记制出发》，社会科学文献出版社 2004 年版。

17. 鲁篱：《行业协会经济自治权研究》，法律出版社 2003 年版。

18. 罗豪才等：《软法与公共治理》，北京大学出版社 2006 年版。

19. 罗豪才主编：《行政法论丛》第七卷，法律出版社 2004 年版。

20. 罗豪才主编：《行政法论丛》第八卷，法律出版社 2005 年版。

21. 马伊里：《上海行业协会改革发展实录》，华东理工大学出版社 2012 年版。

22. 彭南生：《行会制度的近代命运》，人民出版社 2003 年版。

23. 沈宗灵：《现代西方法理学》，北京大学出版社 1992 年版。

24. 宋功德：《论经济行政法的制度结构》，北京大学出版社 2003 年版。

25. 苏州档案馆编：《苏州丝绸档案汇编》，江苏古籍出版社 1994 年版。

26. 汤蕴懿：《行业协会组织与制度》，上海交通大学出版社 2009 年版。

27. 王名：《中国社团改革》，社会科学文献出版社 2001 年版。

28. 王名：《中国民间组织 30 年——走向公民社会（1978—2008）》，社会科学文献出版社 2008 年版。

29. 王名：《社会组织论纲》，社会科学文献出版社 2013 年版。

30. 王名扬：《法国行政法》，中国政法大学出版社 1988 年版。

31. 汪莉：《行业自治与国家干预》，经济科学出版社 2015 年版。

32. 王莉君：《权力与权利的思辨》，中国法制出版社 2005 年版。

33. 王哲：《西方政治法律学说史》，北京大学出版社 1988 年版。

34. 王允武：《中国自治制度研究》，四川出版集团、四川人民出版社 2006 年版。

35. 徐国栋：《民法哲学》，中国法制出版社 2015 年版。

36. 徐靖：《诉讼视角下的中国社会公权力法律规制研究》，法律出版社 2014 年版。

37. 应松年、杨解君主编：《行政许可法的理论与制度解读》，北京大学出版社 2004 年版。

38. 于安：《德国行政法》，清华大学出版社 1999 年版。

39. 余晖编：《中国社会组织的发展与转型》，中国财富出版社 2014 年版。

40. 余晖：《管制与自律》，浙江大学出版社 2008 年版。

41. 俞可平：《治理与善治》，社会科学文献出版社 2000 年版。

42. 俞可平、贾西津主编：《中国公民参与——案例与模式》，社会科学文献出版社 2008 年版。

43. 俞可平主编：《政治学教程》，高等教育出版社 2010 年版。

44. 袁曙宏等：《现代公法制度的统一性》，北京大学出版社 2009 年版。

45. 张静：《法团主义》，中国社会科学出版社 1998 年版。

46. 张千帆：《宪法学导论——原理与应用》，法律出版社 2014 年版。

47. 周俊：《社会组织管理》，中国人民大学出版社 2015 年版。

48. 朱国华等：《行业协会信用制度研究》，同济大学出版社 2015 年版。

49. 张澧生：《社会组织治理研究》，北京理工大学出版社 2015 年版。

50. 张晓燕：《公法视野中的自治理性》，复旦大学出版社 2015 年版。

51. 姜明安主编：《行政法论丛》第 12 卷，法律出版社 2009 年版。

52. 中国法学会行政法学研究会编：《行政管理体制改革的法律问题——中国法学会行政法学研究会 2006 年年会论文集》，中国政法大学出版社 2007 年版。

53. ［奥］凯尔森：《法与国家的一般理论》，沈宗灵译，商务印书馆 2013 年版。

54.［德］斐迪南·滕尼斯:《共同体和社会》,林荣远译,商务印书馆 1999 年版。

55.［德］黑格尔:《法哲学原理》,范阳等译,商务印书馆 1979 年版。

56.［德］哈特穆特·毛雷尔:《行政法总论》,高家伟译,法律出版社 2000 年版。

57.［德］卡尔·拉伦茨:《德国民法通论》,王晓晔等译,法律出版社 2003 年版。

58.［德］罗尔夫·斯特博:《德国经济行政法》,苏颖霞、陈少康译,中国政法大学出版社 1999 年版。

59.［德］马克斯·韦伯:《经济与社会》,林荣远译,商务印书馆 1997 年版。

60.［德］马克斯·韦伯:《支配的类型》,康乐编译,广西师范大学出版社 2010 年版。

61.［德］马克斯·韦伯:《社会学的基本概念》,顾忠华译,广西师范大学出版社 2011 年版。

62.［德］马克斯·韦伯:《经济行动与社会团体》,康乐、简惠美译,广西师范大学出版社 2011 年版。

63.［德］尤翰林编著:《中德行政诉讼法与地方自治法比较》,中国致公出版社 2006 年版。

64.［德］尤尔根·哈贝马斯:《在事实与规范之间:关于法律和民主法治国的商谈理论》,童世骏译,生活·读书·新知三联书店 2014 年版。

65.［法］卢梭:《社会契约论》,何兆武译,商务印书馆 2003 年版。

66.［法］孟德斯鸠:《论法的精神》,张雁深译,商务印书馆 1959 年版。

67.［法］托克维尔:《论美国的民主》上卷,董果良译,商务印书馆 1997 年版。

68.［法］西耶斯:《论特权·第三等级是什么》,冯棠译,商务印书馆 2004 年版。

69. ［古希腊］亚里士多德：《政治学》，吴寿彭译，商务印书馆 1983 年版。

70. ［古罗马］西塞罗：《论共和国》第 3 卷，王焕生译，上海人民出版社 2006 年版

71. ［美］埃里克·A. 波斯纳：《法律与社会规范》，沈明译，中国政法大学出版社 2004 年版。

72. ［美］丹尼斯·朗：《权力论》，陆震纶、郑明哲译，中国社会科学出版社 2001 年版。

73. ［美］E. 博登海默：《法理学:法律哲学与法律方法》，邓正来译，中国政法大学出版社 1999 年版。

74. ［美］弗兰克·米歇尔曼：《自治的踪迹》，应奇编译，吉林出版集团有限责任公司 2000 年版。

75. ［美］霍菲尔德：《基本法律概念》，张书友编译，中国法制出版社 2009 年版。

76. ［美］杰瑞·L. 马肖：《行政国的正当程序》，沈岿译，高等教育出版社 2005 年版。

77. ［美］科尔曼：《社会理论的基础》，邓方译，社会科学文献出版社 1999 年版。

78. ［美］里贾纳·E. 赫兹琳杰等：《非营利组织管理》，陈江、王岚译，中国人民大学出版社 2000 年版。

79. ［美］詹姆斯·W. 汤普逊：《中世纪晚期欧洲经济社会史》，耿淡如译，商务印书馆 1992 年版。

80. ［美］詹姆斯·W. 汤普逊：《中世纪经济社会史》，耿淡如译，商务印书馆 1997 年版。

81. ［瑞典］汤姆·R. 伯恩斯等：《经济与社会变迁的结构化》，周长城等译，社会科学文献出版社 2010 年版。

82. ［新西兰］迈克尔·塔格特编：《行政法的范围》，金自宁译，中国人民大学出版社 2006 年版。

83. ［英］A. J. M. 米尔恩：《人的权利与人的多样性——人权哲学》，夏勇、张志铭译，中国大百科全书出版社 1995 年版。

84．［英］丹宁：《法律的训诫》，杨百揆、刘庸安、丁健译，法律出版社 1999 年版。

85．［英］卡罗尔·哈洛、理查德·罗林斯：《法律与行政》下卷，杨伟东译，商务印书馆 2004 年版。

86．［英］罗杰·科特威尔：《法律社会学导论》，潘大松等译，华夏出版社 1989 年版。

87．［英］约翰·奥斯丁：《法理学的范围》，刘星译，中国法制出版社 2002 年版。

二　期刊与论文

1．柴振国、赵新潮：《社会治理视角下的社会组织法制建设》，《河北法学》2015 年第 4 期。

2．董玉明、孙磊：《试论我国行业管理法的地位与体系》，《法商研究》2004 年第 1 期。

3．郭树理：《足球运动与欧盟法律》，《山东体育科技》2003 年第 2 期。

4．管瑜珍：《社团自治离不开法律？——以社团规章的司法介入为例》，《行政法学研究》2007 年第 2 期。

5．龚隽：《高等院校规章的法律效力分析——兼谈大学章程的价值》，《政治与法律》2004 年第 6 期。

6．巩丽霞：《行规与法律的博弈探析》，《经济与社会发展》2007 年第 5 期。

7．郝宇青：《论合法性理论之流变》，《华东师范大学学报》（哲学社会科学版）2007 年第 5 期。

8．江必新、邵长茂：《社会自组织管理的司法应对》，《行政法学研究》2010 年第 4 期。

9．姜明安：《公法学研究的几个问题》，《法商研究》2005 年第 3 期。

10．姜明安：《软法的兴起与软法之治》，《中国法学》2006 年第 2 期。

11．姜明安：《强化程序制约，让公权力腐败不易、不能》，

《中国法律评论》2014 年第 2 期。

12. 孔寒玉：《国外行业协会立法模式概览》，《改革与开放》2012 年第 9 期。

13. 冷连波：《我国推行 HACCP 体系的政府管理及宏观政策的探讨》，《检验检疫科学》2005 年第 4 期。

14. 黎军：《试论行业组织管理权力的来源》，《当代法学》2002 年第 7 期。

15. 黎军：《通过行业协会实现公众参与》，《政治与法律》2006 年第 4 期。

16. 黎军：《基于法治的自治——行业自治规范的实证研究》，《法商研究》2006 年第 4 期。

17. 黎军：《论司法对行业自治的介入》，《中国法学》2006 年第 4 期。

18. 黎军：《行业协会的几个基本问题》，《河北法学》2006 年第 7 期。

19. 廖鸿、李培晓：《现代社会组织体制将怎样"炼"成——社会组织权威专家研讨落实十八大精神》，《中国社会组织》2013 年第 1 期。

20. 李树海、丁渠：《论对社会组织的社会监督》，《河北法学》2013 年第 4 期。

21. 刘杨：《正当性与合法性概念辨析》，《法制与社会发展》2008 年第 3 期。

22. 刘宇：《浅析行规行约的法律效力》，《经济师》2004 年第 5 期。

23. 马长山：《NGO 的民间治理与转型期的法治秩序》，《法学研究》2005 年第 2 期。

24. 邱本：《论经济法主体》，《法律评论》1997 年第 3 期。

25. 戚建刚：《长春亚泰足球俱乐部诉中国足协案再评析——以公共职能为视角》，《行政法学研究》2006 年第 3 期。

26. 王春英：《浅议我国 NGO 管理中的第三方评估机制》，《学会》2009 年第 6 期。

27. 王克稳：《政府业务委托外包的行政法认识》，《中国法学》2011 年第 4 期。

28. 吴万得：《论德国法律保留原则的要义》，《政法论坛》2000 年第 4 期。

29. 邢鸿飞、李羿人：《论我国立法中第三方评估主体的资质》，《江苏警官学院学报》2015 年第 6 期。

30. 徐靖：《论法律视域下社会公权力的内涵、构成及价值》，《中国法学》2014 年第 1 期。

31. 薛刚凌、王文英：《社会自治规则探讨》，《行政法学研究》2006 年第 1 期。

32. 燕继荣：《中国的社会自治》，《中国治理评论》2012 年第 1 期。

33. 曾祥华：《法律优先与法律保留》，《政治与法律》2005 年第 4 期。

34. 詹成付：《双管齐下，合力推进社会组织第三方评估》，《中国社会组织》2015 年第 10 期。

35. 郑成林：《上海银行公会组织系统述论（1917—1936）》，《近代史学刊》2006 年第 00 期。

36. 郑琦、乔昆：《完善社会组织从业人员的激励机制》，《社团管理研究》2011 年第 12 期。

37. 周安平：《社会自治与国家公权》，《法学》2002 年第 10 期。

38. 郭宝孚：《行业协会自治权及其行政法规制》，硕士学位论文，西南政法大学，2011 年。

39. 刘春湘：《非营利组织治理结构研究》，博士学位论文，中南大学，2006 年。

40. 龙向洋：《我国行业协会的监督机制研究》，硕士学位论文，湖南大学，2010 年。

41. 陈磊：《行业协会商会脱钩改革亟需立法保障》，《法制日报》2015 年 12 月 1 日第 4 版。

42. 贾林男：《深圳:协会"民间化"破题》，《中华工商时报》2005 年 9 月 21 日第 5 版。

43. 李志军：《推动第三方评估制度化规范化程序化》，《中国经济时报》2016 年 6 月 14 日第 5 版。

44. 魏哲哲：《规范行业协会立法需加快步伐（对话）——访中国政法大学教授李东方》，《人民日报》2015 年 10 月 21 日第 17 版。

三 外文资料

1. Arrow J. Kenneth, "Economic History: A Necessary Thought Not Sufficient Condition for an Economist: Maine and Texas", *American Economic Review*, Vol. 75, No. 2, 1985.

2. Broadcast Music, Inc. v. Columbia Broadcasting System, Inc. , 441 U. S. 1 (1979).

3. David, "Higher Market Valuation of Companies with a Small Board of Directors", *Journal of Financial Economics*, Vol. 40, No. 1, 1996.

4. Goldfarb et ux. v. Virginia State Bar et al. , 421 U. S. 773 (1975).

5. George A. Akerlof, "The Market for 'Lemons': Quality Uncertainty and the Market Mechanism", *The Quarterly Journal of Economics*, Vol. 84, No. 3, 1970.

6. J. Porter, *Nature as Reason : A Thomistic Theory of the Natural Law*, Wm. B. Eerdmans Publishing Co. , 2005.

7. Jody Freeman, "The Contracting State", *Florida State University Law Review*, Vol. 28, 2000.

8. Jody Freeman, "Private Parties, Public Functions and the New Administrative Law", *Administrative Law Review*, Vol. 52, 2000.

9. Louis D. Brandeis, *Other People's Money and How the Bankers Use It*, New York Frederick A. Stokes Company Publishers, 1914.

10. Margot Priest, "The Privatization of Regulation: Five Models of self-regulation", *Ottwaa Law Review*, Vol. 233, No. II, 1997.

11. National Society of Professional Engineers v. United States, 435 U. S. 679 (1978).

12. Pilippe C. Schmitter, "Still the Century of Corporation", in P. C. Schmitter and G. Lehmbruch, eds. , *Trends Toward Corporatist Intermediation*, Beverly Hills: Sage, 1979.

13. United States v. Trans-Missouri Freight Ass'n, 166 U. S. 290 (1897).

四 网络资料

1. 刘会玲等:《我国行业协会商会立法研究》,2016 年 8 月 2 日 (http://www. chinanpo. gov. cn/700105/92392/newswjindex. html)。

2. 宋功德:《中国百年法治回眸》(http://flwh. zuel. edu. cn/article_ show. asp? id =657)。

3. 王理宗:《商会的企业化转型刻不容缓》,2016 年 8 月 7 日 (http://blog. sina. com. cn/s/blog_ 1532fab560102wx5o. html)。

4. 王名:《中国非营利组织:定义、发展与政策建议》,2016 年 7 月 31 日 (http://www. chinaelections. org/NewsInfo. asp? NewsID =97951)。

5. 袁亚平:《探访温州市烟具行业协会》,2016 年 8 月 29 日 (http://www. 88088. com/wenzhoush/shgs/2009/0213/346650. shtml)。

6. 郁建兴:《民间商会的自主治理及其限度——以温州商会为研究对象》,2016 年 7 月 31 日 (http://www. xinzhitax. com/html/19332_ 1. asp)。

7. 詹世成:《〈民政部关于探索建立社会组织第三方评估机制的指导意见〉解读》,2016 年 8 月 4 日 (http://www. mca. gov. cn/article/zwgk/jd/201505/20150500819646. shtml)。

五 其他材料

1. 北京市第一中级人民法院民事判决书 (2006) 一中民终字第 5251 号。

2. 上海市高级人民法院民事判决书 (2007) 沪高民三 (知) 终字第 102 号。

3. 深圳市社会组织管理局、深圳大学法学院合作编写:《深圳市行业协会诚信自律建设材料汇编》。

4. 深圳市 456 家行业协会商会提交的 2015 年年报数据统计。

5. 深圳企业协会《2014 年深圳行业协会商会评估报告》。

6. 武汉现代商会建设课题组 2004 年调研报告：《武汉行业协会的发展——现状、问题及对策》。

后 记

　　本书系国家法治与法学理论研究项目"行业自治研究"的最终成果。自治,对于行业协会而言,是其得以形成独立品格,获得自主发展动力的源泉。我们对于行业自治这一研究主题的关注,恰恰是因为近年目睹放松管制以来行业协会虽然数量快速增长,但发展质量参差不齐,从社会组织管理层面到行业协会自身发展层面,对于行业自治的价值及其实现路径还存在甚多困惑这一事实。基于这一关注,我们结合行业自治的基础理论,以及我国行业自治的现实状况,提出了构建行业协会的内部法人治理结构,完善行业自治的权能构成及其运行机制的合理路径,并对行业自治外部监管机制进行了一定程度的探索,希望这些研究和探索能够对行业协会的发展起到一定的借鉴作用。

　　近十年来我国社会组织制度理念和设计已经发生了深刻变化。面对数量和规模迅速扩大的行业协会,我们认为需要静下心来,集中一定的时间和精力进行深入调研和跟踪,方能真正了解行业协会的发展态势和存在的问题。为此,我们除了前往厦门、温州、无锡、上海、广州、香港等地进行实地考察,多次组织和参加学术会议和沙龙讨论,还对深圳本地行业协会的数据进行了连续跟踪和观察,获得大量一手研究资料。本书的完成过程,某种意义上说,也见证了我国行业协会制度的近期变迁。

　　在本书完成过程中,难能可贵的是本书作为课题组核心成员的三位作者,虽然在研究中关注的具体问题以及对具体问题的观点并非没有差异,但对本课题所抱有的热忱是相同的,专注的程度也是一致的,这才有了三人合作的基础。三位作者风格迥异,互为补充：课题负责人黎军教授对全书观点、论证架构和方向自始至终保持整体的把握；课题参与人高俊杰博士总能在某些关键点上找到行政法理论的突破，洋洋洒洒，旁征博引；同是课题参与人，周卫副教授则多通过具体的数据、史料和例证将论证引向精细的方向。这样的合作给我们自身都留下了弥足珍贵的记忆。

本书的出版，应当特别感谢《深圳学派建设丛书》项目的鼎力支持。"深圳学派"的宗旨是"全球视野，民族立场，时代精神，深圳表达"。本书恰恰是在全球共议公共治理的背景下，基于我国当前所处的社会转型特殊时期，以深圳行业协会商会制度创新过程作为范例，探讨放松管制下行业协会如何从法治和自治的互动中释放活力，实现多元共治，同深圳学派的宗旨十分吻合。《深圳学派建设丛书》项目及其学派建设平台的支持，将大大增强我们将行业协会研究推向更为深入、影响更为显著的方向的信心。此外，本书出版过程中，中国社会科学出版社及马明编辑对本书的定稿给予了宝贵的建议和意见，在此一并表示感谢。

作　者

2018 年 4 月 20 日